Sprachniveau
B2
C1

Susanne Raven ◊ Ingrid Grigull ◊ Anne Buscha

Erkundungen

Deutsch als Fremdsprache

Lehrerhandbuch

Sprachniveau B2 ◊ C1

SCHUBERT-Verlag
Leipzig

Die Autorinnen von **Erkundungen** sind Lehrerinnen am Goethe-Institut Niederlande und verfügen über langjährige Erfahrungen in Deutschkursen für fremdsprachige Lerner.

Bitte beachten Sie unser Internet-Angebot mit zusätzlichen Aufgaben und Übungen zum Lehrwerk unter:

www.aufgaben.schubert-verlag.de

Layout und Satz: Diana Becker

5.	4.	3.	2.	1.	Die letzten Ziffern bezeichnen Zahl
2013	12	11	10	09	und Jahr des Druckes.

Alle Drucke dieser Auflage können, da unverändert, nebeneinander benutzt werden.

1. Auflage 2009

Printed in Germany
ISBN: 978-3-929526-98-1

Allgemeine Hinweise zur Arbeit mit Erkundungen

Vorbemerkungen zum Buch

Erkundungen ist eine moderne, kommunikative und handlungsorientierte Lehrwerkreihe für fortgeschrittene erwachsene Lerner. Sie schließt an die Reihe **Begegnungen** (A1–B1) an.

Grundlage für **Erkundungen** sind die „Mittelstufenbücher DaF", Teil 1 und 2. Inhalt und Struktur der „Mittelstufenbücher" wurden komplett überarbeitet, modernisiert und den Beschreibungen der Lernziele und Inhalte des Gemeinsamen Europäischen Referenzrahmens für die Niveaus B2 und C1 angepasst. Jeder Band von **Erkundungen** ist für einen Stundenumfang von ca. 80 bis 100 Unterrichtseinheiten konzipiert.

1. Konzeption

Die Konzeption des Lehr- und Arbeitsbuches geht von folgenden Eckpunkten aus:

- logischer und klar strukturierter **Aufbau**, der den Lernenden einen selbstständigen und einfachen Umgang mit dem Lehrstoff ermöglicht,
- anspruchsvolle **Progression**, die erwachsenen Lernern angemessen ist und in Verbindung mit einem durchdachten Wiederholungssystem einen schnellen und zugleich nachhaltigen Lernerfolg sichert,
- interessante **Themen**, die sich an der Erfahrungswelt und den Interessen erwachsener (auch außerhalb Deutschlands lebender) Sprachlerner orientieren,
- Verwendung verschiedener **Textsorten** einschließlich literarischer Texte, die den Anforderungen der Sprachniveaus B2 und C1 gerecht werden, den Authentizitätsanspruch erfüllen und landeskundliche, historische oder wissenschaftliche Informationen bieten,
- funktionale **Grammatikarbeit**, die im Rahmen sprachlicher Handlungen stattfindet,
- systematische Entwicklung produktiver und rezeptiver **Fähigkeiten** und Vermittlung von **Lernstrategien**,
- **Integration von Kurs- und Arbeitsbuch** in einem Band zur Förderung bewusster, zielgerichteter und effektiver Lernarbeit.

2. Aufbau

Die acht Kapitel des Buches sind in jeweils vier Teile gegliedert:

- Teil A: Themen und Aufgaben (obligatorischer Teil)
  Dieser Teil umfasst Lese- und Hörtexte, Wortschatztraining, Übungen zur mündlichen und schriftlichen Kommunikation sowie Strategien und Grammatikübungen zu einem übergeordneten Thema. Hier werden grundlegende Fertigkeiten einführend behandelt und trainiert. Die Reihenfolge der einzelnen Übungen ist abwechslungsreich gestaltet und bietet gleichzeitig ein ausgewogenes Verhältnis des Trainings von produktiven und rezeptiven Fertigkeiten. Das Übungsangebot ist sehr umfassend, so dass eine lernerorientierte Auswahl getroffen werden kann.

- Teil B: Wissenswertes (fakultativer Teil)
  Teil B enthält Texte und Übungen, die das Thema des Kapitels auf interessante Weise erweitern. Dieser Teil ist ein Angebot für alle, die sich näher mit einem Thema beschäftigen oder ihre sprachlichen Fähigkeiten zusätzlich erweitern möchten. Teil B kann Bestandteil des Unterrichts sein, ins Selbststudium verlagert oder weggelassen werden.

- Teil C: Übersichten und Zusatzübungen zur Grammatik
  Dieser Übungsteil ermöglicht mit systematisierenden Übersichten und zahlreichen Übungen die Vertiefung der Grammatikkenntnisse. Die Grammatik selbst wird in Verbindung mit Texten, Themen oder handlungsorientierten Übungen im Teil A eingeführt. Teil C sollte deshalb vorwiegend als Hausaufgabe eingesetzt werden. Auch dieser Teil kann beliebig gekürzt oder erweitert werden, je nach Bedarf der Lernenden.

- Teil D: Rückblick
  Teil D besteht aus zwei Komponenten: Wichtige Redemittel und Selbstevaluation. Er dient zur Festigung des Wortschatzes und motiviert zum Weiterlernen.

- Anhang
  Der informative Anhang enthält eine Redemittelübersicht, einen Übungssatz zur Vorbereitung auf die Prüfungen *Goethe-Zertifikat B2* bzw. *C1*, Grammatikübersichten und eine Liste unregelmäßiger Verben.

Weiterhin gehören zu jedem Lehrbuch ein herausnehmbarer Lösungsschlüssel und eine CD. Der Lösungsschlüssel ermöglicht den Kursteilnehmern die Kontrolle beim Selbststudium bzw. bei den Hausaufgaben, die CD dient zur Schulung des Hörverstehens.

3. Handlungsorientiertes Fertigkeitstraining im Teil A

Teil A ist das Kernstück jedes Kapitels. Hier werden auf kommunikative Weise und anhand interessanter Texte und Themen alle Fertigkeiten geschult. Im Mittelpunkt stehen hierbei Fertigkeiten, die den Lernenden helfen, Situationen im Alltag, im Beruf oder in einer Ausbildung (z. B. in einem Studium) sprachlich besser zu bewältigen. Gleichzeitig orientieren sich die Übungen an den Aufgabenformaten der Prüfungen *Goethe-Zertifikat B2, Zertifikat Deutsch für den Beruf, Goethe-Zertifikat C1* und *TestDaF*.

A) Training des mündlichen Ausdrucks
Die Aufgaben zur mündlichen Kommunikation sind in thematische Kontexte eingebettet, können aber auch unabhängig von vorangestellten Texten oder Übungen eingesetzt werden.

Folgende sprachliche Handlungen werden trainiert:
- über etwas berichten
- Personen, Vorgänge, Geräte, Entwicklungen, Folgen, Gefühle und Stimmungen beschreiben
- Statistiken/Schaubilder beschreiben/erläutern
- eine Firma/ein Produkt präsentieren
- telefonieren (Termine vereinbaren/geschäftliche Telefonate führen/Auskünfte geben und einholen)
- etwas vergleichen
- eine Auswahl treffen und begründen
- Stellung nehmen/diskutieren/Zweifel anmelden/widersprechen/Pro- und Kontra-Argumente nennen
- Ratschläge und Empfehlungen geben/Vorschläge unterbreiten/Lösungen anbieten
- Erwartungen und Meinungen begründen
- eine Tagesordnung vorstellen
- eine Karikatur/ein Bild interpretieren
- Informationen mündlich wieder- und weitergeben
- sich beschweren
- einen gegliederten Vortrag über verschiedene Themen halten
- ein Interview führen
- einen Smalltalk führen
- Vermutungen formulieren
- Gefallen und Missfallen ausdrücken

B) Training des schriftlichen Ausdrucks

Die Aufgaben zur schriftlichen Kommunikation sind ebenfalls in thematische Kontexte eingebettet, können aber auch unabhängig eingesetzt werden.

Folgende Formen des schriftlichen Ausdrucks werden trainiert:

- einen persönlichen Brief/eine persönliche E-Mail schreiben (an Freunde, langjährige Geschäftspartner und Kollegen)
- einen formellen Brief/eine formelle E-Mail verfassen
  - sich beschweren
  - einen Leserbrief an eine Zeitung schreiben
  - sich um ein Stipendium bewerben
  - eine Strafanzeige erstatten
  - ein Angebot schreiben
- einen Lebenslauf in tabellarischer Form verfassen
- zu verschiedenen Themen schriftlich Stellung nehmen
- ein Referat ausarbeiten
- einen Bericht verfassen
- etwas beschreiben
- Texte zusammenfassen/Informationen wiedergeben
- eine Buchrezension verfassen

Ergänzt werden die verschiedenen Übungen zum mündlichen und schriftlichen Ausdruck durch Redemittellisten und ausführliche Hinweise.
Auf diese Weise können sich auch Selbstlerner z. B. das Schreiben einer Stellungnahme Schritt für Schritt erarbeiten.

C) Training des Leseverstehens

Die ausgewählten Texte entsprechen den Ansprüchen der Niveaustufen. Es sind authentische Texte aus Tageszeitungen oder Zeitschriften wie *Der Spiegel, Focus, GEO* oder *P.M.* In einigen Fällen wurden die Texte auf eine im Unterricht zu behandelnde Länge gekürzt. Bei der Textauswahl wurde neben sprachlichen Aspekten auch darauf geachtet, dass die Texte interessante, neue oder überraschende Inhalte vermitteln.
Das Training des Leseverstehens umfasst sowohl Aufgaben zum detaillierten als auch zum kursorischen und selektierenden Lesen (Fragen zum Text, Zusammenfassung als freier Text, Zusammenfassung als Lückentext, Multiple-Choice-Aufgaben, Zuordnungsübungen, Lückentexte, Textrekonstruktion). Als Vorentlastung dienen die den Texten oft vorgeschalteten mündlichen Übungen zum Einstieg in das Thema. Fast alle Texte sind an nachfolgende Wortschatzübungen gekoppelt, um auf diese Weise neue Wörter zu wiederholen.

Literarische Texte

Im Lehrwerk sind verschiedene literarische Texte enthalten. Die Texte sollen aber nicht wie in der Schule bis ins kleinste Detail bearbeitet werden. Sie erfüllen neben der Vermittlung deutschsprachiger Literatur die Funktion, Literatur einfach nur zu genießen, sich darüber zu amüsieren oder nachzudenken. Sie eignen sich natürlich auch als Redeanlässe.

Literarische Texte im Band Erkundungen B2:

Heinrich Heine: Ein Jüngling liebte ein Mädchen; Gedicht *(Kapitel 1)*
Franz Hohler: Die ungleichen Regenwürmer; Kurzgeschichte *(Kapitel 3)*
Wolfdietrich Schnurre: Kultivierung; Fabel *(Kapitel 5)*
Wladimir Kaminer: Menschen und ihre Freizeitbeschäftigungen; Kurzgeschichte *(Kapitel 5)*
Hansgeorg Stengel: Bücherwurm und Leseratte; Gedicht *(Kapitel 5)*

Literarische Texte im Band Erkundungen C1:
Heinrich Heine: Das Fräulein stand am Meere; Gedicht *(Kapitel 2)*
Wilhelm Busch: Es sitzt ein Vogel auf dem Leim; Wenn einer ...; Gedichte *(Kapitel2)*
Joachim Ringelnatz: Ein männlicher Briefmark; Die Ameisen; Gedichte *(Kapitel 2)*
Robert Gernhardt: Die Folgen der Trunksucht; Gedicht *(Kapitel 2)*
Hansgeorg Stengel: Die Geschichte von der missglückten Super-Maxi; Gedicht *(Kapitel 3)*
Franz Hohler: Der Presslufthammer und das Ei, Kurzgeschichte *(Kapitel 3)*
Heinrich Böll: Anekdote zur Senkung der Arbeitsmoral; Kurzgeschichte *(Kapitel 3)*
Dieter Nuhr: Gibt es intelligentes Leben?; Auszug aus einem satirischen Text *(Kapitel 4)*
Thomas Brussig: Am kürzeren Ende der Sonnenallee; Auszug aus einem Roman *(Kapitel 6)*
Bertolt Brecht: Die Lösung; Gedicht *(Kapitel 6)*
Kurt Tucholsky: Ratschläge für einen schlechten Redner; Auszug aus einem Essay *(Kapitel 6)*
Christian Morgenstern: Fisches Nachtgesang; Gedicht *(Kapitel 7)*
Jakob van Hoddis: Weltende; Gedicht *(Kapitel 8)*

Sollten die Lerner neben dem „normalen" Lernstoff noch etwas Zeit haben, empfehlen wir außerdem das Lesen von längeren literarischen Texten wie interessanten, spannenden oder unterhaltsamen Romanen.

D) Training des Hörverstehens

Wie beim Training des Leseverstehens umfasst das Hörverstehenstraining Aufgaben zur Entnahme von Haupt- und Detailinformationen (Fragen zum Hörtext, Zusammenfassung als freier Text, Zusammenfassung als Lückentext, Multiple-Choice-Aufgaben, Zuordnungsübungen, Lückentexte, Textrekonstruktion). Die Hörtexte sind eingebettet in die Themen der Kapitel. Der Wortschatz wird oft durch eine Vielzahl von Aufgaben im Vorfeld eingeführt. Auch die Hörtexte sind zur Festigung des Wortschatzes an nachfolgende Wortschatzübungen gekoppelt.

4. Prüfungsvorbereitung

Wenn die Lernenden die Bände zu den Niveaus B2 und C1 erfolgreich durchgearbeitet haben, sollten sie in der Lage sein, die Prüfungen auf den entsprechenden Niveaustufen problemlos zu bestehen. Das betrifft für Niveau B2 das *Goethe-Zertifikat B2* und die Prüfung *Zertifikat Deutsch für den Beruf*, für Niveau C1 das *Goethe-Zertifikat C1* sowie die Prüfung *TestDaF Stufe 3 und 4*. Selbstverständlich sind die beiden Bände auch zur Vorbereitung auf äquivalente Prüfungen, wie zum Beispiel das ÖSD, geeignet.
Die Prüfungsvorbereitung ist integraler Bestandteil der Lehrbücher, sie erfolgt über alle acht Kapitel hinweg. Die wichtigsten Aufgabenformate der Prüfungen werden so auf kommunikative Weise eingeführt und trainiert.

Im Anhang der Lehrbücher finden die Lernenden jeweils einen Übungssatz für die *Goethe-Zertifikate*. Für die Vorbereitung auf andere Prüfungen dieser Niveaustufen empfehlen wir, mit einigen zusätzlichen Texten wortschatzspezifisch zu arbeiten und die entsprechenden Übungssätze für diese Prüfungen einzusetzen.

5. Ergänzendes Material

Unter der Internetadresse: *www.schubert-verlag.de/aufgaben* ist ergänzendes Übungs- und Lernmaterial zu den Lehrbüchern zusammengestellt, das die Lerner online ausführen können.

Die Materialien können als Ergänzung zum Unterricht oder für die außerunterrichtliche Beschäftigung der Kursteilnehmer mit der deutschen Sprache eingesetzt werden. Der Kursleiter ist so – in Verbindung mit der Nutzung der in diesem Buch abgedruckten Arbeitsblätter – in der Lage, ein auf den Sprachstand seiner Gruppe bzw. der einzelnen Teilnehmer genau abgestimmtes zusätzliches Übungsangebot einzusetzen.

6. Aufbau des Lehrerhandbuches

Das Lehrerhandbuch enthält zu jedem Kapitel:

- unterrichtspraktische Hinweise mit Variationsmöglichkeiten und strategischen Tipps,
- kommunikationsorientierte Arbeitsblätter zu Teil A, die der interaktiven Vertiefung von Wortschatz und Grammatik dienen,
- einen Wiederholungstest.

Da die Aufgaben und Themen so strukturiert sind, dass sowohl der Lehrer als auch der Lerner jeden Schritt nachvollziehen kann, bietet das Lehrerhandbuch vor allem mögliche weiterführende Übungen bzw. einleitende und überleitende Fragen an. Es konzentriert sich auf das Kernprogramm im Teil A, dem jeweils die Übungen zur Grammatik (Teil C) zugeordnet werden. Sie finden also die Verweise auf den grammatischen Übungsteil unter den Hinweisen zum Kernprogramm.

Aus Platzgründen wird in den unterrichtspraktischen Hinweisen nur die männliche Form verwendet.
KL = Kursleiter; KT = Kursteilnehmer.

Methodische Hinweise zu den einzelnen Kapiteln

Allgemeiner Hinweis: Da jedes Kapitel des Lehrbuchs mit vielen Texten und Übungen ausgestattet ist, empfiehlt es sich, dass der Kursleiter aus dem umfangreichen Material eine Auswahl trifft, die speziell auf seine Lernergruppe zugeschnitten ist.

Kapitel 1

Wesentliche Lernziele

- mündliche und schriftliche Auskünfte zum eigenen Lebenslauf geben
- Lebensläufe dritter Personen mündlich und schriftlich formulieren
- landeskundliche Texte verstehen (deutsches Schul- und Ausbildungssystem)
- Personen beschreiben und Charaktereigenschaften darlegen

A1–2

1. A1 und A2 beziehen sich auf das Vorstellen und das gegenseitige Kennenlernen. Zur Vorbereitung der Vorstellungsrunde kann KL Aufgabe A2 in Zweiergruppen oder im Plenum lösen lassen. KL kann entweder die Wortstellung in Fragesätzen wiederholen oder auf die Interrogativpronomen und den Wortschatz eingehen (z. B. im Bereich *Beruf und Tätigkeit und Familienstand*).
2. Zu A1 bilden KT Zweiergruppen, führen das Interview und machen sich Notizen zu den Angaben des jeweils anderen KT. KL stellt im Plenum an jeden KT ein bis zwei Fragen zu den Notizen und geht auf Sachverhalte wie Staatsangehörigkeit und Berufsausbildung ein. Die neuen Begriffe können an die Tafel geschrieben werden. Zur besprochenen Person können im Plenum weitere Fragen gestellt werden.

A3 ◊ Arbeitsblatt 1: Grammatiktraining

KL wiederholt zur Vorentlastung die Bedeutungen der Modalverben und geht auf das Modalverb *mögen* ein: Übersicht im Teil C (C1–2).

Variante: Als Einstieg für die Aufgaben A3a, b kann auch **Arbeitsblatt 1** genutzt werden. KT erarbeiten danach in Zweiergruppen A3a, b. Die Antworten in A3b werden auf einem Extrablatt notiert. KL mischt diese Blätter und verteilt sie in der Gruppe. Jeder KT korrigiert die Notizen zu A3b und soll erraten, zu welcher Person die Aussagen gehören. Die Aufgaben im Teil C (C3–5) sind zusätzliches Arbeitsmaterial zur Vertiefung des Grammatikthemas *Modalverben.*

A4–6 ◊ Arbeitsblatt 2: Wer sagt was?

1. KL führt das Thema *Schule und Ausbildung* ein, er kann z. B. eine Anekdote aus der eigenen Schulzeit erzählen. KL bezieht durch Fragen und Vergleiche KT aktiv ein (hier eignen sich z. B. die Fragen aus A6a).
2. Zu Hörtext A4a werden die Antworten im Plenum verglichen. Zur Vertiefung des Wortschatzes kann A4b gelöst werden.

   Variante: Mit der Zuordnungsübung von **Arbeitsblatt 2** können KT den Wortschatz wiederholen.
3. A5 kann sowohl am Anfang der Stunde als auch nach der Hörübung eingesetzt werden. Der landeskundliche Text A6b mit dem Lernziel Leseverständnis sowie A6c, d können als Hausaufgabe erledigt werden. Stehen genügend UE zur Verfügung, könnte der Text auch im Plenum gelesen und der neue Wortschatz gemeinsam erarbeitet werden.

A7–A11 ◊ Arbeitsblatt 3: Redemittel

1. KL führt den neuen Wortschatz zu *Schule und Ausbildung* ein. KT lesen die Redemittel in A8a laut vor und bilden nach der Reihe einen Satz aus der eigenen Biografie. Dazu kann Übung 1 von **Arbeitsblatt 3** durchgeführt werden.

   Variante: KL teilt für je zwei KT einen Kartensatz von **Arbeitsblatt 3** (Übung 2) aus. KT arbeiten zu zweit. Ein KT zieht eine Karte und stellt zu dem Wort auf der Karte eine Frage, ein zweiter KT beantwortet die Frage usw. Die Fragen tragen KT in A8b ein. Im Plenum bespricht KL dann die Fragen und Antworten. A8c und A9 eignen sich als Hausaufgabe oder zur Einzelarbeit im Unterricht.

2. KT beschreiben die Grafik in A7 mithilfe der angegebenen Stichpunkte und vergleichen das deutsche Schulsystem mit dem System ihres Heimatlandes. KL hilft bei der Suche deutscher Äquivalente von ausländischen Schulabschlüssen. Text A7b wird gemeinsam (evtl. auch als kurze Phonetikübung) gelesen.

   Tipp: Die Fragen kann KL als Anlass für eine ausführliche Diskussion im Plenum nehmen. Danach bilden KT zwei bis drei Diskussionsgruppen und bearbeiten A10. Jede Gruppe wählt drei Aussagen, diskutiert diese und schreibt das Fazit der Diskussion an die Tafel. Im Plenum sollte jede Gruppe ihren Standpunkt verteidigen.
3. A11 ist eine Vorbereitung auf die Prüfung *Goethe-Zertifikat B2, Schriftlicher Ausdruck*. Wie in der Prüfung, kann auch hier der KT ein Thema wählen.

   Tipp: KL kann die schriftliche Hausaufgabe auch über E-Mail korrigieren.

A12–17 ◊ Arbeitsblatt 4: Heinrich Heine – Stationen eines Dichterlebens

1. KL wiederholt die Vergangenheitsformen der Verben und insbesondere das Präteritum. Dazu kann KL die Übersicht in Teil C und die nachfolgenden Übungen C6–10 nutzen. Als Einstieg und Übergang vom Thema *Schule und Ausbildung* zum Thema *Lebensläufe* können KT die Übung A6d erledigen. KL weist auf die Liste der unregelmäßigen Verben im Grammatikanhang hin.
2. KL entscheidet je nach Interesse und Zusammensetzung des Kurses, ob der ausführliche oder der tabellarische Lebenslauf Schwerpunkt des Unterrichts wird (A12–16). A12, A14, A16b eignen sich auch als schriftliche Hausaufgaben.

   Tipp: A13 kann im Plenum durchgeführt und A15 und A16b können in Kleingruppen erledigt werden.
3. KL kann kurz etwas über Heinrich Heine erzählen und KT fragen, welche Schriftsteller des 19. Jahrhunderts sie aus ihren Heimatländern kennen. A17 lösen die KT möglichst zu zweit.

   Variante: KL kann an dieser Stelle auch **Arbeitsblatt 4** einsetzen. KT schreiben oder sagen zu der jeweiligen Jahreszahl einen Satz im Präteritum.

A18–20 ◊ Arbeitsblatt 5: Wer mit wem?

1. KT hören zur Einführung des Themas *Zwischenmenschliche Beziehungen* das Gedicht *Ein Jünglein liebt ein Mädchen* (A18). KL kann danach entweder das Gedicht noch einmal von KT vorlesen und/oder die Hauptgedanken des Gedichts in drei bis vier vollständigen Sätzen aufschreiben lassen.

   Tipp: KL kann in lernstarken Gruppen auf die romantische Ironie in Heines Gedichten und auf die Besonderheiten der Reimform eingehen. A19a, b führen KT abschließend als Wortschatzübung in Zweiergruppen durch. A19b enthält wichtige feststehende Wendungen, die durch Fragen- oder Satzbildung im Plenum geübt werden können.
2. A20a–d eignen sich auch als Hausaufgabe oder zum Selbststudium (Prüfungsvorbereitung).

   Tipp: Bei der Besprechung des Textes (A20) im Unterricht kann KL Fragen zur Grafik (unter A20) stellen und so kontrollieren, ob KT den Text zu Hause gelesen und verstanden haben. Außerdem kann KL zur Vertiefung des Wortschatzes **Arbeitsblatt 5** einsetzen (Gruppenarbeit). Er leitet damit die Wiederholung der Adjektivdeklination ein und weist auf die Übersicht im Teil C (vor C11) hin. C10 und C13 erarbeiten KT im Unterricht (Kleingruppen). C11 und C12 könnten im Selbststudium durchgeführt werden.

A21–24 ◊ Arbeitsblatt 6: Märchenprinz und Traumfrau gesucht

1. *Tipp 1:* Für A21a bringen KT eigene Fotos von Personen mit, diese Bilder werden willkürlich verteilt und jeder KT beschreibt nach einer Vorbereitungszeit von einer Minute das ihm vorliegende Foto und nutzt dabei die Redemittel in A21a (in Zweiergruppen oder im Plenum).

   Tipp 2: KL gibt die Aufgabe, dass KT eine bedeutende und bekannte Persönlichkeit aus dem jeweiligen Heimatland auswählen, den Namen der Persönlichkeit (z. B. Sportler oder Politiker) notieren und dann über die Person informieren. Zur Auflockerung könnten die KT auch in der Ich-Form erzählen. Die anderen KT sollen den Namen der Persönlichkeit erraten. A21b eignet sich zur Erweiterung des Wortschatzes *Personenbeschreibungen* und kann A21a vorgeschaltet werden.
2. Jeder KT führt mit zwei anderen KT nacheinander das Interview in A22 und trägt die wichtigsten Erkenntnisse vergleichend im Plenum vor (z. B. *Peter meint, dass ein guter Kollege aufgeschlossen sein sollte, aber Inge findet, dass ein guter Kollege vor allem hilfsbereit sein muss.*). KL könnte unterdessen schwierige Adjektive an die Tafel schreiben.

3. A23 und A24 können auch im Anschluss an Text A20 behandelt werden. A23a, b sind Plenumsaufgaben, wobei A23c für die Arbeit in Kleingruppen geeignet ist. Zur Vorbereitung von A23c kann KL **Arbeitsblatt 6** einsetzen, das sich zur Einzelarbeit oder als Hausaufgabe eignet.
4. Mit den Hörübungen in A24 kann KL bei den KT einerseits den Wortschatz zum Thema *Partnersuche und zwischenmenschliche Beziehungen* festigen und andererseits die KT auf die Prüfung *Goethe-Zertifikat B2* vorbereiten. Die Hörübung A24c ist ein Modellbeispiel für *Hörverstehen, Aufgabe 2,* im Prüfungssatz.

Kapitel 2

Wesentliche Lernziele

◊ die eigene Wohnsituation mündlich und schriftlich beschreiben
◊ Ansichten zu Wohnformen und Wohnbedingungen schriftlich und mündlich begründen
◊ Wohnungsanzeigen verstehen und verfassen
◊ Beschwerdebriefe zum Thema *Ärger im Urlaub* formulieren

A1–6 ◊ Arbeitsblatt 1: Grammatiktraining

1. KL kann am Anfang der Stunde im Plenum die Frage: *Wo und wie wohnen Sie?* stellen. KL schreibt Begriffe wie *Doppelhaushälfte/Einfamilienhaus* usw. an die Tafel. Danach vergleichen KT die Begriffe an der Tafel mit den Wörtern in A1; für weitere Klärung und Beschreibung können die Fotos in A1 herangezogen werden.
2. In Zweiergruppen beantworten KT die Fragen in A5. Im Plenum stellen KT dann die Wohnsituation des jeweiligen Gesprächspartners vor. Zu den Fragestellungen *Wo leben die Deutschen am liebsten?* und *Wo möchten Sie am liebsten wohnen?* kann KL die Aufgaben A2–4 behandeln.
3. KL wiederholt im Anschluss an A4 Orts- und Richtungsangaben (Teil C). KL bespricht die Übersicht zu den Wechselpräpositionen vor C1 und KT bearbeiten im Plenum die Aufgaben C1 und C2.

   Variante: KT können statt C1 und C2 die Aufgaben auf **Arbeitsblatt 1** in Kleingruppen lösen. Zur Vertiefung der Grammatikkenntnisse können C3 und C4 in Eigenarbeit durchgeführt werden.
4. A6 eignet sich als schriftliche Hausaufgabe.

   Tipp: KL kann KT beauftragen, für A6 (1–3) jeweils ein Foto oder Bild eines Hauses im Internet, in einer Zeitschrift oder im persönlichen Archiv zu suchen und sich in der schriftlichen Aufgabe daran zu orientieren. Bei einer mündlichen Präsentation sollte die Beschreibung des Fotos im Mittelpunkt stehen.

A7–8 ◊ A15 ◊ Arbeitsblatt 2: Begriffe beschreiben und erraten

1. Jeder KT erhält eine Karte von **Arbeitsblatt 2** und bereitet zu dem Begriff eine Beschreibung vor. Dabei kann er sich schriftliche Notizen machen. Dann trägt jeder KT die Beschreibung vor; die anderen KT erraten den Begriff. Die Übung dient als Wiederholung der vorigen Unterrichtseinheit (A1–6).
2. KL fragt, welche Art von Anzeigen KT kennen und ob sie selbst schon einmal eine Wohnungsanzeige aufgegeben haben. Im Plenum werden zur Vorentlastung von A7 die Aufgaben A8a, b gelöst. KT lesen dann nacheinander die Anzeigen in A7.

   Tipp 1: KL achtet besonders auf die Adjektivendungen und kann bei lernschwachen Gruppen noch einmal auf die Adjektivdeklination aus Kapitel 1 hinweisen.

   Tipp 2: KL bittet KT im Vorfeld, eine Wohnungsanzeige aus einer deutschen Zeitung oder von einer deutschen Website mitzubringen. KL bespricht mit KT die Unterschiede zwischen den mitgebrachten Anzeigen und den Anzeigen im Lehrbuch. KL schreibt den neuen Wortschatz an die Tafel. Die Telefongespräche in A15 schließen gut an A7–8 an.

A9–14 ◊ A16

1. Der Text A9 und A10–12 können im Plenum oder als Hausaufgabe bearbeitet werden. Das Lernziel ist hier Leseverstehen und Erweiterung der landeskundlichen Kenntnisse. Zur Auflockerung des Unterrichts können hier die Rollenspiele in A16 genutzt werden. A13 ist eine Zusatzübung, die je nach Interesse der KT als Hausaufgabe aufgegeben werden kann.

2. Für A14 bilden KT Kleingruppen (je drei oder vier KT). KT erstellen schriftlich Anzeigen und nehmen dafür das Haus oder die Wohnung eines anderen KT. Die fertigen Anzeigen werden dann unter den Gruppen ausgetauscht und im Plenum vorgelesen.
3. Grammatik: KL weist auf weitere lokale Präpositionen in Teil C hin und könnte die Übersicht vor C5 lesen lassen. C5 und C6 sind fakultative Zusatzaufgaben.

A17 ◊ A18 ◊ A20 ◊ Arbeitsblatt 3: Leipzig

1. Jeder KT liest für sich das Schaubild und die Redemittel in A17. Ein oder zwei KT können das Schaubild im Plenum vorstellen. KL sollte darauf achten, dass die Redemittel in A17 richtig eingesetzt werden. KL eröffnet dann die Plenumsdiskussion und fragt z. B. *Welche deutschen Städte aus dem Schaubild kennen Sie?* Nach der Plenumsdiskussion beantworten KT die Fragen in A18 in Zweiergruppen. Einige Antworten werden vom KL im Plenum kontrolliert. Die KT lösen die Hörübung A20a und vergleichen die Notizen miteinander. KL korrigiert und beantwortet Fragen zum neuen Wortschatz.
2. KL kann dann auf die Passivkonstruktionen in A20c hinweisen und das Schema vor C8 behandeln. A20b bearbeiten KT in Einzelarbeit. KT können im Selbststudium C8–11 lösen.

   Tipp: Zur Vertiefung des Inhaltes des Textes A20 kann **Arbeitsblatt 3** eingesetzt werden.

A19 ◊ A21 ◊ Arbeitsblatt 4: Grammatiktraining ◊ Arbeitsblatt 5: Fragen zum Wohnort

1. KT können als Wortschatz- und Grammatikwiederholung A21 bearbeiten. Danach führt KL die Verwendung der Relativpronomen ein und nutzt dazu entweder **Arbeitsblatt 4** oder die Übersicht in Teil C vor C7.

   Tipp: KL kann auch auf das Schema der Relativsätze im Anhang hinweisen. Dann führen KT die Aufgaben von **Arbeitsblatt 4** durch. C7 eignet sich als Hausaufgabe.
2. Als thematischen, übergreifenden Abschluss zum Thema *Städte und Wohnen* können KT das Quiz A19 im Plenum oder in Kleingruppen lösen und die Fragen von **Arbeitsblatt 5** beantworten.

   Anleitung: KL kopiert und zerschneidet die Aufgabenpakete 1–5 (*Tipp:* gleiche Pakete in derselben Blattfarbe kopieren) und verteilt diese. KT sollten die Fragen auf ihrem Blatt an möglichst viele KT stellen. KL achtet darauf, dass KT mit gleichem Fragenpaket sich nicht gegenseitig befragen. KT machen sich Notizen zu den Antworten. KL fragt dann im Plenum z. B. *Wer hat eine Antwort auf die Frage: Wie viele Einwohner hat Ihr Wohnort?* KT antwortet dann z. B. *Kristina hat gesagt, dass es in Kopenhagen … Einwohner gibt.*

A22–29

1. KL kann das Thema *Reisen* mit dem Schaubild in A25 einführen und KT zu zweit mithilfe der Redemittelübersicht drei bis vier Sätze zum Schaubild aufschreiben lassen. Einige Zweiergruppen präsentieren dann ihre Ergebnisse.
2. KL lässt im Plenum den Text A22b lesen und geht auf den unbekannten Wortschatz ein. Dazu kann KL die Fragen in A23a nutzen. Die vertiefenden Text- und Wortschatzübungen A23b, c und A24 können in Eigenarbeit gelöst werden. Danach sollten KT die Dialoge in A26 führen. Jede Zweiergruppe sollte sich eine Aufgabenstellung selbst aussuchen.
3. A27 ist eine Grammatikwiederholung. KL kann A27 und A28 kombinieren und die KT auf die Übungen zu den Richtungspräpositionen in Teil C hinweisen. A29 ist eine Modellübung zur Prüfungsvorbereitung *Goethe-Zertifikat B2, Mündlicher Ausdruck.*

A30–35 ◊ Arbeitsblatt 6: Katastrophenszenarium ◊ Arbeitsblatt 7: Wortschatztraining ◊ Arbeitsblatt 8: Beschwerdebrief

1. KL entscheidet, ob er zur Einführung des Themas *Ärger im Urlaub* A30a bzw. **Arbeitsblatt 6** oder A30b verwendet. Die genannten Übungen können KT zu zweit machen. Dann folgt Hörübung A31a, b. Zur Vertiefung des Wortschatzes wird im Plenum A31c gelöst.
2. Wenn KL Aufgabe A31d als Hausaufgabe aufgibt, können die KT den Text der Hörübung im Lösungsschlüssel zu Hilfe nehmen. Die Übungen von **Arbeitsblatt 7** eignen sich zur Überprüfung des gelernten Wortschatzes in einer der darauffolgenden Stunden oder als Hausaufgabe. A33 ist eine Modellübung zur Prüfungsvorbereitung *Goethe-Zertifikat B2, Leseverstehen, Aufgabe 4*, und wird im Unterricht in Kleingruppen erarbeitet. Nach dem Lösen von A33 schließt sich Dialogübung A32 an.

3. Nach dem Beispiel A33 können KT den Briefauftrag in A34 lösen. KL weist KT auf die Nutzung der Redemittel hin. Als Zusatz- und Vertiefungsaufgabe kann er **Arbeitsblatt 8** einsetzen.

   Tipp: Die Redemittel in diesem Brief können ebenfalls für den eigenen schriftlichen Auftrag genutzt werden. Die Aufgabe auf **Arbeitsblatt 8** ist eine Modellübung zur Prüfungsvorbereitung *Goethe-Zertifikat B2, Schriftlicher Ausdruck, Aufgabe 2.* Der Text in A35 ist als Auflockerung und Zusatzübung gedacht und kann bei genügend Zeitreserven gelesen und besprochen werden.

Kapitel 3

Wesentliche Lernziele

- Ländernamen und Nationalitätenvertreter kennen
- ein Kurzreferat zum Thema *Kulturelle Unterschiede* halten
- Texte zu landeskundlichen Themen wie *Minderheiten in Deutschland* und *Leben und Arbeiten im Ausland* verstehen
- Gründe und Folgen zum Thema *Auswandern* benennen

A1–5 ◊ Arbeitsblatt 1: Grammatiktraining ◊ Arbeitsblatt 2: Durchschnittsbürger

1. KL kann als Einstieg Fragen mithilfe der Karte in A5a stellen. Zum Beispiel könnte gefragt werden, was den KT spontan zu den Begriffen *Europa* und *Europäische Union* einfällt. Ein KT schreibt wichtige Stichpunkte an die Tafel. Neue Wörter und Wendungen werden gemeinsam besprochen, danach führen KT in Zweiergruppen das Interview A4 durch.
2. In dem Interview werden schon einige Länder und Nationalitätenvertreter genannt, so dass KL nach dem Interview im Plenum auf A5b eingehen kann. KT schreiben die richtigen Formen in die Tabelle. KL erklärt die *n*-Deklination mithilfe der Übersicht in Teil C.

   Tipp: KL kann auch **Arbeitsblatt 1** austeilen und KT im Plenum Wörter zur *n*-Deklination suchen lassen. Als Hausaufgabe eignen sich die Übungen im Teil C (C1–5).
3. KT können dann den Text A2 laut lesen. Im Plenum werden die Fragen zu A3a beantwortet. A3b, c können KT in Zweiergruppen lösen oder als Hausaufgabe erledigen. **Arbeitsblatt 2** dient zur Vertiefung der Kenntnisse über die Formen der Nationalitätenvertreter in den einzelnen Ländern.

   Tipp: A1 ist eine fakultative Übung, KL kann eventuell mit A1 auch die Stunde einleiten.

A6–10 ◊ Arbeitsblatt 3: Wortschatztraining

1. A6 lösen KT im Plenum.

   Tipp: KT können im Lexikon oder im Internet fehlende Angaben suchen. KL kann KT als Hausaufgabe ein Kurzporträt einer bekannten Persönlichkeit aus dem jeweiligen Heimatland anfertigen lassen.
2. Jeder KT liest oder hört die Geschichte von Franz Hohler in A7 und schreibt in ein bis zwei Sätzen die Hauptaussage auf. Danach entsteht eine Diskussion zum Thema *Heimat und Fremde.* KL bezieht die Aufgaben A8a, b und A9 ein. In Zweiergruppen lösen KT die Übung von **Arbeitsblatt 3**.

   Tipp: KL kann eine bestimmte Zeit vorgeben (z. B. zwei Minuten). Die Zweiergruppe, die in dieser Zeit die meisten richtigen Synonyme gefunden hat, gewinnt.
3. KL kann anhand der Übersicht A10a oder der Übersicht im Teil C die Kausal- und Konsekutivangaben (Gründe und Folgen) einführen. Im Plenum oder in Zweiergruppen erledigen KT die Übung A10b. Zum Selbststudium eignen sich die Übungen im Teil C (C6–8).

A11–14 ◊ Arbeitsblatt 4: Heimat und Fremde ◊ Arbeitsblatt 5: Arbeiten im Ausland

1. KL kann den Unterricht mit **Arbeitsblatt 4** einleiten und so den Wortschatz zum Thema *Heimat und Fremde* wiederholen. KL kopiert das Arbeitsblatt und schneidet die Karten aus. Jeder KT erhält einen Kartensatz und wählt je fünf Begriffe bzw. Redewendungen für die Oberbegriffe *Heimat* und *Fremde* aus. In der Kleingruppe erläutert jeder KT die ausgewählten Begriffe und begründet seine Entscheidung. Die Kleingruppe einigt sich dann gemeinsam auf jeweils drei wichtige Begriffe und stellt diese im Plenum vor.

2. KL leitet zum Thema *Arbeiten im Ausland* über und könnte KT fragen, ob ihre Landsleute auch Jobs im Ausland suchen und warum. KT lesen nacheinander den Text in A11 und beantworten im Plenum die Fragen zu A12a. In Zweiergruppen oder in Einzelarbeit erledigen KT die Übung A12b.

   Tipp: KT könnten zu Hause aktuelle Daten und Grafiken zur Arbeitsmigration der Deutschen suchen.
3. KT hören Text A13 zweimal und ergänzen bzw. korrigieren die Angaben in der Tabelle. Die Hörübung ist eine Modellübung für die Prüfung *Goethe-Zertifikat B2.*
4. KL geht auf die Verben mit Präpositionen ein und KT können A14 im Plenum bearbeiten. KT führen danach in Zweiergruppen ein Interview nach dem Muster in C10. Als Hausaufgabe eignen sich die Übungen C11–12.

   Variante 1: KL teilt **Arbeitsblatt 5** aus und lässt KT beim Hören die Präpositionen zu den Verben ergänzen.

   Variante 2: **Arbeitsblatt 5** kann auch als Hausaufgabe aufgegeben werden, nachdem Hörübung A13 mit der Tabelle behandelt wurde.

A15–26 ◊ Arbeitsblatt 6: Wortschatztraining ◊ Arbeitsblatt 7: Kommentar zum Referat

1. KT lesen den Text in A15 im Plenum, beantworten die Fragen zu A16a in Einzelarbeit und vergleichen die Antworten mit ihrem Nachbarn. Danach sollte KL die Aufgabenstellung in A16b erklären. Hier müssten KT erkennen, wie der Autor des Textes in A15 bestimmte Sachverhalte beurteilt, nämlich positiv oder negativ. Diese Übungsart zum *Leseverstehen* ist Bestandteil der Prüfung *Goethe-Zertifikat B2.* In Kleingruppenarbeit lösen KT die Übungen A17 und A18 und eventuell zusätzlich **Arbeitsblatt 6.**
2. A19–23 sind fakultative Übungen. Sie eignen sich besonders gut für berufsorientierte Sprachkurse.

   Tipp: Bei allgemeinsprachlichen Kursen könnte KL die KT beauftragen, einen Vortrag über Kulturunterschiede im Alltagsleben vorzubereiten. Hierzu eignet sich ein Vergleich zweier Länder besonders gut (z. B. Deutschland und das Heimat- oder Urlaubsland). Wenn ein KT sein Kurzreferat hält, füllen die anderen KT **Arbeitsblatt 7** aus.
3. KL behandelt Übung A24a und wählt dazu drei Beispiele aus, zu denen die KT ihre Meinung sagen. In A24b wählen KT ein bis zwei Alltagssituationen aus und bereiten zu zweit ein Rollenspiel vor, das im Plenum vorgetragen wird.

   Variante: Falls KL keine Kurzreferate vorbereiten lässt, können A25 und A26 auch als schriftliche Hausaufgabe aufgegeben werden.

Kapitel 4

Wesentliche Lernziele

- ◊ Telefonwortschatz kennen und anwenden
- ◊ eine Anfrage und ein Angebot schreiben
- ◊ bei Anweisungen und Nachfragen die Höflichkeitsform nutzen
- ◊ Meinungen zu Themen aus der Arbeitswelt darlegen

A1–3

1. KL spricht als Einstieg mit KT über Arbeitszeit, Überstunden, Kompensationsmöglichkeiten in Unternehmen des eigenen Landes. KL fragt, ob sich KT etwas unter einem Zeitkonto vorstellen können.
2. Anschließend führen KT zu zweit das Interview in A1 durch. Dazu kann KL die wichtigsten neuen Wörter (wie z. B. die jeweiligen Tätigkeiten der KT) an die Tafel schreiben.
3. Danach wird im Plenum der Text in A2 gelesen und A3a gelöst. A3b, c können in der Kleingruppe erarbeitet werden.

A4–9 ◊ Arbeitsblatt 1: Telefongespräch

1. Je nach Zusammensetzung der Gruppe kann KT die Übung A5 entweder als Hörübung oder als Leseübung (mit verteilten Rollen) sowie als Ausspracheübung nutzen.
2. Im Vorfeld werden die Stichpunkte in A4 besprochen, wobei KL besonders auf Termine im Allgemeinen eingehen sollte (z. B. Arzttermine oder Abgabetermine).

3. KL führt dann mithilfe von A6 und der Übersicht vor C1 den Gebrauch und die Bildung des Konjunktiv II ein. KL sollte vor allem den Gebrauch des Konjunktiv II bei höflichen Fragen und Aufforderungen (diplomatischer Konjunktiv) sowie bei irrealen Wünschen behandeln. Dazu eignen sich besonders A7a, b; C2a, b; C4; C5 und **Arbeitsblatt 1**.
4. Zur Festigung der Redemittel und des Konjunktiv II führen die KT Dialoge nach den Vorgaben in A8 und lösen die Hörübung A9. Die Hörübung ist eine Modellübung für die Prüfung *Goethe-Zertifikat B2*.

A10–16 ◇ Arbeitsblatt 2: Wichtige Telefontipps ◇ Arbeitsblatt 3: Verben mit Nominativ, Dativ und Akkusativ

1. Zur Einführung des Themas *Telefonieren* kann KL die KT **Arbeitsblatt 2** lesen und lösen lassen. Danach könnte über Telefonverhalten im Allgemeinen und über den Handygebrauch im Besonderen (z. B. kann KL fragen, ob es Regeln für den Handygebrauch gibt) diskutiert werden.
2. In A10 können KT zu zweit oder zu dritt die passenden Redemittel zum Thema *Telefonieren* zusammenstellen und sich diese notieren. In Übung A11, die am besten auch zu zweit durchgeführt werden kann, wenden KT die in A10 erarbeiteten Redemittel an.

   Tipp: Im Plenum können dann die Ergebnisse von A10 und A11 verglichen werden. Zur Festigung des Wortschatzes führen KT die Dialoge in A12 in Eigenarbeit durch.
3. Jeder KT wählt aus A13 eine Aufgabe aus, schreibt zu Hause einen Dialog und schickt diesen dem KL per E-Mail zur Kontrolle.

   Tipp: KL könnte ein bis zwei Dialoge auch in der nächsten Stunde gemeinsam mit KT korrigieren.
4. KL geht auf die Verben mit direktem Kasus ein (A14 sowie die Übersicht im Teil C). C7–9 sind als Hausaufgaben gedacht. Für Verben, die sowohl den Dativ als auch den Akkusativ verlangen, enthält **Arbeitsblatt 3** zusätzliche Übungen.

   Tipp: Da bei Verben mit direktem Kasus die Wortstellung im Satz eine besondere Rolle spielt, kann die Behandlung der Wortstellung (Übersicht in Teil C und Aufgaben C10–12) auch vor der Behandlung der Verben mit direktem Kasus erfolgen, ansonsten als Wiederholung am Ende des Kapitels.
5. Die Geschäftskorrespondenz in Teil B schließt thematisch an die Hörübung in A15 an.

   Tipp: Entschließt sich der KL, diesen Teil im Unterricht zu behandeln, dann eignet sich A15 als Vorentlastung. Der KL kann die Hörübung aber auch im Zusammenhang mit A16 nutzen, nämlich als Musterdialog. KT bereiten die Dialoge zu A16 in Kleingruppen vor und präsentieren das Rollenspiel im Plenum.

A17–23

1. Vor dem Lesen des Textes A18 kann KL fragen, ob KT selbst Komplimente geben (persönlicher und beruflicher Art) und ob sie manchmal auch Komplimente erhalten. Es könnte darüber diskutiert werden, wie man in unterschiedlichen Fällen damit umgeht. Dann kann Text A18 im Plenum gelesen werden. Die Aufgaben A19a, b, c dienen der Wortschatzerweiterung und eignen sich für die Arbeit in Kleingruppen. Sie können auch als Hausaufgabe erledigt werden.
2. A20, A21a, b, c werden im Plenum gelöst, die unbekannten Wörter und die Antworten zu A21b schreibt KL oder ein KT an die Tafel. A22a ist eine Modellübung zum *Leseverstehen* für die Vorbereitung zur Prüfung *Goethe-Zertifikat B2*. Die Fragen in A22b dienen zum Textverständnis. A23 ist zur Auflockerung des Unterrichts geeignet und eine fakultative Lese- und Wortschatzübung.

A24–30

1. Jeder KT stellt die Fragen in A24 an zwei Gesprächspartner. Danach stellt KT die Antworten vergleichend im Plenum vor (z. B. *Monika hat eine Besprechung wöchentlich, aber Ernst hat nur eine Besprechung im Monat.*).
2. Der Text in A25 und die Wortschatzübungen A26a–d können bei genügend Zeit im Kurs behandelt werden. Die Texte und Übungen eignen sich aber auch zum Selbststudium. A27–29 sind fakultative Aufgaben und vor allem für KT bestimmt, die in ihrer Berufspraxis mit Verhandlungsstrategien in Berührung kommen. Als Hausaufgabe kann A30 angefertigt werden.

A31–35 ◇ Arbeitsblatt 4: Letzte Ausfahrt Uni

1. KT beschreiben als Einstieg zum Text A31 die beiden Grafiken in A34. Dabei sollte in Zweiergruppen gearbeitet werden; jeder KT wählt eine Grafik. Die wichtigsten Ergebnisse können im Plenum vorgetragen und eventuell mit Fakten aus den jeweiligen Heimatländern verglichen werden.
2. Bevor der Text in A31 gelesen wird, geht KL auf die Doppeldeutigkeit der Überschrift *Letzte Ausfahrt Uni* ein. Nach dem Lesen des Textes kann KL die Übung A35a, b besprechen.

3. Das Interview A33 eignet sich nach der Behandlung des Textes A31 zur Arbeit in Kleingruppen. Die Aufgaben A31b, c, d; A32a, b und **Arbeitsblatt 4** sind fürs Selbststudium gedacht. Das Arbeitsblatt dient zur Festigung des Wortschatzes von Text A31.

   Tipp: Für A35b könnten die KT entsprechende Seiten mit Berufsbildern im Internet zu Rate ziehen.

A36–37 ◊ Arbeitsblatt 5: Wortschatzarbeit ◊ Arbeitsblatt 6: Brief (Teil B)

1. Bevor KT die Dialoge in A37 einstudieren, könnte KL die Hörübung A36 als Musterdialogübung vorspielen.

   Tipp: Die KT können selbst eine Dialogaufgabe wählen und das vorbereitete Telefongespräch vor der gesamten Gruppe präsentieren.
2. **Arbeitsblatt 5** bietet eine Wiederholung der Redemittel zu den Themen *Telefonieren, Besprechungen* (Teil A) und *Korrespondenz* (Teil C).
3. Teil B enthält jeweils einen Musterbrief zu Anfrage und Angebot. Außerdem werden die Bestandteile eines Briefes behandelt und einige Aufgaben zum Schreiben einer Anfrage und eines Angebots gegeben. **Arbeitsblatt 6** knüpft an die Übungen im Teil B an und dient zur Vertiefung der Kenntnisse über die geschäftliche Korrespondenz. B5 ist eine Modellübung für die Prüfung *Goethe-Zertifikat B2.*

Kapitel 5

Wesentliche Lernziele

◊ detailliert über Tagesabläufe und Freizeittätigkeiten berichten
◊ Klappentexte und Buchempfehlungen verstehen
◊ Argumente zum Lese- und Freizeitverhalten schriftlich und mündlich darlegen
◊ Vor- und Nachteile im Sport benennen

A1–3 ◊ Arbeitsblatt 1: Grammatik- und Wortschatztraining

1. Vor dem Partnerinterview in A1 könnte KL im Plenum mit KT über den Zeitbegriff in den Heimatländern der KT diskutieren. Dabei kann er Begriffe wie *(zeitraubende) Tätigkeiten, Zeitverschwendung* usw. einführen. In diese Einführung und Diskussion kann er auch den Text von W. Schnurre (A2) einbeziehen.
2. Vor dem Partnerinterview in A1 lesen KT die Tätigkeiten im Kasten. Es wird kontrolliert, ob alle Wendungen und Wörter bekannt sind. Nach der Partnerarbeit berichten einige ausgewählte KT über den Tagesablauf und die Tageseinteilung ihres Gesprächspartners.

   Tipp: Als Hausaufgabe können KT einen schriftlichen Bericht zum eigenen Tagesablauf oder zum Tagesablauf des Gesprächspartners anfertigen. Dabei können je nach Sprachniveau der KT die Fragen in A2, A3a und die Redemittel einbezogen werden.
3. KL wiederholt die temporalen Präpositionen mithilfe der Übersicht im Teil C. A3b eignet sich zur Arbeit in Kleingruppen. In Eigenarbeit können KT die Aufgaben C1–4 lösen. Zur Überprüfung und Wiederholung des Gelernten kann KL in der darauffolgenden Stunde **Arbeitsblatt 1** verwenden.

A4–11 ◊ Arbeitsblatt 2: Zeit

1. Bevor der Text in A7 *Menschen und ihre Freizeitbeschäftigungen* behandelt wird, sollte KL den Wortschatz zum Thema *Zeit und Freizeit* vertiefen. A4a, c können sowohl im Plenum als auch in Kleingruppen durchgeführt werden.
2. *Varianten:* Entweder erledigen KT danach A4b in Kleingruppen (KL begrenzt die Zeit und kleidet die Aufgabe als Wettbewerb ein) oder A10 wird als Gruppenarbeit durchgeführt. Jede Gruppe stellt im Plenum das ausgewählte Foto vor und begründet ihre Wahl. Die Übung ist eine Modellübung für das *Goethe-Zertifikat B2, Mündlicher Ausdruck.*
3. Der Text A7 sollte im Plenum gelesen werden. Zum Leseverständnis kann KL anschließend A8a, b im Plenum behandeln, bei genügend Zeit schreiben KT zu jeder Frage einen Antwortsatz auf. KL kontrolliert Ausdruck und Rechtschreibung.

4. A11 (Autorendaten) ist eine zusätzliche Aufgabe zur Vertiefung des Gelernten und zur Erweiterung der Kenntnisse über einen Kultautor. Auch A5 ist fakultativ und kann zur Auflockerung des Unterrichts jederzeit eingesetzt werden. Als Hausaufgabe und schriftliche Ausdrucksübung könnte KL wahlweise A6 oder A9 aufgeben.
5. *Tipp:* **Arbeitsblatt 2** enthält zum Thema *Zeit* zwei weitere Übungen, die den mündlichen Ausdruck schulen. Aufgabe 1 ist eine Modellübung zum *Goethe-Zertifikat B2, Mündlicher Ausdruck*. Die zweite Aufgabe beinhaltet Rollenspiele zum Thema *Zu spät*.
6. KL führt die temporalen Satzverbindungen mithilfe der Tabelle im Teil C ein und konzentriert sich vor allem auf die Erklärung des Unterschieds zwischen *wenn* und *als*. Im Plenum wird dazu C6 durchgeführt. C5, C7 und C8 sind Hausaufgaben.

A12–17 ◊ Arbeitsblatt 3: Bücherkiste

1. KT führen das Partnerinterview in A12 durch und jeder KT berichtet danach über das Leseverhalten seines Gesprächspartners. Eventuell können noch weitere Fragen gestellt werden (z. B. *In welchen Sprachen lesen Sie oder haben Sie als Kind viel gelesen?*). KL kann A13 und A14 ebenfalls in die Diskussion einbeziehen. KL könnte mit der Frage, ob einer der KT in einer Lesegruppe ist oder schon einmal war, zur Hörübung in A16 überleiten.
2. Die KT hören A16a und ergänzen beim zweiten Hören die fehlenden Wörter und Wendungen. Im Plenum kontrolliert KL die Lösungen zu A16a und lässt dann A16b, c in Zweiergruppen anfertigen.
3. KL nutzt zur Einführung der konditionalen Satzverbindungen A17 und die Übersicht und Hinweise im Teil C, der auch eine Übung zur Umformung der Präpositionalangaben in konditionale Nebensätze enthält (C10).
4. A15: *Variante 1:* KL kopiert **Arbeitsblatt 3** und zerschneidet die Karten der Buchankündigungen. Jeder KT erhält eine Ankündigung und präsentiert nach einer Vorbereitungszeit von drei Minuten den Inhalt der Ankündigung mit eigenen Worten. KT darf den Titel und das Genre des Buches nicht nennen. Die anderen KT sollen das Genre und den eventuellen Titel (sie sollen sich selbst einen Titel ausdenken) erraten.

   Variante 2: KT führen A15 wie im Lehrbuch angegeben durch. Die Anweisungen zu A15 entsprechen der Übung im *Goethe-Zertifikat B2, Leseverstehen.*

A18–20

1. *Diskussionsforum:* KL teilt KT in zwei Gruppen ein und lässt KT über die drei Aussagen in A18 diskutieren. KL achtet darauf, dass die Redemittel in A18 richtig und ausreichend angewendet werden. Nach einer freien Diskussionszeit von acht Minuten haben KT noch fünf Minuten Zeit, die wichtigsten Argumente zusammenzufassen. Dann trägt ein KT die Argumente vor oder schreibt sie in Stichpunkten an die Tafel.
2. A19 ist eine Modellübung zum schriftlichen Ausdruck und kann für die Vorbereitung zur Prüfung *Goethe-Zertifikat B2* genutzt werden.

   Tipp: KL sollte A19 als Hausaufgabe aufgeben und die Aufsätze per E-Mail korrigieren.
3. Als Abschluss zum Thema *Lesen* wiederholt und vertieft KL die Verben in A20.

A21–23

1. KT sammeln Begriffe und Wörter zum Thema *Sport* und KL kann KT die verschiedenen Winter- und Sommersportarten nennen lassen. KL weist darauf hin, dass in diesem Kontext das Verb *treiben* nur in Verbindung mit dem Sammelbegriff *Sport* verwendet werden kann. Alle Ballsportarten (z. B. Tennis, Handball, Golf) werden mit dem Verb *spielen* verbunden. Viele andere Sportarten drückt man im Deutschen mithilfe des Vollverbs aus (z. B. *schwimmen, reiten, segeln*).
2. Die gesammelten Begriffe und Wendungen zum Thema *Sport* schreiben die KT in Übung A21 und vergleichen die Lösungen mit dem Schaubild in A23. Während des Partnerinterviews A22 verwenden die KT möglichst viele der gesammelten Begriffe aus A21. Anschließend befragt KL die einzelnen KT zu den interessantesten und wichtigsten Aussagen des jeweiligen Gesprächspartners.
3. In die abschließende Plenumsdiskussion könnte KL das Schaubild und die dazugehörigen Fragen in A23 einbeziehen. KL achtet darauf, dass KT die Redewendungen, die in Kapitel 1 und 2 für die Arbeit mit Schaubildern angegeben sind, auch verwenden.

A24–28 ◊ B1–4 ◊ Arbeitsblatt 4: Begriffe beschreiben und erraten ◊ Arbeitsblatt 5: Grammatik- und Wortschatztraining

1. Zur Überprüfung des Wortschatzes zum Thema *Sport* kopiert KL **Arbeitsblatt** 4 und schneidet die Karten aus. Jeder KT erhält eine Karte und bereitet zu seinem Begriff eine Beschreibung vor. Dabei kann er sich schriftliche Notizen machen. Dann trägt jeder KT seine Beschreibung vor und die anderen KT erraten den Begriff.
2. Je nach Interessenlage der KT kann KL entweder den Aufgabenkomplex A24–28 zur Geschichte des Fußballspiels oder den Teil B (B1–4) zu besonderen Freizeitbeschäftigungen und zum Extremsport behandeln.
3. KT werden in Mannschaften eingeteilt und lösen das Quiz A24. KL sollte eine Zeit vorgeben, so dass sich KT nicht allzu lange mit dem Thema beschäftigen. Anschließend beantworten KT in Kleingruppen die Fragen in A25. KL führt A26 ein. Gemeinsam werden die Sätze zu Kasten 1 formuliert und eventuell an die Tafel geschrieben. Die Bildung der Sätze aus den Wörtern in den Kästen 2 und 3 ist Hausaufgabe. In der darauffolgenden Stunde werden die Hausaufgaben kontrolliert und die Fragen in A27a besprochen sowie A27b, c gelöst. A28 enthält zum Thema die entsprechenden Redemittel.
4. Entscheidet sich der KL für die Behandlung von Teil B, könnte er mit dem Interview B4 zum Extremsport beginnen. KT beantworten die Fragen in B4 im Plenum und nutzen dazu die entsprechenden Redemittel im Kasten. Dann lesen KT den Text B1 im Plenum und ergänzen die Tabelle in B2a in Kleingruppen. B2d kann KL als Wiederholungsübung zu temporalen und konditionalen Konjunktionen einsetzen. Die Wortschatzübungen B2b, c sind als Hausaufgaben geeignet.
5. B3 ist eine Korrekturübung, die der Aufgabenstellung zum *Schriftlichen Ausdruck* im *Goethe-Zertifikat B2* entspricht.
6. KL kann zur Vertiefung des Grammatikthemas *Temporale Adjektive*, das in C9 behandelt wird, **Arbeitsblatt 5** nutzen. Es ist sowohl für die Übung in Zweiergruppen im Unterricht als auch als Hausaufgabe geeignet.

Kapitel 6

Wesentliche Lernziele

- ◊ Nachrichtensendungen begreifen
- ◊ Meinungen, Gehörtes und Gesagtes wiedergeben
- ◊ Texte zu Geschichte und Politik verstehen
- ◊ Ereignisse in Politik und Gesellschaft mündlich und schriftlich erläutern

A1–6

1. KT können zuerst den Text in A1 lesen und im Plenum über A1b diskutieren. In Zweiergruppen bearbeiten KT die Übung A2. Hier schreiben KT zu jedem Stichpunkt mehrere Vor- und Nachteile auf. KL kann diese Übung noch erweitern und z. B. nach Vor- und Nachteilen von Teletext, kostenlosen Zeitungen und Zeitschriften fragen.

   Tipp: KL fragt einzelne KT nach den jeweiligen Lieblingsmedien und lässt die Vorteile benennen.
2. KL führt den Konjunktiv I (Formen und Gebrauch) ein. KL lässt zur Vorentlastung die Sätze in A4a laut lesen und erläutert die Tabelle A4a oder die Übersicht im Teil C. Dann führen KT die Übung A4b durch. Hier sollen sie die Texte in A3a still lesen und die Formen der indirekten Rede unterstreichen. KL überprüft, ob KT die richtigen Formen gefunden haben. Danach trägt immer ein KT eine Nachricht laut vor. KL kann A3a gut als Ausspracheübung einsetzen. Jeder KT sucht sich eine Nachricht und fasst diese kurz zusammen (wie unter A3b angegeben). Jeder KT hat hierfür nur eine Minute Zeit.
3. KL sollte mit KT einige Sätze zur Gegenwart und einige zur Vergangenheit des Konjunktiv I in A5a, b üben. In lernschwachen Gruppen kann er Übung A4c vorschalten. KT führen selbstständig (eventuell als Hausaufgabe) A6 und C1–3 durch.

A7–11 ◊ Arbeitsblatt 1: Kurzinterviews

1. Für die Beantwortung der Fragen in A7 werden zwei oder drei große Gruppen gebildet. Die Mitglieder jeder Gruppe nehmen zu den Fragen Stellung und ein Gruppenmitglied trägt dann die Hauptpunkte vor, wobei vor allem Pro und Kontra formuliert werden sollten (z. B. *Die meisten KT finden, dass die Nach-*

richten der öffentlich-rechtlichen Sender sachlicher sind als die Nachrichten der Privatsender. Peter aber ist der Ansicht, dass in seinem Land ...).

Variante: KL teilt **Arbeitsblatt 1** aus. KT bilden Kleingruppen. Jede Kleingruppe wählt drei oder vier Fragen aus, die sie den anderen KT stellen möchte. Das Ziel ist, innerhalb der vorgegebenen Zeit möglichst viele KT zu befragen. Nach der Befragung versuchen die KT, im Plenum die gehörten Antworten wiederzugeben.

2. KL könnte zur Überleitung zum Text A8 die Frage stellen, wie objektiv die KT die Nachrichtensendungen im Allgemeinen finden und ob es überhaupt Objektivität in den Nachrichten geben kann. KL setzt Text A8 ebenso wie Text A3a als Ausspracheübung ein. A9a, b, c und A10 sind Übungen zur Textarbeit, die sich gut als Hausaufgabe eignen. A8 ist eine *Leseverstehensübung*, die als Vorbereitung auf die Prüfung *Goethe-Zertifikat B2* genutzt und auch als Musterübung im Plenum durchgeführt werden kann.
3. Jeder KT löst A11 für sich und notiert die wichtigsten Nachrichten. Dann trägt er als „Nachrichtensprecher" seine Version vor.

   Tipp: KL sollte darauf achten, dass Konjunktiv und Indikativ richtig benutzt werden und dass die KT nicht nur Konjunktivsätze bilden.

A12–15 ◊ Arbeitsblatt 2: Wortschatz ◊ Arbeitsblatt 3: Fragen zu aktuellen Radio- oder Fernsehnachrichten

1. A12 sollte als Hausaufgabe aufgegeben werden, wobei der KL die Aufgabe auf mehrere Stunden ausweiten und zu jeder Stunde zwei KT bitten kann, zu den Nachrichten des Vortages zu sprechen. Der KT, der jeweils an der Reihe ist, schreibt die Überschriften der drei wichtigsten Nachrichten an die Tafel und die anderen KT erraten, um welche Tatsachen es sich handelt. Dann trägt der KT seine Nachrichten vor. Mit **Arbeitsblatt 2** kann KL gängige Begriffe aus der Medienwelt einführen und festigen. A13 ist ebenfalls eine Übung zur Wiederholung der bislang gelernten Wörter und Wendungen.
2. Die Hörübung A14 dient zur Einleitung des Grammatikthemas *Weitergabe von Informationen und Gerüchten mithilfe des Modalverbs sollen*. Zunächst hören KT die Nachrichten in A14 und lösen dann die dazugehörige Aufgabe. A15a erklärt KL im Plenum (Weitergabe von Informationen mit dem Modalverb *sollen*) und lässt die KT die Übung A15b in Zweiergruppen lösen. Als Hausaufgabe eignen sich C4–6. In diesen Übungen geht es um weitere sprachliche Möglichkeiten zur Weitergabe von Informationen.
3. KL könnte selbst aktuelle Nachrichten (am besten eignen sich zusammengefasste Kurznachrichten im Radio, die sich stündlich wiederholen) aufnehmen und diese vor der Gruppe zwei- bzw. dreimal abspielen. KT erhalten **Arbeitsblatt 3** und notieren in Stichpunkten die Antworten zu den Fragen.

A16–25 ◊ Arbeitsblatt 4: Grammatik- und Wortschatztraining ◊ Arbeitsblatt 5: Kurzkrimi

1. KT beantworten Fragen in A16 in Kleingruppen. Das Interview dient zum Einstieg in den Text A17. KT lesen A17 im Plenum und lösen A18a, b, c in Zweiergruppen. Dann stellt KL gezielte Fragen zum Text A17; KT nutzen zur Beantwortung A18a, b, c.
2. KL führt die Nomen-Verb-Verbindungen mithilfe der Erklärungen im Teil C und Aufgabe A21 ein. Im Plenum lösen KT Aufgabe A23a, b. Teil C enthält weitere Übungen zu *Nomen-Verb-Verbindungen* (C7–8). Zur Wiederholung in der darauffolgenden Stunde eignet sich **Arbeitsblatt 4**. Die Übungen zur Textarbeit A19 und A20 eignen sich als Hausaufgabe.
3. Anschließend kann KL die Rollenspiele 1 und 2 in A25 in Zweiergruppen vorbereiten lassen. Dann führen einige Gruppen ihre Sketche auf. Für Rollenspiel 3 sollte der KL ein deutsches Fernsehprogramm zur Hand haben. Rollenspiel 3 eignet sich besonders gut in großen Sprachgruppen.
4. Zur Vorbereitung auf A24 können KT den Kurzkrimi von **Arbeitsblatt 5** lesen und korrigieren. So erhalten KT Anregungen für das Schreiben des eigenen Kurzkrimis. Als alternative Aufgabe zum schriftlichen Ausdruck könnte A22 als Hausaufgabe aufgegeben werden.

A26–32 ◊ Arbeitsblatt 6: Erinnerungen

1. KL wählt zur Vorentlastung des Textes A27 drei bis vier Fragen aus A26 aus und legt sie den KT vor. Über das hier vorgestellte Geschichtsthema wird im Plenum diskutiert, so dass jeder KT vorinformiert ist, worum es sich in dem Text handelt. Wichtige Begriffe (wie z. B. *Wiedervereinigung*) werden an die Tafel geschrieben.

2. KT und KL lesen dann den Text in A27 gemeinsam. Die anschließende Textarbeit A28a, b kann in Kleingruppen stattfinden. In der Hörübung A29 werden die im Überblick genannten Daten zur deutschen Wiedervereinigung durch ein Interview über persönliche Erfahrungen erweitert.

   Varianten zur Hörübung: KT lösen beim Hören des Textes *Erinnerungen* A29 oder korrigieren die Fehler auf dem **Arbeitsblatt 6.** Thematisch passt hier auch Übung C9, die die Wiederholung der Präpositionen beinhaltet.
3. KT beschreiben die Schaubilder in A30a und beantworten im Plenum kurz die Frage in A30b. KT wählen dann ein Vortragsthema (entweder A30b oder A31). Das gewählte Thema wird zu Hause vorbereitet und KL achtet darauf, dass KT bei ihrem Vortrag frei sprechen und nur Stichpunkte notieren. Ein Vortrag sollte etwa drei bis vier Minuten dauern. A31 ist eine Modellübung zur Prüfungsvorbereitung *Goethe-Zertifikat B2, Mündlicher Ausdruck.*
4. Insbesondere in geschichtsinteressierten Gruppen kann das Thema *Geschichte und Politik* mithilfe der Aufgaben A32 und A33 noch vertieft werden.

Teil B ◊ Arbeitsblatt 7: Begriffe beschreiben und erraten ◊ Arbeitsblatt 8: Wortschatztraining

1. Der fakultative Teil B zum Thema *Kriminalität* ist für KT mit hohem Sprachniveau, die gern Zeitungstexte lesen, sehr empfehlenswert. KL kann den gesamten Abschnitt zur Kriminalität einführen, indem er die wichtigsten Wörter und Wendungen zu diesem Thema an die Tafel schreibt (z. B. *Diebstahl, Körperverletzung, Gesetzesverstoß* usw.).
2. In einer der darauffolgenden Stunden könnten diese Wörter mithilfe von **Arbeitsblatt 7** wiederholt werden. Jeder KT erhält eine Wortkarte und soll sein Wort umschreiben. Die anderen KT erraten das Wort. Die KT können bei der Vorbereitung der Umschreibung Notizen machen.
3. Zur Vertiefung des Wortschatzes zum Thema *Kriminalität* kann KL auch **Arbeitsblatt 8** einsetzen.

Kapitel 7

Wesentliche Lernziele

- ◊ Geräte beschreiben und Produkte präsentieren
- ◊ Texte zum Thema *Technik und Computer* verstehen und selbst verfassen
- ◊ deutsche Marken und Markennamen benennen
- ◊ zu Trends und Vor- bzw. Nachteilen moderner Technik Argumente sammeln

A1–6 ◊ Arbeitsblatt 1: Welche Geräte kennen Sie? ◊ Arbeitsblatt 2: Im Elektromarkt

1. Als Einleitung zum Thema *Technik und Trends* (Technik im Haushalt) kann KL **Arbeitsblatt 1** austeilen. KT sammeln Apparate und Geräte für Büro, Haus und Garten usw. KT schreiben die Begriffe sowohl an die Tafel als auch auf ihr eigenes Arbeitsblatt. KL achtet darauf, dass KT auch den jeweiligen Artikel nennen und aufschreiben. Dieser Übung zur Vorentlastung entspricht auch A2c.
2. Danach lesen KT den Text A3b *Mikrowellen als Nahkampfwaffen?* Ein KT fasst mithilfe der Redemittel in A3c den Text zusammen, eventuelle Fragen und Diskussionspunkte werden im Plenum besprochen. In Einzelarbeit führen KT zur Wortschatzerweiterung A3d durch.
3. KL entscheidet, welche der Übungen zur Partnerarbeit in Zweiergruppen durchgeführt werden, entweder A1 (Interview) oder A2a, b (Beschreibung der Grafiken und Beantwortung der dazugehörigen Fragen). KL kann KT auch zwischen den Aufgaben wählen lassen, so dass möglichst viele Facetten, die mit *Technik im Haushalt* zu tun haben, beleuchtet werden. Die Hauptaussagen der Grafiken werden im Plenum ausgewertet.
4. KL führt das Passiv und die Passiversatzformen ein und bespricht mit KT die Beispielsätze in A5. Zur genauen Erläuterung der Zeitformen im Passiv kann KL auch die Übersicht in Teil C verwenden. Auch im Grammatikanhang wird auf die Passivformen eingegangen. KT lösen A6a und A6b im Unterricht. Die Aufgaben zum Passiv in Teil C sind als Hausaufgaben vorgesehen: C1–4.
5. KT hören das Verkaufsgespräch und lösen A4.

   Tipp: Als Übung zum Passiv und zu den Passiversatzformen eignet sich auch **Arbeitsblatt 2.**

A7–10 ◇ Arbeitsblatt 3: Interview zu Produkten

1. Zur Einführung des Themenkomplexes *Produkte* lesen KT den Text *Produktnamen* in A8a und lösen A8b in Einzelarbeit.
2. Dann können KT das Interview in A7 führen. Es sollten nur Kurzinterviews geführt werden; jeder KT sollte mindestens drei bis vier andere KT befragen. KT müssen sich nicht an die Produktvorgabe halten und können sich eigene Produkte und Artikel aussuchen (z. B. *Handy*). Jeder KT trägt in **Arbeitsblatt 3** die wichtigsten Stichpunkte der Befragung ein, so dass er im Plenum auf die Fragen des KL schnell eingehen kann.
3. Für A9 ist häusliche Vorbereitungszeit anzuraten. Jeder KT wählt ein Produkt aus und präsentiert die Produktbeschreibung vor der Gruppe. KT sollten die Redemittel in A9 verwenden. KL betont, dass in keiner Produktbeschreibung Aussehen, Funktionsweise und Gebrauch des Produktes fehlen sollten. Weitere Unterpunkte können aus **Arbeitsblatt 3** oder aus A7 entnommen werden. Jeder KT sollte nicht länger als zwei bis drei Minuten sprechen.
4. KL wiederholt die Komparation der Adjektive und verwendet dazu die Tabelle in Teil C. Außerdem wird A10 besprochen. Die Wiederholungsübungen C5–9 sind Hausaufgaben. Der KL könnte zur Vorbereitung der Hausaufgaben von jeder Übung einen Satz im Plenum lösen lassen.

A11–18 ◇ Arbeitsblatt 4: Mensch gegen Maschine

1. Vor dem Beginn der Kleingruppendiskussionen zu A13 führt KL das Thema *Computer und Technikfrust* ein und fragt die KT, ob sie sich oft/manchmal über ihren Computer ärgern und Probleme mit der Funktionsweise haben. Dann lösen KT Aufgabe A13 in Kleingruppen. Hier können immer drei KT zusammenarbeiten. Das ausgewählte Foto wird dann im Plenum vorgestellt und die Auswahl ausführlich begründet. KL achtet darauf, dass jeder KT zu Wort kommt. Bei genügend Zeit wird A14 in Interviewform erledigt.
2. Im Plenum lesen KT den Text A15, KL achtet auf die Aussprache und schreibt die neuen Wörter an die Tafel. In Kleingruppen lösen die KT Aufgabe A16 und A17, wobei jede Kleingruppe sich über die Lösungen mündlich einigt, bevor diese notiert werden. Im Plenum werden die Ergebnisse verglichen und auf grammatikalische und inhaltliche Richtigkeit überprüft.
3. Zu A15 gehört **Arbeitsblatt 4**. Hier sollen die KT die fehlenden Buchstaben (*s, ss, ß, z, sch, st, sp*) in die Lücken setzen. Das Arbeitsblatt ist zur Festigung der Rechtschreibung gedacht.

   Tipp: KL kann dieses Arbeitsblatt aber auch gut für eine Ausspracheübung nutzen.
4. Zur Vertiefung des Themas *Technikfrust* lesen die KT Aufgabe A11a zu Hause und lösen die Aufgaben A11b, c. A11b ist eine Modellübung zum *Leseverstehen* zur *Prüfung Goethe-Zertifikat B2.*
5. A12 erledigen die KT als Hausaufgabe und schreiben den Brief in Form einer E-Mail an KL, so dass KL die Fehler in der Mail markieren kann. KT sollten versuchen, nach Hinweisen des KL eine eigene Zweitkorrektur vorzunehmen.

A19–22

1. KL führt die Stunde zum Thema *Computer und Passwort* ein und könnte die KT fragen, wie man ein Passwort so erstellt, dass es nicht so schnell geknackt werden kann. Danach lesen KT den Text A19b und ergänzen die Verben. Der Text eignet sich zur Arbeit im Plenum. In Zweiergruppen denken sich KT ein gemeinsames Passwort nach den Tipps in Text A19b aus. Alle Passwörter werden anonym in eine Tabelle geschrieben und die anderen KT probieren die Passwörter zu knacken, also herauszufinden, zu welcher Zweiergruppe das Passwort gehört und welche Idee hinter dem Passwort steckt.
2. KL erklärt die Modalangaben und lässt zur Entlastung die Beispielsätze in A20a lesen. KL macht deutlich, dass es zur Erklärung der Modalangaben im Nebensatz zwei Möglichkeiten gibt. Die KT lösen dann in Einzelarbeit oder in Zweiergruppen A20b. Im Plenum werden die Lösungen verglichen. Zur Festigung der neuen Grammatik gibt KL Übung C11 auf.
3. Ein Teil der KT hat zwei bis drei Minuten Zeit für die Interpretation des Schaubildes in A21. Jeder KT kann sich gegebenenfalls Notizen machen und die vorgegebenen Redemittel in die Interpretation einbeziehen. Jeder KT arbeitet selbstständig. Der andere Teil der KT liest den Text in A22a und bildet sich eine Meinung dazu. Auch hier arbeitet jeder KT für sich und macht sich stichpunktartige Notizen. Im Plenum werden sowohl die Interpretationen zum Schaubild als auch die Meinungen zum Text vorgestellt. Die Stunde kann mit einer gemeinsamen Diskussion zum Beitrag in A22a enden und die wichtigs-

ten Punkte der Diskussion nehmen KT in den Auftrag A22b auf. A22b ist Hausaufgabe und eine Modellübung zur Prüfung *Goethe-Zertifikat B2*. Die Modellübung betrifft den Bereich *Schriftlicher Ausdruck* (sich zu einem Thema äußern).

A23–27 ◊ Arbeitsblatt 5: Wie heißt die Lösung? ◊ Arbeitsblatt 6: Wortschatztraining

1. KT stellen sich die Fragen zu Trends in A23. Hier kann jeder KT zwei oder drei andere KT befragen. Insgesamt sollte diese Fragerunde nicht länger als sechs Minuten dauern. Danach lesen KT den Text in A24a und lösen die Fragen A24b, c. Dann vergleicht jeder KT seine Antworten mit denen des Nachbarn. KL geht herum und korrigiert eventuelle Fehler. Falls KL es für notwendig erachtet, können die wichtigsten Punkte noch einmal im Plenum besprochen werden.
2. KL spricht zur Einführung von A27 mit den KT über Marken und Markenprodukte und fragt KT, welche deutschen Marken und Markenprodukte sie kennen. Danach werden die einzelnen Texte in Kleingruppen gelesen, die dazugehörige Zuordnungsaufgabe wird gelöst. Diese Aufgabe ist eine Modellübung zur Prüfungsvorbereitung *Goethe-Zertifikat B2.*

   Tipp: Zur Auflockerung des Unterrichts kann KL **Arbeitsblatt 5** einsetzen. In einem Rätsel werden die Sachverhalte aus A27 getestet. Beim Lösen des Rätsels können KT die Antworten in den Texten finden.
3. Im Unterricht bereitet KL mit den KT den schriftlichen Auftrag A26 vor. KT sammeln im Plenum Ideen und unterbreiten Vorschläge für einen schriftlichen Bericht zum Thema *Neue Trends*. Die persönlichen *In und Outs* können in Tabelle A25 eingetragen werden.
4. Zur Überprüfung und Festigung des Wortschatzes kann KL **Arbeitsblatt 6** (Wortbildungen vom Nomen zum Verb und vom Nomen zum Adjektiv) einsetzen.

Lösung: Arbeitsblatt 5

	1.	O	S	T	M	A	N	N				
			2.	H	A	R	I	B	O			
		3.	B	I	R	K	E	L				
4.	F	R	A	N	K	R	E	I	C	H		
		5.	B	I	E	L	E	F	E	L	D	
		6.	K	O	N	D	I	T	O	R		
			7.	H	A	M	B	U	R	G		
8.	Q	U	A	D	R	A	T					
9.	H	E	R	S	T	E	L	L	E	N		
	10.	E	S	S	I	G						
	11.	T	Ü	R	K	E	I					
			12.	T	E	I	G	W	A	R	E	N
		13.	G	O	L	D	B	Ä	R			

Kapitel 8

Wesentliche Lernziele

- ◊ populärwissenschaftliche Artikel verstehen und Kerngedanken wiedergeben
- ◊ zukünftiges erwartetes Geschehen beschreiben
- ◊ Pro- und Kontra-Argumente zum Thema *Umwelt als Belastung* darlegen
- ◊ Empfehlungen zur gesunden Lebensweise schriftlich und mündlich formulieren

A1–6

1. Zur Einführung des Themas *Gesundes Leben* kann im Plenum A1a besprochen werden, jeder KT sollte hier ein oder mehrere Sachverhalte nennen und dazu sagen, was er selbst für seine Gesundheit tut.

2. In Zweiergruppen ergänzen KT die Nomen zum Text A3. Danach wird der Text im Plenum laut vorgelesen. KL kontrolliert mithilfe der Fragen in A4a, inwieweit KT den Text verstanden haben und rezipieren können. A4b sollte als Hausaufgabe aufgegeben werden.
3. A5 kann als Übung in Zweiergruppen durchgeführt werden. Wenn KL sich für die Lösung im Plenum entscheidet, kann er noch selbst Übungen zur Wortschatzerweiterung einbringen (z. B. *naschen – die Naschkatze, die Nascherei* usw.).
4. KL führt mithilfe A6a und der Übersicht in Teil C das Grammatikthema *Unerwartete Folgen: Konzessivangaben* ein. KT lösen gemeinsam A6b und erledigen zu Hause die Aufgaben C1–2. In Kleingruppen bereiten KT die Aufgabe A2 vor, jede Kleingruppe wählt ein Foto und schreibt für die jeweilige Person entsprechende Empfehlungen auf. Ein KT jeder Kleingruppe präsentiert dann die Empfehlungen im Plenum.

A7–13 ◊ Arbeitsblatt 1: Begriffe beschreiben und erraten ◊ Arbeitsblatt 2: Diskussion

1. KL kann zur Wiederholung des Wortschatzes **Arbeitsblatt 1** benutzen. Jeder KT erhält ein Kärtchen, KT bereiten die Erklärung ihrer Begriffe vor, dabei können sie sich Notizen machen. Danach trägt jeder KT seine Erklärung vor, wobei die anderen KT den jeweiligen Begriff erraten müssen.
2. Zum Einstieg ins Thema *Gesundheitliche Probleme* führen KT ein Gespräch nach dem Muster A7. Im Plenum werden dann die wichtigsten Fragen kurz besprochen; der Text in A8 wird gelesen. In lernstarken Gruppen erledigen KT gleich danach schriftlich A9a. KL kontrolliert A9a bei den einzelnen KT und achtet vor allem auf den Satzbau. A9b kann als Hausaufgabe aufgegeben werden.
3. KL stellt dann die Fragen in A10 im Plenum und erkundigt sich auch, welche Hausmittel die KT kennen und was in ihrer Familie oder in ihrem Land ein übliches Hausmittel ist, wenn man z. B. Fieber oder eine Erkältung hat. KL kann auch noch fragen, ob die KT sich an ein spezielles Hausrezept der Mutter/Großmutter erinnern können. KL kann auch eine eigene Geschichte erzählen.
4. Gemeinsam werden dann in A11 die Nomen ergänzt. Der Text sollte noch einmal zusammenhängend gelesen und als Ausspracheübung genutzt werden. KL bespricht mit KT das Schaubild in A12. KL kann hier die Ländernamen und die Nationalitätenvertreter wiederholen (*n*-Deklination – siehe auch Kapitel 3).
5. Bevor A13 besprochen wird, kann **Arbeitsblatt 2** eingesetzt werden. Hier können die KT in Kleingruppen arbeiten und ein/zwei Aussagen auswählen und darüber diskutieren. Auch sollten die KT die Redemittel auf dem Arbeitsblatt richtig anwenden. Das Arbeitsblatt kann zur Einführung von A13 dienen, die als schriftliche Hausaufgabe aufgegeben werden kann.

A14–22 ◊ Arbeitsblatt 3: Gesund essen?

1. Zum Einstieg ins Thema *Gesunde Ernährung* können KL und KT die Fragen in A14 besprechen. Danach erledigen KT Aufgabe A18. Hier handelt es sich um eine Übung für Zweiergruppen, bei der Argumente und Gegenargumente gesammelt werden. KT können die Redemittelübersicht unter A18 und die Beispielsätze in A19a in ihre Argumentation einbeziehen. Zur Vertiefung der Pro- und Kontra-Argumentation lösen die KT Aufgabe A19b schriftlich.
2. Anschließend lesen KT den Text A15 und KL bespricht die unbekannten Wörter und lässt die Übungen zur Textarbeit A16a, b, c im Plenum ausführen. Bei Zeitnot können diese Übungen auch als Hausaufgabe aufgegeben werden.
3. KL führt das Grammatikthema *Partizipialattribute* ein und weist die KT auf die Tabelle im Teil C vor C3 hin. Danach erledigen KT Übung A17a, b. Zur Festigung dieses Grammatikthemas führen KT die Übungen C3–6 durch.
4. Zum Abschluss der Stunde sprechen KT und KL über Essgewohnheiten in Deutschland und in den jeweiligen Heimatländern. **Arbeitsblatt 3** enthält einige Rezepte, hier sollen die jeweiligen Nomen in der Zutatenreihe ergänzt und im Plenum die Fragen unter 2. beantwortet werden. KL könnte sich auch auf zwei bis drei Rezepte beschränken. KL lässt dann KT eine schriftliche Hausaufgabe wählen.

   Varianten: Entweder schreiben die KT zum Thema in A20 einen kleinen Aufsatz oder sie verfassen ein Rezept.
5. Der Text in A21 ist als fakultativer Lesestoff empfehlenswert. Dieser Text ist vor allem für fortgeschrittene Lerner geeignet, die sich für aktuelle populärwissenschaftliche Artikel und vor allem für neue

Tendenzen im Bereich *Essen und Umwelt* interessieren. A22a, b, c beziehen sich auf den Text A21, hier werden sowohl Leseverstehensaufgaben als auch grammatikalische Umformungsübungen angeboten.

A23–25

1. KL könnte das Thema *Umwelt als Belastung* mit Fragen beginnen wie z. B. *Welche Umweltthemen spielen in Ihrem Heimatland eine große Rolle? Was belastet Ihrer Meinung nach die Umwelt am meisten? Was können Ihrer Meinung nach die einzelnen Regierungen zum Umweltschutz tun? Was tun Sie selbst für eine saubere Umwelt? Macht die Umwelt krank?* KL schreibt einige neue Begriffe, Wörter und Redewendungen (z. B. *Treibhauseffekt, Abgase, umweltschonend*) an die Tafel. KT interpretieren danach in Kleingruppen das Schaubild unter A24b und äußern sich zum Thema kurz im Plenum. Dann erledigen KT im Plenum A24c, d, e.
2. KL fragt KT, inwieweit sie das Rauchen als Umweltbelastung empfinden, KT bearbeiten A25a in Zweiergruppen. Hier soll jeder KT mit guten Argumenten seine eigene Meinung verteidigen und im Plenum die Fotowahl begründen. Diese Übung entspricht einer Aufgabe zur *Mündlichen Prüfung, Goethe-Zertifikat B2.* KT schreiben zu Hause eine Reaktion auf die Umfrage unter A25b. Auch diese Übung dient zur Vorbereitung auf die Prüfung *Schriftlicher Ausdruck* im Rahmen des *Goethe-Zertifikats B2.*
3. KL erläutert die Übersicht zum Verb *werden* im Teil C vor C7 und lässt KT die Beispielsätze lesen. Im Unterricht werden gemeinsam A23a, b, c gelöst. Die Aufgaben C7, C8a, b können zu Hause angefertigt werden.

A26–35 ◊ Arbeitsblatt 4: Lärm und Gesundheit ◊ Arbeitsblatt 5: Tempolimit für Raser

1. In einer Gesprächsrunde sammeln KT Begriffe zum Thema *Lärm* und notieren diese unter A26a im Lehrbuch. KL kann die wichtigsten Begriffe auch an die Tafel schreiben. Danach hören KT das Gespräch zum Thema *Lärm und Gesundheit* und lösen beim Hören A26b.

   Variante: Nach dem Hören des Textes können KT auch die Übung von **Arbeitsblatt 4** durchführen. Der Text in A27 eignet sich als Hausaufgabe, bei großen Zeitreserven kann der Text auch laut im Unterricht gelesen werden. Danach beantworten KT die Fragen in A28c und anschließend wird in Zweiergruppen A29 durchgeführt. A28a, b, d sollten zu Hause erledigt werden.
2. Ein weiterer Punkt zum Thema *Umweltbelastung* ist das schnelle Autofahren. Die Höchstgeschwindigkeiten sind in den europäischen Ländern sehr unterschiedlich. KL kann mit KT eine kurze Diskussion zum Thema *Rasen auf der Autobahn* führen und dazu die Fragen in A32 nutzen.
3. Danach lesen KT den Text in A30 und lösen im Plenum A31a. Die Zusammenfassung des Textes fertigen KT schriftlich an und vergleichen in Zweiergruppen ihre Varianten. **Arbeitsblatt 5** ist eine Korrekturübung zum Text A30. Jeder KT führt diese Übung in Einzelarbeit durch und im Plenum werden die Lösungen kontrolliert. Die Übung bereitet die KT auf das *Goethe-Zertifikat, Leseverstehen* vor. Im Bereich *Schriftlicher Ausdruck* wird in diesem Kapitel A33 angeboten.

Teil B ◊ Arbeitsblatt 6: Interviews

1. Der fakultative Teil B beschäftigt sich mit dem Thema *Schlafen und Träumen.* **Arbeitsblatt 6** ist zur Einführung ins Thema geeignet.
2. Alle KT erhalten das **Arbeitsblatt 6.** KT bilden Kleingruppen. Jede Kleingruppe wählt fünf bis sechs Fragen aus, die sie den anderen KT stellen möchte. Das Ziel ist, innerhalb der vorgegebenen Zeit möglichst viele KT zu befragen. KT geben im Plenum die gehörten Antworten wieder. Diese Variante eignet sich vor allem bei Gruppen mit vielen KT (mehr als 12). Bei kleineren Gruppen sollte die Übung in Partnerarbeit durchgeführt werden, so dass auch alle Fragen gestellt werden können.

Methodische Hinweise zu den einzelnen Kapiteln

Allgemeiner Hinweis: Da jedes Kapitel des Lehrbuchs mit vielen Texten und Übungen ausgestattet ist, empfiehlt es sich, dass der Kursleiter aus dem umfangreichen Material eine Auswahl trifft, die speziell auf seine Lernergruppe zugeschnitten ist.

Kapitel 1

Wesentliche Lernziele

- ◊ Texte zum Thema *Sprachen* im Detail verstehen
- ◊ Redepartikel kennen und anwenden
- ◊ Stellungnahmen zum Thema *Wetter und Gesundheit* schreiben
- ◊ Tipps zum Sprachenlernen schriftlich und mündlich formulieren

A1–3 ◊ Arbeitsblatt 1: Zeitformen der Verben

1. Zum Thema *Sich kennenlernen* kann KL entweder mit A1 (Partnerarbeit) oder mit A3 (Arbeit im Plenum) beginnen. Wenn KT sich bereits aus vorhergehenden Kursen kennen, ist A3 zu empfehlen. Hier könnte jeweils ein KT eigene Lebenslaufdaten an die Tafel schreiben, die anderen KT erraten durch gezielte Fragen das Ereignis.
2. *Variante:* Leitet KL den Unterricht mit A1 ein, kann A2 als Übung zu den Vergangenheitsformen der Verben folgen. Beginnt KL mit A3, dann werden im Gespräch selbst bereits die Vergangenheitsformen geübt.
3. Aufgaben zur Wiederholung des Präteritums und des Perfekts befinden sich im Teil C (C1–2). Außerdem kann KL zusätzlich **Arbeitsblatt 1** zum Grammatiktraining einsetzen.

A4–11 ◊ Arbeitsblatt 2: Kurze Wettervorhersage ◊ Arbeitsblatt 3: Unser Wetterbericht

1. KL kann das Thema *Wetter* im Plenum einführen und über Klimaunterschiede in den Heimatländern der KT sprechen. Zur Vertiefung des Themas *Wetter und Klima* und zum Wortschatztraining kann KL eine Auswahl aus A4–11 treffen.
2. *Variante 1:* A5 kann KL als Lese- und Ausspracheübung der Übung A4 voranstellen, die als Partnerübung gedacht ist. Im Anschluss erarbeiten KT in Kleingruppen A9a, b. Im Selbststudium können die KT die Übungen A6 (Training des mündlichen Ausdrucks) oder A7 (Training des schriftlichen Ausdrucks) ausführen.

   Tipp und Variante: **Arbeitsblatt 2** eignet sich zur Kombination von schriftlichem und mündlichem Ausdruck und kann in Kleingruppenarbeit durchgeführt werden.
3. *Variante 2:* KT raten die Begriffe in A8a und erstellen in Kleingruppen eine Wortschatzliste A8b. Die einzelnen Gruppen präsentieren ihre Listen im Plenum und die gefundenen Wörter werden vom KL auf Richtigkeit überprüft. Danach wird A5 im Plenum gelesen und die KT führen im Selbststudium A6 (Training des mündlichen Ausdrucks) oder A7 (Training des schriftlichen Ausdrucks) aus.
4. KL wiederholt die lokalen und temporalen Präpositionen und kann dazu A11 und C3–5 nutzen. Außerdem eignet sich zur Vertiefung der Grammatikkenntnisse **Arbeitsblatt 3**.

A12–21 ◊ Arbeitsblatt 4: Begriffe beschreiben und erraten

1. KL führt Redepartikel mithilfe A15 ein, KT können die Beispielsätze in A15a im Plenum lesen und die Redepartikel unterstreichen. A15b, c führen jeweils zwei KT mündlich aus und notieren danach die richtigen Sätze im Buch.
2. *Variante 1:* Im Plenum kann anschließend A15d erarbeitet werden.

   Variante 2: Jeder KT ergänzt A15d selbstständig und spielt dann mit einem Lernpartner den Dialog nach.
3. Zum Textverständnis und zur Wortschatzerweiterung kann der KL wählen zwischen dem Text und der Textarbeit zu *Wetter und Smalltalk* (A12–14) oder zu *Wetter und Gesundheit* (A17–20). Die Hörübung A20a dient der Prüfungsvorbereitung zum *Goethe-Zertifikat C1, Hörverstehen.*

4. Zum Abschluss des Themas *Wetter* kann eine mündliche Ausdrucksübung eingesetzt werden.
   Variante 1: Aus A21 wählen jeweils zwei KT eine Situation, üben den Dialog und spielen diesen dann im Plenum vor.
   Variante 2: KL schneidet die einzelnen Kärtchen des **Arbeitsblattes 4** aus, jeder KT erhält eine Karte, auf der ein Begriff zum Thema *Wetter* steht. Nach kurzer Vorbereitungszeit (KT dürfen sich auch Notizen machen) beschreibt jeder KT seinen Begriff, den die anderen erraten müssen.

A22–29 ◊ Arbeitsblatt 5: Weltsprachen

1. *Variante 1:* KL kann Text A23 als Hausaufgabe aufgeben, so dass er den Text als Diskussionsgrundlage zum Thema *Sprache und Fremdeinflüsse* zur Verfügung hat. KT sollen möglichst viele Beispiele für den Einfluss des Englischen oder anderer Sprachen auf ihre Muttersprache sammeln (siehe auch Fragen A25). Anschließend führen KT in Zweiergruppen das Interview A22. Im Plenum fragt dann KL die wichtigsten Erkenntnisse ab und schreibt die neuen Wörter an die Tafel.
2. *Variante 2:* Text A23 kann im Unterricht gemeinsam gelesen werden und die Fragen aus A24a werden im Plenum bearbeitet. In Kleingruppen führen KT dann A24b, c, d durch.
3. A27a eignet sich zum Hörverstehenstraining. **Arbeitsblatt 5** bezieht sich auf die Hörübung und ist gleichzeitig eine Modellaufgabe für die Vorbereitung zum *Goethe-Zertifikat C1, Leseverstehen, Aufgabe 3.* In den Übungen zum mündlichen Ausdruck A27b, A28 und A29 wird das Thema *Weltsprachen* weiter ausgebaut und vertieft, wobei KT verschiedene Strategien des Diskutierens und Argumentierens üben können.

A30–33 ◊ Arbeitsblatt 6: Grammatiktraining ◊ Arbeitsblatt 7: Sprache ohne Worte ◊ Arbeitsblatt 8: Unregelmäßige Verben

1. Das Schreiben einer Stellungnahme in A30 baut auf den mündlichen Übungen A28 und A29 auf; die Hinweise zum Schreiben der Stellungnahme sind ein praktischer Leitfaden für eine längere schriftliche Hausaufgabe. Im Plenum können A31a, b, c und A27c zur Festigung des Wortschatzes erarbeitet werden.
2. A32a–d greifen das Thema *Lernen – aber wie?* auf. Dieses Thema spielt auf jedem Lernerniveau eine wichtige Rolle. Der KL entscheidet je nach Zusammensetzung des Kurses, wann er dieses Thema wiederholt und unter anderem Blickwickel erneut aufgreift.
3. KL wiederholt das Grammatikthema *Satzverbindungen: Nebensätze* und erläutert die Übersicht im Teil C. Zur Festigung dieser Grammatikkenntnisse können A33 und C6–7 gelöst werden. Die Übungen C8a–f beziehen sich auf die Umformung von Präpositionalgruppen in Nebensätze.
   Variante: KL kann zur Gesamtwiederholung der Subjunktionen auch **Arbeitsblatt 6** einsetzen.
4. Zum Teil B gehört **Arbeitsblatt 7**. Hier sollen die KT zu den einzelnen Abschnitten des Lesetextes B2 passende Überschriften finden; so wird auf das globale sowie selektive Textverständnis (Sachverhalte auf den Punkt bringen) eingegangen.
5. Zur Gesamtwiederholung der Vergangenheitsformen der Verben und zur Überprüfung des Gelernten eignet sich **Arbeitsblatt 8**.

Kapitel 2

Wesentliche Lernziele

◊ eigene Meinungen zu Büchern, Humor und Umgang mit Stress begründen
◊ Wortschatz zu positiven und negativen Gefühlen kennen
◊ verschiedene Mittel der Satzverknüpfung richtig anwenden
◊ umfangreiche Texte zu den Themen *Glück, Humor* und *Stress* begreifen und zusammenfassen

A1–7 ◊ Arbeitsblatt 1: Thesen zum Glück

1. KL spricht mit KT im Plenum über das Thema *Glück* und gemeinsam wird A1 gelöst. Danach wird das Interview A2 durchgeführt und zur Vertiefung des Wortschatzes werden A5a, b, c in Kleingruppen bearbeitet.

Variante 1: KL kann A3 als Hausaufgabe aufgeben und in der darauffolgenden Stunde den Buchvorschlag und die Begründung von einigen KT präsentieren lassen.

Variante 2: Die Texte werden in der Stunde gelesen und in Kleingruppen diskutieren die KT über ein gemeinsames Buchangebot, wobei die Redemittel in A3 genutzt werden.

2. Zum Abschluss einer Unterrichtsstunde könnte der Text in A6 *Die neue Wissenschaft vom Glück* angelesen und dann im Selbststudium beendet werden. A7b sollte der KL kontrollieren (KT könnten die Zusammenfassungen per E-Mail schicken). Auch die anderen Aufgaben zur Textarbeit (A7a, c, d) eignen sich gut zum Selbststudium. Wahlweise kann auch **Arbeitsblatt 1** im Selbststudium hinzugezogen werden.

A8–10 ◊ Arbeitsblatt 2: Grammatiktraining ◊ Arbeitsblatt 3: Personen beschreiben und erraten

1. KT bearbeiten A8 zu zweit. Anschließend fasst jeder KT die Ausführungen seines Nachbarn im Plenum zusammen. Aus A9 könnte ein Wettbewerb gemacht werden: Die Klasse wird in zwei Gruppen eingeteilt, jede Gruppe hat vier Minuten Zeit, um möglichst viele Begriffe zu sammeln. Die Gruppe, die die meisten richtigen Begriffe gefunden hat, gewinnt.
2. KL führt dann die Grammatik zum Thema *Verben und Adjektive mit präpositionalem Kasus* ein (C1–4) ein. C1–2 eignen sich gut für die Arbeit im Plenum, C3–4 dagegen sind zur Vertiefung der Grammatikkenntnisse im Selbststudium geeignet. A9b ist ein Interview, das sich auf das Grammatikthema *Verben und Adjektive mit präpositionalem Kasus* bezieht. Die KT können sich hier gegenseitig befragen und sollen kurze und prägnante Antworten geben. Mit **Arbeitsblatt 2** werden ebenfalls die Adjektive mit präpositionalem Kasus trainiert.

   Variante 1: Die Begriffe in A10a, b werden im Plenum zugeordnet und gleich an Beispielen erklärt.

   Variante 2: In fortgeschritteneren Gruppen ordnen die KT Begriffe in Eigenarbeit zu und kontrollieren gegenseitig die Ergebnisse.
3. *Variante 1:* Jeder KT schreibt selbstständig ein Porträt und präsentiert dieses vor der Gruppe (siehe Arbeitsanweisung A10c).

   Variante 2: Jeder KT wählt eine berühmte Persönlichkeit aus Geschichte, Politik, Kunst oder Kultur aus und bereitet innerhalb von fünf Minuten eine Beschreibung vor. Die anderen Kursteilnehmer sollen anhand dieser Beschreibung den Namen der Persönlichkeit erraten.

   Variante 3: KL lässt KT die Karten des **Arbeitsblattes 3** ziehen und jeder KT beschreibt die angegebene Person auf der Karte und das dazugehörige Adjektiv. Die anderen KT erraten sowohl das Substantiv als auch das Adjektiv. KL sollte deutlich darauf hinweisen, dass KT beide Wörter separat beschreiben und jeweils die Wortart angeben.

A11–15

1. KL leitet die Stunde zum Thema *Stress* ein, indem er die KT das Quiz *Zehn Thesen zum Stress* (A12) lösen lässt. Anschließend hören die KT das Interview zum Thema *Stress und seine Folgen* und ergänzen die Lücken in A14. In Kleingruppen vergleichen die KT ihre Quizergebnisse mit den Aussagen des Hörtextes. Ein KT schreibt die wichtigsten Übereinstimmungen an die Tafel. Die Hörübung A14 ist eine Modellübung zum *Hörverstehen, Aufgabe 1* für das *Goethe-Zertifikat C1*. A14b ist eine Wortschatzübung und kann als Ergänzung zum Hörtext A14a genutzt werden. A14c kann auch zur Auflockerung des Unterrichts dienen. In Kleingruppen schreibt immer ein anderer KT einen Satz auf, dieser Satz wird verdeckt und ein anderer KT schreibt weiter. Dann wird der Satzsalat vorgelesen und bei genügend Zeit kann auch noch eine sinnvolle Geschichte zusammengestellt werden.
2. KL führt mithilfe der Tabellen in A15 und Teil C die zweiteiligen Satzverbindungen (Hauptsätze) ein. In der Stunde könnte A15b durchgeführt werden. Zum Selbststudium eignen sich die Aufgaben C5–7. Zum Abschluss und zur Wiederholung des Wortschatzes zum Thema *Stress* können A11 und A13 im Plenum durchgeführt werden.

A16–23 ◊ Arbeitsblatt 4: Kennen Sie den?

1. Als Einstieg ins Thema *Fordernde Jobs* bespricht KL mit KT die Grafik in A16a, danach führen KT kurze Interviews mit zwei oder drei verschiedenen Gesprächspartnern.

   Variante: Anstelle der Aufgabenstellung in A17b können die KT auch mündlich die Aussagen zweier Gesprächspartner vergleichen, indem sie die zweiteiligen Satzverbindungen, wie sie in diesem Kapitel eingeführt wurden, anwenden (z. B. Antwort auf Nr. 10: *Friederike schreibt sich jeden Termin in den Kalender, währenddessen merkt sich Mark alles.*).

2. Im Plenum lesen KT den Text A18 und widmen sich dann der Textarbeit A19 und den Satzverbindungen A20. Jede Lerngruppe wählt aus A21 eine Situation, studiert diese ein und spielt sie im Plenum vor. Die anderen KT beurteilen sowohl die sprachliche als auch die spielerische Leistung der jeweils Vortragenden. KL achtet u. a. darauf, dass KT auch die Redemittel im Kasten in A21 benutzen.
3. A22 ist fakultativ und sollte vor allem in Gruppen durchgeführt werden, die sich auf die C1-Prüfung vorbereiten. Abschließend kann **Arbeitsblatt 4** eingesetzt werden. KL erläutert im Vorfeld die wichtigsten Regeln der deutschen Kommasetzung und die Zeichensetzung (direkte Rede). Außerdem könnte KL die Regeln zur Groß- und Kleinschreibung wiederholen.

A24–28 ◊ Arbeitsblatt 5: Wortschatztraining ◊ Arbeitsblatt 6: Schreibtraining

1. KT führen das Interview A24 und fassen im Plenum die wichtigsten Punkte, die ihr Gesprächspartner genannt hat, zusammen. Text A25 schließt an das Interview an und sollte im Plenum gelesen werden. Die Aufgaben zur Textarbeit dagegen können auch im Selbststudium erarbeitet werden (A26a, b, c).
2. Der Wortschatz zum Thema *Lustiges* wird in A27a, b, c behandelt. Zur Wiederholung des Wortschatzes zu den Themen *Glück, Stress* und *Humor* kann sowohl **Arbeitsblatt 5** als auch **Arbeitsblatt 6** eingesetzt werden.
3. Zur Auflockerung des Unterrichts dient A28; die Aufgabe ist fakultativ.

A29–32 ◊ Arbeitsblatt 7: Rollenspiele

1. Zum Einstieg für Hörübung A30 füllen die KT die Kästchen in A29 aus und einigen sich in Kleingruppen, welche positiven Wirkungen das Lachen haben könnte. Das Hörverstehen in A30 ist ein Interview, in dem Auskunft gegeben wird, ob Lachen nun tatsächlich so gesund ist. Der Text wird zweimal gehört, so dass erst A30a und beim zweiten Hören A30b gelöst werden kann.
2. *Variante:* Zur Förderung der mündlichen Ausdrucksfähigkeit können entweder die Rollenspiele von **Arbeitsblatt 7** oder eine Diskussion zu A30c durchgeführt werden. Zur Einprägung des Wortschatzes erarbeiten KT im Selbststudium A30d oder die Aufgabe des Arbeitsblattes.
3. A31 dient der Prüfungsvorbereitung *Goethe-Zertifikat C1, Schriftlicher Ausdruck, Aufgabe 1.* Auch in der Prüfung können die KT so wie hier im Buch ein Thema wählen, zu dem sie sich schriftlich äußern. Zum Kapitelabschluss lesen die KT die Gedichte in A32. Danach sucht sich jeder KT das Gedicht aus, das ihm am besten gefällt, und trägt es im Plenum vor.

Kapitel 3

Wesentliche Lernziele

- ◊ über Erfolge und Niederlagen im Sport und im Beruf ausführlich sprechen
- ◊ über unterschiedliche Ansichten zu Erfolg und Scheitern sprechen und schriftlich und mündlich Schlussfolgerungen ziehen
- ◊ literarische Texte verstehen und den Inhalt in Kernsätzen wiedergeben
- ◊ Kritik bzw. nachträgliche Kritik mit Gebrauch unterschiedlicher sprachlicher Mittel üben

A1–5 ◊ Arbeitsblatt 1: Wortschatztraining

1. KL fragt, was KT unter einer *Niederlage* und unter einem *Erfolg* verstehen und in welchen Bereichen des Lebens *Erfolge und Niederlagen* eine große Rolle spielen können. KL leitet dann zu A2b über und fragt z. B., welche Eigenschaften den Erfolg fördern. Jeder KT füllt dann in Eigenarbeit die Tabelle aus, erledigt selbstständig auch A2a und vergleicht seine Ergebnisse mit denen des Nachbarn. Statt wichtiger Eigenschaften eines Sportlers könnten auch relevante Eigenschaften für einen bestimmten Beruf genannt werden.

2. *Variante:* KT beginnen in Zweiergruppen mit A1, sie sprechen über die Fotos und das Thema *Erfolge und Niederlagen im Sport und in anderen Bereichen des Lebens.* Im Plenum bespricht KL die Grafik in A3 und wiederholt die Winter- und Sommersportarten und weitere Begriffe zum Thema *Sport*. Zur Vertiefung des Wortschatzes kann KL auch **Arbeitsblatt 1** einsetzen.
3. Jeder KT führt das Blitzinterview in A4 mit mindestens zwei anderen KT und macht sich kurze Notizen zu den Antworten. Im Plenum stellt er die Antworten seiner Gesprächspartner kurz vergleichend vor. Falls die Zeit im Unterricht ausreicht, kann KL zum Thema *Eiskunstlauf* überleiten und A5a, b im Plenum durchführen. A5c eignet sich als Hausaufgabe und ist eine Modellübung zur Prüfung *Goethe-Zertifikat C1, Leseverstehen, Aufgabe 2.*

A8–11 ◊ Arbeitsblatt 2: Wendungen mit dem Genitiv

1. KL eröffnet die Diskussion zum Thema *Erfolg um jeden Preis*: *Welche Methoden und Mittel sind legitim, um im Sport und in anderen Bereichen des Lebens Erfolg zu erzielen?* KT äußern sich zum Thema *Doping*, wobei KL darauf achtet, dass eine Stichpunktliste zu den Themen in A11 erstellt wird.
2. Dann wird der Text in A8 von den einzelnen KT laut gelesen. KL erläutert den Wortschatz und stellt einige zusammenfassende Fragen, so dass überprüft werden kann, ob KT den Text verstanden haben. Die Textarbeitsübungen A9b und A9c können entweder als Hausaufgabe oder am Ende der Stunde in Zweiergruppen erledigt werden.
3. KL wiederholt die Präpositionen im Genitiv und die dazugehörigen Subjunktionen. Eine ausführliche Tabelle mit Beispielen zu den Präpositionen im Genitiv befindet sich im Teil C. Für den Unterricht eignet sich die vergleichende Grammatikübung A10, in der die Subjunktionen und Präpositionen gegenübergestellt werden. Zur Vertiefung des Themas können KT die Übungen C11–12 durchführen.
4. KL kann auch **Arbeitsblatt 2** einsetzen. KL schneidet die Karten aus und lässt jede Gruppe drei Karten ziehen. Die Gruppen schreiben dann in einem vorgegebenen Zeitraum zu jeder Karte zwei Sätze mit der jeweiligen Genitivwendung. Im ersten Satz nutzen sie das vorgegebene Nomen, im zweiten Satz denken sich KT selbst ein Nomen aus. Die Gruppe, die zuerst fertig ist, gewinnt.
5. A11 ist eine Übung zum mündlichen Ausdruck, hier sollte der KL Vorbereitungszeit einkalkulieren. Die Aufgabenstellung in A11 – das Halten eines Kurzvortrages – ist eine Modellübung zur Prüfung *Goethe-Zertifikat C1, Mündlicher Ausdruck, Aufgabe 1.*

A6–A7 ◊ A12–A13 ◊ Arbeitsblatt 3: Der Sprung über die Zeit

1. Zur Wiederholung der Themen *Doping und Erfolgszwang* halten einige KT ihre Kurzvorträge nach der Aufgabenstellung in A7 und A11. Zum Abschluss des Gesamtthemas *Erfolgszwang* könnte als *Variante 1* das Gedicht in A6b laut gelesen werden. Eventuell trägt ein KT das Gedicht auch vor. In Kleingruppen besprechen KT die Punkte zu A7 und tragen im Plenum die wichtigsten Ergebnisse vor. Als *Variante 2* könnte **Arbeitsblatt 3** verwendet werden. Hier wird das Thema *Erfolgszwang* wiederholt und die KT üben gleichzeitig die Präteritumformen.
2. KL leitet das Thema *Weitergabe von Informationen und Gerüchten* mit den Modalverben *sollen* und *wollen* ein. Im Plenum könnten dazu gemeinsam die Sätze in A12a gelesen und A12b, c gelöst werden. Zur Vertiefung der Problematik eignen sich die Übungen C1–2. Abhängig vom Wissensstand der KT könnte KL die Bedeutung der Modalverben im Unterricht einflechten und C3–4 in Kleingruppenarbeit durchführen.
3. Der Wortschatz zum Gesamtthema *Gewinnen und Verlieren* wird in den Aufgaben A13a, b, c trainiert und kann im darauffolgenden Thema *Erfolg und Beruf* innerhalb der mündlichen Aufgaben systematisch wiederholt werden.

A14–21 ◊ Arbeitsblatt 4: Unter Druck nach oben

1. Unter dem Titel *Erfolg im Beruf* geht es in diesem Abschnitt vor allem um Karriere, Karrieremöglichkeiten und um die Problematik Topmanagement, außerdem wird ein Unternehmensporträt vorgestellt. A14 gibt ausreichend Sprechanlässe zum Thema *Karriere*, deshalb könnten A14 (1 und 2) auch im Plenum gelöst werden.
2. Anschließend lesen KT die Firmenpräsentation und lösen in Kleingruppen schriftlich A18 b, c. Die Firmenpräsentation in A18d könnte zu Hause vorbereitet werden, ebenso wie einer der Lesetexte (z. B. liest eine Hälfte der Gruppe Text A15, die andere Hälfte Text A19).

Variante: Je nach Zusammensetzung des Kurses könnte KL auch ein anderes Firmenporträt (Infos aus dem Internet) nach dem Muster A18 bearbeiten lassen.

3. Die Fragen in A17 stellt jeder KT zwei anderen KT. Für jedes Interview sollten höchstens fünf Minuten verwendet werden.
4. KL wiederholt den Gebrauch des Konjunktiv II (höfliche Frage, höfliche Aufforderung und irreale Wünsche) und geht anhand A21 auf das neue Grammatikthema *Vorschläge, Meinungsäußerung und Kritik im Konjunktiv II* ein. Teil C enthält zur Übung des Konjunktiv II die Aufgaben C5–10.
5. Zu Beginn der nächsten Stunde können sich die beiden Lesegruppen gegenseitig über den Inhalt der Texte A15 und A19 informieren und dazu befragen. Der Leitfaden für die Befragung könnten die Aufgaben in der jeweiligen Rubrik Textarbeit sein. Für den Text *Unter Druck nach oben* sind die entsprechenden Aufgaben: A16a, b, c und für den Text *Vorsicht im neuen Job:* A20a–d. Bei Bedarf liest KL mit KT noch einmal Auszüge aus den behandelten Texten. **Arbeitsblatt 4** bietet Wortschatzübungen zum Text *Unter Druck nach oben* (A15).

A22–25

1. KT üben zu zweit möglichst viele Dialoge zu den angegebenen Situationen in A25, jede Gruppe spielt einen selbst gewählten Dialog im Plenum vor. Die anderen KT bewerten nach vom KL festgelegten Kriterien die Leistung (z. B. Grammatikfehler, Einbeziehung der Redemittel, Ausdrucksfähigkeit usw.).
2. KL bespricht mit KT die Grafik in A22 und lässt jeden KT einen kurzen Ansatz schreiben, so dass der schriftliche Auftrag in Eigenarbeit weitergeführt werden kann. A22 ist eine Modellaufgabe zur Prüfung *Goethe-Zertifikat C1, Schriftlicher Ausdruck, Aufgabe 1.*
3. Unter dem Titel *Erfolg im Management* (A23) sollen die passenden Wörter in den Text eingesetzt werden. Auch diese Aufgabe entspricht einer Prüfungsaufgabe für das *Goethe-Zertifikat C1, Leseverstehen, Aufgabe 3.* A23 und A24a, b können im Plenum gelöst werden.

A26–31 ◊ Arbeitsblatt 5: Verben mit dem Präfix *ver-* ◊ Arbeitsblatt 6: Was bedeuten die Sätze?

1. Im Plenum weist KL auf die Thematik der trennbaren und untrennbaren Verben hin, er bearbeitet mit KT die Übungen A27a, b, c. Die **Arbeitsblätter 5 und 6** enthalten Zusatzübungen zu Verben mit den Vorsilben *zer-* und *ver-*. **Arbeitsblatt 6** bietet Karten zum Ausschneiden. KL verteilt die Karten in den Lerngruppen und lässt die Sätze von KT erläutern. KL könnte auch eine schriftliche Erklärung von KT verlangen und ein Zeitlimit setzen. Dann leitet KL zum Thema *Misserfolg* über (A26), lässt KT das Wort erklären und wichtige Begriffe zum Thema *Misserfolg und Scheitern* an die Tafel bzw. ins Buch schreiben.
2. Es folgen die Hörübungen A28a und b. KT lösen die Multiple-Choice-Aufgabe A28b im Unterricht. Als Hausaufgabe und zur Vertiefung des Wortschatzes könnten A29 und A30 (schriftlicher Ausdruck) aufgegeben werden. Fakultativ und zur Auflockerung kann der satirische Text von Franz Hohler *Der Presslufthbohrer und das Ei* (A31) eingesetzt werden.

Kapitel 4

Wesentliche Lernziele

- ◊ Vermutungen über Ereignisse in Vergangenheit, Gegenwart und Zukunft äußern
- ◊ einen strukturierten Vortrag zur Umweltproblematik halten
- ◊ Texte zu Natur, Technik und Fortschritt im Detail verstehen
- ◊ schriftliche Stellungnahmen zu Radiointerviews schreiben

A1–5 ◊ Arbeitsblatt 1: Prognosen

1. Es besteht die Möglichkeit, mit dem Thema *Fortschritt* zu beginnen (sicher bei Firmenkursen und technisch interessierten KT), der KL könnte aber auch ebenso gut die erste Unterrichtsstunde des Kapitels mit A6 einleiten. Entscheidet sich KL für den Beginn mit A1–5, bietet A1 genügend Gesprächsstoff. Die neuen Vokabeln zum Thema *Fortschritt und Umwelt* werden an die Tafel geschrieben. Die Lektüre des Textes sollte in Gruppen erfolgen, jede Gruppe liest einen Abschnitt und berichtet dann im Plenum den anderen KT davon. Ein KT fasst den Inhalt des gesamten Artikels noch einmal zusammen. A3a–d und A4 sind für das Selbststudium geeignet. KL kann im Unterricht diese Übungen anreißen und mit KT vorbesprechen.

2. KL führt mithilfe der Übersicht in Teil C das Grammatikthema *Modalverben in Vermutungsbedeutung* ein und KT erarbeiten anschließend zu zweit A5. KL sollte darauf achten, dass KT möglichst viele Ausdrücke und Redewendungen aus dem Kasten A5 und aus der Übersicht im Teil C nutzen. Die Grammatikübungen C1–6 können teilweise im Unterricht und teilweise zu Hause bearbeitet werden, wobei KL je nach Niveau der KT eine entsprechende Auswahl der Übungen treffen kann.

   Variante: Zum Üben der Vermutungsbedeutungen kann KL auch **Arbeitsblatt 1** einsetzen. KL bereitet zwei Stapel vor: Stapel 1: *Redewendungen zu den Vermutungen* und Stapel 2: *Alltagsbegriffe für die Prognose*. Jeder KT zieht jetzt aus jedem Stapel eine Karte und bildet mit seinen Begriffen einen Satz. Die Karten können dann beliebig weitergegeben werden, so dass jeder KT mehrere Sätze bilden kann.

A6–10 ◊ Arbeitsblatt 2: Grammatiktraining

1. Jeder KT befragt zwei andere KT zu technischen Entwicklungen und Medien im 20. Jahrhundert (A6). Die Gespräche sollten schnell hintereinander geführt werden und relativ wenig Zeit in Anspruch nehmen. Jeder KT fasst dann vergleichend die Antworten seiner beiden Gesprächspartner zusammen. Da Text A7 recht umfangreich ist, lohnt sich eine gezielte häusliche Vorbereitung. Im Unterricht könnte dann der Text mithilfe A8a–e durchgesprochen werden. A8b ist eine Modellübung für die Prüfung *Goethe-Zertifikat C1, Leseverstehen, Aufgabe 1.*
2. Mithilfe der Übersicht im Teil C erläutert KL die Relativpronomen und übt ihre Anwendung in A9b und C7–8. Als Variante kann auch **Arbeitsblatt 2** genutzt werden. Zum Abschluss des Themas *Neue Medien* stellen sich die KT gegenseitig die Fragen in A10. Hier kann auch wieder eine Auswahl getroffen werden.

A11–13

1. In A11–13 geht es um die Sprache im Internet. Dazu beantworten KT die Fragen in A11 und lesen im Plenum den Text zu A12 mit dem Titel *Sprachwandel*. KL bespricht danach die wichtigsten Aspekte des Textes im Plenum und fragt KT nach eigenen Erfahrungen hinsichtlich des Umgangs mit der Sprache im Internet. KL könnte auch kurz auf die Muttersprachen der KT eingehen und hier nach den neuesten Entwicklungen auf sprachlichem Gebiet fragen.
2. A12 ist eine ausgesprochene Liebhaberübung, die den spielerischen Umgang mit der Sprache fördert und als fakultative Aufgabenstellung gilt. Die Textarbeit A13a, b, c sollte in Kleingruppen oder im Plenum durchgeführt werden. Zur nächsten Stunde könnten KT eigene Beispiele für neue Sprachentwicklungen im Internet suchen und dann im Plenum vorstellen.

A14–21

1. In A14 bis A21 steht das Thema *Umwelt und Klima* im Mittelpunkt. Zur Einführung des Themas suchen KT Begriffe zum Thema *Umwelt und Umweltschutz* und schreiben diese Begriffe in die vorgegebene Tabelle A14. KT können die Ergebnisse mit den Vorschlägen im Lösungsschlüssel oder mit den Lösungen der anderen KT vergleichen. Bevor KT über den Bereich *Umwelt* anhand A15 diskutieren, kann zur Wortschatzentlastung der Lückentext in A17b behandelt werden. A16a und A17a sind fakultative Übungen und können je nach Gruppeninteresse zusätzlich eingesetzt bzw. in einer weiteren Stunde nach entsprechenden Hausaufgaben wieder aufgegriffen werden.
2. Text A19 eignet sich zum Lautlesen als Ausspracheübung. KL könnte auch die Sätze einzeln vorlesen und dann von allen KT nachsprechen lassen.

   Variante: Die Anfangssätze des Textes eignen sich auch für ein Kurzdiktat, so dass die deutsche Rechtschreibung geübt werden kann. KT kontrollieren dann untereinander mithilfe der Textvorlage ihre Arbeiten. Danach könnte entweder das Interview in A18 oder die Gruppenarbeit in A20 folgen. KL sollte sich für eine der beiden mündlichen Übungen entscheiden. Wird A20 durchgeführt, sollten die Redemittel im Kasten einbezogen werden.
3. A21 ist eine Hörübung mit Vor- und Nachbereitung, wobei A21b und c Modellübungen für die Prüfung zum *Goethe-Zertifikat C1* sind. A21b entspricht der *Prüfungsaufgabe 2* zum *Hörverstehen*. A21c entspricht der *Prüfungsaufgabe 3* zum *Leseverstehen*.

A22–27 ◊ Arbeitsblatt 3: Begriffe erklären und erraten ◊ Arbeitsblatt 4: Fehlerteufel

1. Zur Wiederholung des Wortschatzes zur *Umwelt* teilt der KL die Karten von **Arbeitsblatt 3** aus. Jeder KT erhält einen Begriff, den er erklären soll, und die anderen KT erraten den Begriff. Die KT erhalten zwei bis drei Minuten Vorbereitungszeit und dürfen sich auch Notizen machen. Wenn die Lernergruppe sehr groß ist, können auch zwei KT zusammenarbeiten.

2. Dann leitet KL zum Thema *Wasser* über und lässt den Text A23 abwechselnd von einigen KT lesen. Zur Vertiefung und Wiederholung des Textes könnte als Hausaufgabe **Arbeitsblatt 4** bearbeitet werden. Hier sollen KT Inhalts- und Wortfehler finden. So kann KL überprüfen, ob KT den Text verstanden haben. Eine andere Variante zum Textverständnis bieten die Aufgaben A24a–d. Außerdem wird in A24c auf die einfachen und die erweiterten Partizipien eingegangen. KL kann hier auch die Übungen im Teil C (C9–11) anbieten und die Übersichtstabelle im Teil C verwenden.
3. A25a, b, c sind Wortschatzübungen, die der KL je nach Bedarf und Zusammensetzung der Lernergruppe einsetzen kann. A26 entspricht *Prüfungsaufgabe 1* zum Leseverstehen des *Goethe-Zertifikats C1*, A27 *Aufgabe 1* zum schriftlichen Ausdruck.

Teil B ◇ Arbeitsblatt 5: Naturschutz ◇ Arbeitsblatt 6: Redewendungen mit Tieren ◇ Arbeitsblatt 7: Wortschatztraining

Der fakultative Teil B enthält einen Lesetext zum Leben des deutschen Naturschützers Bernhard Grzimek. Zur Vertiefung kann **Arbeitsblatt 5** genutzt werden; es enthält eine Zuordnungsübung und mehrere Angebote zum schriftlichen Ausdruck. **Arbeitsblatt 6** ist eine Ergänzung zu B3 und B4. Mit **Arbeitsblatt 7** können die Redemittel aus dem Rückblick geübt und wiederholt werden.

Kapitel 5

Wesentliche Lernziele

- über menschliche Sinne, Essverhalten, Esssitten, Lebensmittel und Werbung für Lebensmittel berichten und debattieren
- eine Gliederung für einen strukturierten Aufsatz erarbeiten
- Produkte werbewirksam schriftlich und mündlich beschreiben
- Vor- und Nachteile von Werbung aufzeigen und Schlussfolgerungen ziehen

A1–9 ◇ Arbeitsblatt 1: Komposita ◇ Arbeitsblatt 2: Redewendungen

1. KL kann das Kapitel mit dem Thema *Das Reich der Sinne* mit einer übersichtlichen Wortschatzsammlung beginnen und dazu A1 und A8a, b, c benutzen. So ist auch eine Vorentlastung der Texte A2 und A5 gewährleistet. KL sollte sich für die Arbeit im Plenum für einen der beiden Texte plus jeweilige Textarbeitsaufgaben (A3, A4 bzw. A6a, b) entscheiden. A6b ist eine Modellübung zum *Goethe-Zertifikat C1, Leseverstehen, Aufgabe 3*. Außerdem bieten **Arbeitsblatt 1** und **Arbeitsblatt 2** eine Erweiterung zum Wortschatz A8a, b an.
2. Bei kultur- und literaturinteressierten Gruppen sollte KL die Übung A7a und b im Plenum bearbeiten. A7c eignet sich zur Arbeit in Zweiergruppen. In der deutschen Literatur der Moderne am Anfang des 20. Jahrhundert spielt die Synästhesie eine große Rolle. Im Internet findet man noch viel mehr Wortbeispiele und Wendungen, die als synästhetische Ausdrücke bezeichnet werden. So könnte Aufgabe A7c beliebig erweitert werden; die KT könnten auch im Selbststudium neue Ausdrücke sammeln.
3. KL wiederholt die Adjektivdeklination und weist KT auf die entsprechende Tabelle im Teil C hin. Je nach Gruppensituation geht KL in seiner Grammatikwiederholung auf die verschiedenen Typen der Adjektivdeklination ein. Vor allem sollte auf Typ C hingewiesen werden, da das Kapitel verschiedene Adjektiv-Substantiv-Verbindungen enthält, vor denen kein Artikel steht. Für die Arbeit im Unterricht eignen sich A4 und C4. KT mit Lernrückstand sollten auch die anderen Übungen zur Deklination der Adjektive im Teil C durchführen.
4. In A9 wird zum Thema *Die fünf Sinne* eine schriftliche Stellungnahme verlangt, u. a. soll auch auf Werbewirkungen in Bezug auf die fünf Sinne eingegangen werden.

A10–12 ◇ Arbeitsblatt 3: Assoziationen

1. Zur Einführung des Themas *Riechen und Schmecken* interviewen sich die KT (A10). Jeder KT sollte mindestens zwei Gesprächspartner befragen und danach die Antworten der KT im Plenum zusammenfassen. A11 könnte anschließend in Gruppen gelesen werden und danach werden im Plenum die Aufgaben A12a, b gelöst. KT schreiben die Lösungen stichwortartig an die Tafel.

2. A12c und d könnten als kleiner Vortrag zu Hause vorbereitet werden. Für das Selbststudium eignen sich auch A12e, f, g.
3. Zum Abschluss des Themas *Sinneseindrücke* kann der KL die Karten von **Arbeitsblatt 3** nutzen. Jeder KT zieht ein bis zwei Karten und beschreibt zu seinem Begriff, welche Gerüche, Geräusche und Bilder er damit assoziiert. Die Karten sind auch für die Arbeit in Kleingruppen geeignet.

A13–15 ◇ Arbeitsblatt 4: Essgewohnheiten

1. A13 leitet zum Thema *Essen* über. Die Aufgabe kann im Plenum oder als vorbereitende Hausaufgabe eingesetzt werden.
2. **Arbeitsblatt 4** enthält Übungen zur mündlichen Kommunikation. Vor allem bei einer größeren Gruppe sollte auf das Arbeitsblatt zurückgegriffen werden, damit die KT genug Möglichkeiten zum Sprechen haben. Sowohl nach A13 als auch nach dem Arbeitsblatt kann die Karikatur in A14 beschrieben und über die Fragen in A14b debattiert werden.
3. Falls KL auf die schriftliche Stellungnahme in A9 verzichtet hat, kann der schriftliche Ausdruck am Thema *Überfütterte Kinder* (A15) geübt werden. KL geht mit KT den Gliederungsvorschlag zu einem schriftlichen Thema durch und bespricht mit KT gemeinsam, welche Schwerpunkte in der jeweiligen Stellungnahme gesetzt werden sollten. Der KL kann auch das Thema *Überfütterte Kinder* im Unterricht anreißen und nach der Meinung der KT fragen.

A16–20

1. KT sammeln alle Stichworte, die ihnen zum Thema *Gesunde Ernährung* einfallen, und beschreiben die eigene Ernährung (A16a, b). Bei den nachfolgenden Aufgaben kann KL wieder eine Auswahl treffen. A18b zum Beispiel lohnt sich nur in Gruppen, in denen viele KT auch Bioprodukte kaufen. Text A17 eignet sich sowohl für die Arbeit in Zweiergruppen als auch als Plenumsaufgabe. Je nach der zur Verfügung stehenden Zeit können A17b und c zur Erweiterung des Wortschatzes eingesetzt werden.
2. Anschließend bespricht KL die Aufgabe zum schriftlichen Ausdruck in A20. Diese Aufgabe ist in jedem Falle empfehlenswert, da es eine Modellübung zur Prüfung *Goethe-Zertifikat C1, Schriftlicher Ausdruck, Aufgabe 1* ist. Zum Abschluss des Themas *Gesunde Ernährung* suchen die KT in Zweiergruppen positive und negative Argumente zu den einzelnen Ernährungsweisen (A19). Danach können im Plenum die gefundenen Argumente vorgestellt werden.

A21–23

1. Die Hörübung A21 zum Thema *Ernährung und ihre Folgen* lässt sich gut mit der Übung zum schriftlichen Ausdruck zum Thema *Überfütterte Kinder* (A15) kombinieren. KT hören den Text und lösen dann entweder A21b oder A21c. Die Textarbeit zum Hörtext A22 könnte in Zweiergruppen durchgeführt werden, wobei KL vor allem A22a im Plenum kontrolliert.
2. KL leitet dann zum Grammatikthema *Adversativangaben* über und erläutert die entsprechende Tabelle im Teil C. A23b wird im Plenum erledigt und C8–9 sind Hausaufgaben.

A24–32

Das Thema kann mit Fragen zur Werbung (A28) eingeleitet werden. Nach dem Interview in Zweiergruppen werden die wichtigsten Antworten der KT im Plenum zusammengefasst. Anschließend lesen KT im Plenum den Text A29 und erledigen die Textarbeit A30a–d. KL führt das Grammatikthema *Besondere Attribute* ein und nutzt dazu A27a sowie C6. Zum Abschluss des Themas *Werbung* können KT entweder A31 (Zuordnungsübung) oder A32 (mündlicher Ausdruck) in Kleingruppen durchführen. Als Einleitung zur Aufgabe A32 (Produkte anpreisen) könnten die zusammengesetzten Adjektive (A27b) erarbeitet werden, damit diese auch in die Kurzvorträge einfließen. A24 könnte im Selbststudium erledigt werden. Diese Aufgabe ist eine Modellübung für die Prüfung zum *Goethe-Zertifikat C1, Leseverstehen, Aufgabe 3.*

Teil B ◇ Arbeitsblatt 5: Grammatiktraining ◇ Arbeitsblatt 6: Rezepte

In Teil B geht es um *Essen und Kochen* im Allgemeinen und um *Wurst und Fleisch* im Besonderen. Für Kochrezepte werden im Deutschen oft Partizipialattribute genutzt. In **Arbeitsblatt 5** wird die Umformung von Verben in Partizipialattribute noch einmal geübt. Eine Aufgabe dazu findet sich auch im Teil C (C5). Mit **Arbeitsblatt 6** wird auf Aufgabe B6 Bezug genommen, nämlich ein Kochrezept als Beispiel vorgelegt. Die KT können im Internet noch weitere Rezepte suchen. Außerdem wird mit diesem Arbeitsblatt Wortschatz zum *Kochen und Backen* wiederholt.

Kapitel 6

Wesentliche Lernziele

- landeskundliche und literarische Texte zum Thema *Deutsche Geschichte nach 1945* verstehen
- Redemittel zum Thema *Wahlen und politische Debatten* kennen und anwenden
- Gehörtes und Gesagtes mithilfe der indirekten Rede wiedergeben
- das Wahlsystem und die Parteienpolitik in Deutschland und im Heimatland kennen und darüber zusammenhängend sprechen

A1–5 ◊ Arbeitsblatt 1: Berlin 1945

1. KT führen das Interview A1 und lösen in Zweiergruppen die Aufgabe A3. Die Lösungen sollten im Plenum besprochen werden und KL sollte wesentliche geschichtliche Hintergründe erklären. Die Tabelle mit der Chronologie 1945–1961 (A3) ist eine gute Grundlage für die weiteren Texte.
2. Es folgt dann Text A4, der vor allem für KT mit geschichtlichen Vorkenntnissen geeignet ist. KL kann als Variante und zum besseren Verständnis der geschichtlichen Ereignisse auch **Arbeitsblatt 1** verwenden. Entscheidet sich KL für Text A4, sollten die KT den Text zu Hause lesen und die Übungen zur Textarbeit in A5 vorbereiten. Im Plenum sollten dann in jedem Fall A5a und b besprochen werden.

Lösung: Arbeitsblatt 1

					1.	A	R	B	E	I	T	S	F	Ä	H	I	G
			2.	S	C	H	L	E	P	P	E	N					
			3.	R	E	P	A	R	A	T	I	O	N				
4.	V	E	R	H	A	N	D	L	U	N	G						
				5.	K	A	P	I	T	U	L	A	T	I	O	N	
		6.	W	Ä	H	R	U	N	G								
					7.	A	B	K	O	M	M	E	N				
						8.	T	R	Ü	M	M	E	R				
					9.	B	L	I	N	D	G	Ä	N	G	E	R	
							10.	S	C	H	E	I	T	E	R	N	
						11.	W	E	H	R	M	A	C	H	T		

A6–8 ◊ Arbeitsblatt 2: Berlin im August 1961

1. Es besteht auch die Möglichkeit, bei A6 in das Kapitel einzusteigen und mit der Zeit des Kalten Krieges und dem Mauerbau zu beginnen, da die einzelnen Texte und Übungen zu den Geschichtsabschnitten in sich eine Einheit bilden.
2. Zur Einführung in die 1950er- und 1960er-Jahre führen die KT im Plenum eine Diskussion zu den Fragen 1 bis 3 in A6. Den Text in A7 haben KT bereits zu Hause gelesen und im Plenum können Fragen zum Text und zu den geschichtlichen Ereignissen dieser Zeit gestellt werden. In A8a werden die Unterschiede zwischen Ost und West deutlich, hier kann KL auch einiges zur Illustration der Geschichte nutzen. A8b, c, e werden in Kleingruppen bearbeitet, eine gemeinsame Fassung jeder Kleingruppe wird dann im Plenum vorgetragen.
3. KL weist KT auf die Nomen-Verb-Verbindungen im Lesetext A8 hin und lässt A8d im Plenum lösen. Zur Vertiefung des Wortschatzes enthält Teil C eine reichhaltige Auswahl an Umformungsübungen zu Nomen-Verb-Verbindungen (C1–6). Zum Abschluss des Themas *Kalter Krieg und Mauerbau* kann KL auch den persönlichen Bericht von **Arbeitsblatt 2** einsetzen. Die Übung auf diesem Arbeitsblatt entspricht *Aufgabe 3* zum *Leseverstehen* der *Prüfung zum Goethe-Zertifikat C1.*

A9–12

1. Die Texte und Übungen A9–12 sind zusätzlicher, fakultativer Unterrichtsstoff und können je nach Interessenlage der KT teilweise oder vollständig bearbeitet werden. Wird aus Zeitgründen dieser Abschnitt weggelassen, wird der Zusammenhang in Bezug auf das gesamte Kapitel nicht unterbrochen.
2. A12 entspricht *Aufgabe 3* zum *Leseverstehen* der *Prüfung zum Goethe-Zertifikat C1.*

A13–17 ◊ Arbeitsblatt 3: Grammatiktraining

1. In A13 ordnen die KT in Zweiergruppen den Zahlen und Fakten passende Überschriften zu. Hier werden die Zahlen und Fakten Ost/West chronologisch dargestellt und miteinander verglichen. Nach der Lösung der Aufgabe geht KL auf eventuelle Fragen der KT ein und kann als Wortschatzübungen und zur Überleitung zum Grammatikthema *Partizipien als Nomen* A13b, c durchführen lassen.
2. KL erklärt dann die Bildung der Nomen aus Partizipien und lässt die Tabelle A14 im Plenum ausfüllen, so kann KL auf eventuelle Probleme und Fragen sofort eingehen. Teil C enthält noch C7 zur Bildung der Nomen aus Adjektiven und Partizipien. Auf **Arbeitsblatt 3** wird der Unterschied zwischen substantivierten Adjektiven/Partizipien und Nomen der *n*-Deklination erklärt. Da beide Gruppen auf *-e* enden, sollte sich der Lernende Eselsbrücken bauen.
3. KT wählen einige Fragen aus A15 und stellen diese an mehrere andere Kursteilnehmer. Vor allem in politisch interessierten Gruppen ist diese Aufgabe gut zu bewältigen.

   Variante: Bei einer diskutierfreudigen und kleinen Gruppe kann statt A15 auch A17 eingesetzt werden. Dabei können wichtige Argumente auch an der Tafel festgehalten werden. KL bereitet in der Stunde A16 vor und lässt KT ein Konzept erarbeiten. Das Thema wird dann im Selbststudium weiter bearbeitet.

A18–22

1. KL sollte eine Wahl treffen zwischen A18 und A19. In jedem Falle sollten die Redemittel (A19) in den mündlichen Äußerungen der KT berücksichtigt werden.
2. A20 widmet sich der indirekten Rede. Im Teil C wird der Konjunktiv I ausführlich behandelt. Dazu gehören auch C8 und C9.
3. Der Text A21 und die Textarbeit in A22 sind fakultative Zusatzübungen, wobei A22d eine Grammatikwiederholung zum Imperativ ist. Teil C enthält eine Übersicht zur Bildung und zum Gebrauch des Imperativs sowie C10 und C11 als Übungen dazu. Hier werden vor allem die Imperativformen wiederholt, bei denen ein Vokalwechsel stattfindet.

A23–25 ◊ Arbeitsblatt 4: Schriftlicher Ausdruck

1. Das Thema *Wahlen* wird mit dem Wortschatz (Redemittel) eingeleitet. A23b, c, d dienen zur Festigung des Wortschatzes und können vom KL wahlweise im Plenum besprochen werden. Das System des deutschen Wahlrechts und das deutsche Parteiensystem werden in A24a–d beschrieben. Die Aufgaben sollten je nach Interessenlage in der Gruppe und nach Aktualität eingesetzt werden. Wird Text A24a genutzt, sollte zum besseren Verständnis A24b (Begriffserklärungen) einbezogen werden. KL sollte die Statistik in A24c möglichst mit aktuellen Grafiken ergänzen.
2. Teil A wird mit einer Aufgabe zum mündlichen Ausdruck (A25) abgeschlossen. Diese Aufgabe ist eine Modellübung für die Prüfung zum *Goethe Zertifikat C1, Mündlicher Ausdruck, Aufgabe 2.* Zur Förderung des schriftlichen Ausdruck sollte **Arbeitsblatt 4** genutzt werden.

Teil B ◊ Arbeitsblatt 5: Begriffe beschreiben und erraten ◊ Arbeitsblatt 6: Interview

Im Teil B geht es um die Berliner Blockade (1948/1949). In Text B1 werden die Ereignisse dieser Zeit in chronologischer Reihenfolge dargestellt und auch die Ursachen für die Luftbrücke genannt. Zur Gesamtwiederholung des Wortschatzes kann **Arbeitsblatt 5** genutzt werden. Hier sollen die KT Begriffe beschreiben und erraten. Das Interview *„Rosinenbomber" über Berlin* im **Arbeitsblatt 6 [1]** könnte von zwei KT gelesen werden. Die anderen KT ergänzen die Sätze auf **Arbeitsblatt 6 [2]**.

Kapitel 7

Wesentliche Lernziele

- ◊ fließend über vertraute Themen wie *Kultur, Kunst, Literatur* und *Musik* sprechen
- ◊ ausführliche Biografien (Lese- und Hörtexte) von Künstlern verstehen und zusammenfassen
- ◊ Vorschläge unterbreiten, auf Gegenvorschläge eingehen und zu einer Einigung gelangen
- ◊ verschiedene Buchrezensionen auswerten und eine eigene Rezension schreiben

A1–8 ◊ Arbeitsblatt 1: Unterwegs ◊ Arbeitsblatt 2: Georg Philipp Telemann

1. Zunächst führen KT Übung A1 in Partnerarbeit durch, hierbei geht es vor allem um die mündliche Kommunikation und um die Einführung ins Thema *Musik und ihre Wirkung*. Als Variante könnte KL auch **Arbeitsblatt 1** verwenden und Rollenspiele zum Thema *Kultur im Alltag* einstudieren lassen. Jede Gruppe könnte dann das Rollenspiel im Plenum präsentieren. Entscheidet sich KL für A1, so könnten im Plenum die Entscheidungen, die aus der Diskussion in Partnerarbeit entstanden sind, vorgestellt werden.
2. KL kann auch direkt mit einer Diskussion über klassische Musik beginnen und A4–7 in den Mittelpunkt der Stunde stellen. Im Text A6 machen die KT Bekanntschaft mit dem Leben Bachs und können in A5 den schriftlichen Ausdruck trainieren, indem sie eine Biografie zu Bach schreiben. Hier sollte in der Stunde nur der Anfang notiert werden. Der Text in A6 eignet sich auch, um auszugsweise zu lesen. Die Textarbeit sollte in Zweiergruppen oder im Selbststudium durchgeführt werden. Als Variante zu A5 eignet sich auch **Arbeitsblatt 2**. Hier machen KT Bekanntschaft mit dem Leben eines weiteren deutschen Komponisten und schreiben eine entsprechende Biografie.
3. KL behandelt die Nominalisierung anhand der Übungsbeispiele in A8 und C1. Zum Schluss der Stunde führen KT das Interview A2, in einer kleinen Gruppe können die Fragen auch im Plenum gestellt werden. A3a, b könnten als Hausaufgaben aufgegeben werden. A3a ist eine Beispielaufgabe für das *Goethe-Zertifikat C1, Leseverstehen, Aufgabe 3.*

A9–14 ◊ Arbeitsblatt 3: Als Kind bei den Thomanern ◊ Arbeitsblatt 4: Kultur

1. KT hören die Übung in A9 und beantworten dazu die Fragen. Im Plenum wird dann der Inhalt der Übung diskutiert und auf Frage A9b eingegangen. Außerdem kann KL nach Informationen über ähnliche Chöre in den Heimatländern der KT fragen. **Arbeitsblatt 3** enthält eine Korrekturübung, die an den Text der Hörübung angelehnt ist.
2. A10 und A11 sollten in Kleingruppen bearbeitet werden. Wenn sich KL entscheidet, A12 während des Unterrichts durchzuführen, dann sollten die Teile A–C unter den KT aufgeteilt werden, so dass jede Gruppe nur einen Text bearbeitet. Im Plenum werden dann die Ergebnisse verglichen. A12 ist eine Modellübung für das *Goethe-Zertifikat C1, Leseverstehen, Aufgabe 2.*
3. A13 ist sowohl Textarbeit als auch Grammatikübung, hier werden zunächst die Passivkonstruktionen im Präteritum geübt. Teil C enthält eine große Auswahl von Übungen zum Passiv mit Modalverben und in verschiedenen Zeitformen, zur Umformung von Aktivsätzen in Passivsätze und zu den Passiversatzformen (Aufgaben C3–7).
4. A14a, b, c sind Wortschatzübungen, KL trifft eine Auswahl und könnte als Wortschatzwiederholung (eventuell in einer der folgenden Stunden) die Karten von **Arbeitsblatt 4** nutzen. Jeder KT erhält eine Karte mit einem Begriff, den er erklären muss. Die anderen KT sollen dann den Begriff erraten.

A15–19

1. Der Abschnitt zur Fotografie (A15–19) ist ein fakultativer Teil und sollte vor allem dann eingesetzt werden, wenn sich mehrere KT für Fotografie interessieren oder selbst fotografieren. A15 kann zu zweit durchgeführt werden und A16–17 sind Aufgaben zum Selbststudium. Eventuell kann A17 im Plenum besprochen werden, wenn KL Text A16 in der Gruppe auswerten will.
2. A18 erledigen KT in Zweiergruppen und hören dann Text A19. Bei wenig Zeit könnte KL einen Teil der Hörübung auswählen (a oder b). A19a entspricht der Prüfungsaufgabe *Hörverstehen 2* und A19b der Prüfungsaufgabe *Hörverstehen 1* des *Goethe-Zertifikats C1.* Zur Vertiefung des Wortschatzes des Hörtextes dient Übung A19c.

A20–24 ◊ Arbeitsblatt 5: Kurzvortrag ◊ Arbeitsblatt 6: Diskussion

1. KT beantworten die Fragen in A20 im Plenum und diskutieren über Literatur und Lesen. Danach kann die Modellübung A21/A22 zur Prüfungsvorbereitung *Goethe-Zertifikat C1* im Plenum durchgeführt werden; so kann KL auch auf eventuelle Fragen der KT eingehen.
2. KL sollte auch A23 einbeziehen, damit die KT die Redemittel zu Rezensionen (mündlich und schriftlich) kennenlernen. Vor allem für den schriftlichen Ausdruck sind die Redemittel von Bedeutung. Je nach Schwerpunkt der Prüfungsvorbereitung und nach Kurssituation kann A24 (im Selbststudium) durchgeführt werden.

3. Für den weiteren Verlauf des Unterrichts sollte KL eine Auswahl treffen. Entweder kann KL für das Üben des mündlichen Ausdrucks Arbeitsblatt 5 oder Arbeitsblatt 6 einsetzen. Die Aufgabenstellung des **Arbeitsblattes 5** (Einzelübung: Kurzvortrag) entspricht *Aufgabe 1,* die des **Arbeitsblattes 6** (Partnerübung) *Aufgabe 2, Mündlicher Ausdruck* in der Prüfung *Goethe-Zertifikat C1.*

Kapitel 8

Wesentliche Lernziele

- ◊ fließend zu den Themen *Lebenswege, Altern* und *Zukunftsprognosen* sprechen
- ◊ eine Gedankenkarte erstellen und damit einen Vortrag zu gesellschaftsrelevanten Themen halten
- ◊ Umfrageergebnisse schriftlich in einem Bericht zusammenfassen
- ◊ Grafiken interpretieren und unterschiedliche Meinungen bewerten

A1–5 ◊ Arbeitsblatt 1: Personenbeschreibungen

1. Zunächst führen KT die Übung A1 in Kleingruppen durch, hierbei geht es vor allem um die Förderung der mündlichen Kommunikation und um die Einführung ins Thema *Lebenswege.* Ein KT der jeweiligen Gruppe präsentiert die Ergebnisse und die anderen KT achten auf eventuelle Fehler, die der Vortragende macht.

   Variante 1: KT beginnen mit A2a, b in Partnerarbeit und dann werden die Ergebnisse im Plenum besprochen, so dass ein Einstieg ins Thema *Altern* gewährleistet ist.

   Variante 2: KL lässt KT die Karten des **Arbeitsblattes 1** ziehen. KT können auch die Karten untereinander tauschen. KL bestimmt die Schwerpunkte des Kurzvortrages oder der Kurzbeschreibung zu den Personen mit den jeweils angegebenen Merkmalen oder Charaktereigenschaften (z. B. einen ausführlichen Lebenslauf, eine charakteristische Situation oder Begebenheit mit dieser Person).
2. Den Text A3 und die Textarbeit A4a–d sollten die KT bereits zu Hause erledigen. KL fragt, worum es in dem Text geht und welche Schlussfolgerungen der Autor zieht. KL geht dann auf die Fragen der KT im Zusammenhang mit der Textarbeit ein und vergleicht die Antworten der KT von A4a, b.
3. In A5a, b wird auf die untrennbaren Verben mit der Vorsilbe *ver-* eingegangen. KL entscheidet entsprechend der Kurssituation, ob er diese Aufgaben in den Unterricht einbezieht.

A6–11 ◊ Arbeitsblatt 2: Grammatiktraining

1. Aus den Übungen A6–11 sollte KL eine gezielte Auswahl treffen. Es ist nicht zwingend notwendig, dass hier jede Übung durchgearbeitet wird.
2. *Variante 1:* KL lässt in Kleingruppen Vorschläge zum Thema *Geistig und körperlich fit bis ins hohe Alter* erarbeiten. Anschließend können KT die Übung A8 zu zweit durchführen.
3. *Variante 2:* KT führen das Interview (A9) und befragen mindestens zwei Gesprächspartner zum Thema *Gute Ratschläge und Lebensweisheiten.* Anschließend wird der Wortschatz im Plenum (A10a) erarbeitet und eine der weiteren Übungen von A10 (b oder c) gelöst.
4. KL führt das Grammatikthema *Nomen mit präpositionalem Objekt ein* und weist KT dazu auf die Übersicht im Teil C hin. In Zweiergruppen lösen KT Aufgabe C1 oder die Aufgaben von **Arbeitsblatt 2.**
5. Für die schriftliche Arbeit sollten KT zwischen A7 und A11 wählen.

A12–15 ◊ Arbeitsblatt 3: Wortschatztraining

1. Das Thema *Was bringt die Zukunft?* kann mit einer Plenumsdiskussion eingeleitet werden. Dabei sollten sowohl die Grafiken aus A12a als auch die Gedankenkarte aus A12b eingesetzt werden. KL könnte z. B. Fragen stellen wie: *Wie sieht die Geburtenrate in Ihrem Heimatland aus? Gibt es Ihrer Meinung nach genug Nachwuchs? Wie geht man in Ihrem Heimatland mit der älteren Generation um? Wie verstehen sich Alte und Junge? Was halten Sie selbst vom sogenannten Generationenvertrag?*
2. Im Plenum lesen KT dann den Text A13 mit dem Titel *Der Methusalem-Spuk.* Die Textarbeit kann in einer relativ kurzen Zeit während des Unterrichts bewältigt werden. A14b, c, d eignen sich gut zur Partnerarbeit, wobei in A14b das Grammatikthema *Besonderheiten im Numerus* angerissen wird. Zu diesem

Thema gibt es weitere Übungen im Teil C (C2–3). Die Pluralformen mit Wortschatz aus Text A13 können mithilfe des **Arbeitsblattes 3** geübt und wiederholt werden.

3. KT bereiten für eine der folgenden Stunden einen Kurzvortrag zu A15 vor. KT sollten frei sprechen, sie dürfen jedoch Stichpunkte benutzen.

A16–19

1. KT führen zur Vorbereitung auf die Hörübung (A17) *Was bringt die Zukunft* das Interview in A16 durch. Nach dem Interview fasst jeder KT kurz die Kerngedanken seines Gesprächspartners zusammen. KL spielt dann die Hörübung ab und KT versuchen, beim zweiten Hören die Fragen in A17 stichpunktartig zu beantworten.
2. A18 und A19 sind Textarbeitsaufgaben zur Hörübung, die die KT entweder im Unterricht zu zweit oder im Selbststudium lösen können.

A20–24

1. Im Plenum sammeln KT Begriffe, Wörter und Wendungen zum Thema *Risiko und Sicherheit* (A20). Danach wird in Partnerarbeit A21 durchgeführt, wobei KT anschließend eine Gesamtauswertung der Resultate vornehmen. So kann ermittelt werden, wie viele KT sich vor welchen Risiken am meisten fürchten. Ein KT fasst die Umfrageergebnisse in einem kurzen Fazit zusammen.
2. A22 kann gemeinsam gelesen werden und gleichzeitig können KT A23c ausfüllen. A23b ist gut als Hausaufgabe geeignet und A23d kann bei ausreichender Zeit in Zweiergruppen durchgeführt werden.
3. KL wiederholt die trennbaren und nicht trennbaren Verben mit Präfixen und nutzt dazu die Übersicht im Teil C. C4 könnte dann in Kleingruppen durchgeführt werden. C5–6 sind Hausaufgaben; sie sollten nur dann aufgegeben werden, wenn KT Probleme in der Unterscheidung trennbarer und nicht trennbarer Verben haben.
4. A23e, f sind fakultativ und dienen der Wortschatzerweiterung. Hat KL auf den Kurzvortrag A15 verzichtet, könnte er ihn an dieser Stelle mit Aufgabe A24 üben lassen. Eine Variante wäre auch, dass die eine Hälfte der Gruppe einen Kurzvortrag zu A15 und die andere Hälfte zu A24 hält.

A25–28 ◊ Arbeitsblatt 4: Kassandra-Risiko

1. KL teilt die KT so auf, dass immer eine Kleingruppe einen Block (insgesamt sieben Blöcke) in A25 liest. Die KT erzählen dann so genau wie möglich ihr gelesenes Stück anhand der Stichpunkte in A26a nach.
2. Von A26b–e eignen sich vor allem A26d, e zur Gruppenarbeit. A26b, c könnten in Eigenarbeit durchgeführt werden.

   Variante: Anstelle A26b, c, d kann KL auch **Arbeitsblatt 4** einsetzen. KT sollen hier die richtigen Zusammenhänge erkennen und die Sätze passend zusammenstellen. Will KL noch einen Schritt weiter gehen, kann er die Sätze in die richtige chronologische Reihenfolge (siehe Text A25) bringen lassen.
3. Zum Abschluss des Themas *Risiko und Gefahren* führen die KT in Zweiergruppen den Auftrag in A27 aus. Diese Aufgabe ist eine Modellübung zur Prüfungsvorbereitung *Goethe-Zertifikat C1, Mündlicher Ausdruck, Aufgabe 2.*

   Variante: KL könnte auch das Gedicht in A28 vorlesen oder vortragen lassen.

Teil B ◊ Arbeitsblatt 5: Korrekturen ◊ Arbeitsblatt 6: Wissen Sie das noch?

Zum Interview mit dem Regisseur Matthias Kremin (B2) gibt es **Arbeitsblatt 5**. Die KT können hier abschließend ihre Rechtschreib- und Interpunktionskenntnisse testen und sich gegenseitig berichtigen, wobei KT ihre Ergebnisse mit dem Text im Lehrbuch vergleichen können. Mit **Arbeitsblatt 6** wird locker nach einigen Fakten und Sachverhalten aus den Kapiteln 1–8 gefragt. Es ist gut zum Kursabschluss einsetzbar.

Grammatiktraining

1. Ergänzen Sie das Präteritum der Modalverben.

	können	müssen	sollen	wollen	dürfen	mögen
ich	....	....	....	....	....	....
du	....	....	....	....	....	....
er/sie/es	....	....	....	....	....	....
wir	....	....	....	....	....	....
ihr	....	....	....	....	....	....
sie/Sie	....	....	....	....	....	....

2. Ergänzen Sie die Modalverben im Präteritum.

1. .... Sie als Kind Schlittschuh laufen?
2. Wie lange .... Sie als Kind abends aufbleiben?
3. Wann .... Sie morgens aufstehen?
4. .... Sie früher Rosenkohl?
5. Was .... Sie als Kind werden?
6. Wann .... Sie fließend lesen?
7. Wann .... du das erste Mal in eine Disko gehen?
8. Welche Fremdsprachen .... du in der Schule lernen?
9. Welchen Lehrer .... du am meisten?
10. .... du deine Hausaufgaben auch in der Schule machen?
11. Jürgen .... die Englischlehrerin nicht so gut leiden.
12. Martina .... immer Ärztin werden.
13. Die Schüler der Klasse 5a .... gestern früher nach Hause gehen.
14. Weil Matthias und Jörg einen Mitschüler gehänselt haben, ... sie den Computerraum aufräumen.
15. Er .... früher nie allein zum Sportplatz gehen.
16. Hans .... immer mit dem Bus zur Schule fahren.

Wer sagt was?

Der Text der Hörübung A4a in Kapitel 1 ist durcheinandergeraten.
Welche Sätze sagt Martina und welche Jürgen? Lesen Sie erst den Text und notieren Sie dann die richtige Reihenfolge.

1. Ich kann mich noch an unseren Physiklehrer erinnern. Das war ein junger Lehrer und wir haben sehr viele interessante Experimente durchgeführt.

2. In unserer Klasse waren 25 Schüler, 15 Jungen und 10 Mädchen.

3. Ich wollte früher Tiefseetaucher werden und im Ozean nach Schätzen und versunkenen Schiffen suchen.

4. Das hübscheste Mädchen war Sandra. Sie wollte immer Ärztin werden. Ich weiß nicht genau, was sie studiert hat und was sie jetzt macht. Vielleicht haben wir ja in ein paar Jahren ein Klassentreffen und dann sehe ich hoffentlich alle wieder.

5. Sport und Biologie haben mir auch viel Spaß gemacht und unser Sportlehrer war ein toller Typ – im Gegensatz zu unserem Mathelehrer.

6. Wir waren 10 Jungen und 14 Mädchen.

7. Meine Schule war in einem anderen Stadtteil.

8. Meistens habe ich während der Busfahrt meine Hausaufgaben gemacht. Meine Handschrift war dann aber nicht die schönste und viele Lehrer konnten meine Hausaufgaben nicht richtig lesen.

9. Mein Schulweg war sehr kurz, denn die Schule war nur zwei Straßen von unserem Haus entfernt.

10. Unsere Schule war meistens um 13.00 oder 14.00 Uhr zu Ende und nachmittags habe ich viel Sport getrieben. Das war wirklich herrlich, so viel Freizeit. Davon träume ich heute noch …

11. Meine Lieblingsfächer waren Deutsch, Englisch und Geschichte.

12. Ich wollte immer Lehrerin werden. Meine Liebe zu Sprachen und zum Unterrichten habe ich dann auch zu meinem Beruf gemacht, ich bin Englischlehrerin geworden.

13. Leider hatte ich Probleme mit Sprachen, weil ich zu faul war, Vokabeln zu lernen. Deshalb konnte mich Mrs. Jones nicht besonders gut leiden.

14. Ich hatte trotzdem immer ein gutes Zeugnis, meine Eltern waren sehr stolz auf mich.

Ihre Lösung:

Jürgen							
Martina							

Redemittel

1. Vervollständigen Sie die Redemittel. Suchen Sie passende Verben.

   1. eine Schule ....
   2. zur Schule/in die Schule ....
   3. viele Fächer ....
   4. eine Prüfung/das Abitur ....
   5. durch eine Prüfung ....
   6. in die nächste Klasse .... werden
   7. ein Zeugnis ....
   8. die Schulausbildung ....
   9. die Schule ....
   10. für eine Prüfung ....
   11. an einer Fachhochschule ....
   12. ein Studium ....
   13. an einem Kurs ....
   14. Kurse ....
   15. einen Beruf ....
   16. Vorlesungen und Seminare ....
   17. Deutsch ....

2. Fragen zu Stichwörtern stellen

Karten zum Ausschneiden

Karte 1 Fächer	**Karte 2** Hausaufgaben	**Karte 3** Nachhilfeunterricht
Karte 4 schwänzen	**Karte 5** nachsitzen	**Karte 6** auswendig lernen
Karte 7 Zeugnis	**Karte 8** Prüfungen	**Karte 9** Berufswunsch

Heinrich Heine – Stationen eines Dichterlebens

Schreiben Sie zu jeder Jahreszahl den passenden Satz im Präteritum. Orientieren Sie sich an A17.

1797	wurde Heinrich Heine in Düsseldorf geboren.
1814	....
1815/16	....
1816	....
1819	....
1819/20	....
1824	....
1825	....
1827	....
1831	....
1832	....
1841	....
1845	....
1856	....

Wer mit wem?

Setzen Sie die Wörter im Kasten mit der entsprechenden Endung in den Text ein. Orientieren Sie sich am Text A20.

ähnlich ◊ heutig ◊ harmonisch ◊ alt ◊ chemisch ◊ streng ◊ geistig ◊ weiter ◊ folgend ◊ attraktiv ◊ schlecht ◊ leidenschaftlich ◊ eigen ◊ natürlich ◊ beruflich

■ Wer mit wem?

.... Romantiker feiern die Liebe als Sinn des Lebens, als Rauschzustand, der die Menschen unvernünftig macht. Andere sehen in der Liebe eher einen Zustand .... Verwirrung. Biologen wiederum betrachten sie als notwendige .... Reaktion für eine .... Fortpflanzung. Doch die Frage nach dem Geheimnis der Partnerwahl scheint in unserer .... Gesellschaft, die nicht mehr von Heiratszwängen und .... Moral bestimmt wird, an Interesse zu gewinnen. Soziologen aus Heidelberg untersuchten Strategien bei der Partnersuche und kamen zu den .... Erkenntnissen.

Nach wie vor gilt unverändert: Gleich und gleich gesellt sich gern. Die Wissenschaftler wiesen nach, dass gut ausgebildete Menschen in der Regel zu gut Ausgebildeten finden, Menschen mit .... Attraktivität und gleicher ethnischer Herkunft am ehesten zusammenkommen.

Ein .... Forschungsgebiet war die Frage, was Männer und Frauen aneinander anziehend finden und welche Eigenschaften der oder die Auserwählte besitzen soll. Bei „tolerant und verständnisvoll" und „intelligent und gebildet" herrscht zwischen beiden Geschlechtern .... Einverständnis. Bei „........................ Aussehen" und „guter beruflicher Stellung" gehen die Wünsche allerdings auseinander. Während 53 % der Frauen Wert auf die berufliche Stellung ihres Partners legen, interessieren sich nur 30 % der Männer für die Arbeit ihrer Herzensdame. Um die Aufmerksamkeit des anderen Geschlechts werben die Menschen heute wie in .... Zeiten: Die Männer arbeiten mit Statussymbolen wie Autos, Geld und Karriere, die Frauen mit ihrer Attraktivität.

Doch wer als Mann nur auf Statussymbole setzt, hat .... Chancen. Frauen achten neben dem .... Ansehen auch auf Humor, mögen Intelligenz und nicht zuletzt den Geruch des Mannes, der der Vater ihrer Kinder sein soll. Die Untersuchungen ergaben, dass Frauen immer den Duft des Mannes am anziehendsten fanden, dessen Immungene sich am deutlichsten von den .... Genen unterschieden.

Arbeitsblatt 6

Märchenprinz und Traumfrau gesucht

1. Beschreiben Sie Ihren Traumpartner/Ihre Traumpartnerin.
   Welche Eigenschaften sollte er/sie unbedingt haben und welche auf keinen Fall? Wie sollte sein/ihr Äußeres sein?

positive Eigenschaften	negative Eigenschaften	Aussehen

2. Wie würden Sie sich selbst beschreiben?

positive Eigenschaften	negative Eigenschaften	Aussehen

Wiederholungstest

1. Ergänzen Sie die fehlenden Präpositionen und die fehlenden Endungen.

    1. Christina lernte Fabian über eine Online-Partnersuche kennen. Schon nach der ersten Begegnung hat sie sich .... ihn verliebt.
    2. Viele Deutsche trennen sich jedes Jahr .... ihr......... Ehepartner.
    3. Herr Lohe ist schon über 30 Jahre .... sein......... Frau verheiratet.
    4. Früher war es üblich, dass man sich .... d......... späteren Ehepartner erst verlobte.
    5. Die Moderatorin trennte sich bereits vor zehn Jahren .... ihr......... Mann, aber erst seit zwei Jahren ist sie auch .... ihm geschieden.

.... /10 Punkte

2. Ergänzen Sie die fehlenden Verben im Präteritum.

    1. Heinrich Heine .... in einem jüdischen Elternhaus ....
    2. Schon als Schüler .... er Gedichte.
    3. 1814 .... er das Gymnasium und .... dann in einem Bankhaus.
    4. 1819 .... Heinrich Heine mit dem Jurastudium, das er später in Berlin und Göttingen ....
    5. Sein Reisebericht „Harzreise" .... ein großer Publikumserfolg.
    6. Aus politischen Gründen .... er 1831 nach Paris ....

.... /8 Punkte

3. Ergänzen Sie die Adjektivendungen.

    1. ein attraktiv........... Aussehen
    2. der unpassend........... Moment
    3. ein unordentlich........... Schüler
    4. ein schlecht........... Zeugnis
    5. fehlerfrei........... Diktate *(Pl.)*
    6. die leserlich........... Handschrift
    7. ein großzügig........... Elternhaus
    8. eine schlank........... Figur
    9. ein romantisch........... Gedicht
    10. ein offen........... Geheimnis

.... /10 Punkte

4. Finden Sie die Verben mit antonymer Bedeutung.

1. eine Prüfung bestehen	–	durch eine Prüfung ....
2. Der Schüler schwänzt den Unterricht.	–	Der Schüler .... zum Unterricht.
3. Die Schülerin wird in die nächste Klasse versetzt.	–	Die Schülerin ....
4. ein Studium beginnen	–	ein Studium ....
5. das Studium nach dem vierten Semester weiterführen	–	das Studium nach dem vierten Semester ....
6. Das Paar hat sich scheiden lassen.	–	Das Paar hat ....

.... /6 Punkte

5. Beantworten Sie die Fragen.

1. Was sind Sie von Beruf und was ist Ihre jetzige Tätigkeit? *(2 Sätze)*

....

....

2. Was für eine Ausbildung haben Sie? *(2 Sätze)*

....

....

3. Welche Staatsangehörigkeit besitzen Sie? *(1 Satz)*

....

4. Was wollten Sie als Kind gerne werden? *(1 Satz)*

....

5. Welche Kurse haben Sie in den vergangenen drei Jahren belegt? *(1 Satz)*

....

6. Warum lernen Sie Deutsch? *(1 Satz)*

....

.... /8 Punkte

6. Bilden Sie aus den angegebenen Informationen Sätze.

1. 1985–1989 Grundschule	....
2. 1989–1997 Gymnasium	....
3. 1997 Abitur, Prädikat gut	....
4. 1998 Studium, Germanistik, Freie Universität Berlin	....
5. Sommer 2002 Praktikum, Goethe-Institut Rotterdam	....
6. Erfahrungen, Bereich Medienkultur	....
7. Englisch sehr gut, Russisch gut	....
8. verheiratet, Leipzig	....

.... /8 Punkte

Insgesamt: .... /50 Punkte

Grammatiktraining

1. Wo könnten sich die folgenden Personen befinden? Manchmal gibt es mehrere Antworten.

◊ Heike leiht sich Bücher aus. *Sie ist in der Bibliothek.*
1. Die Familie macht gerade einen Großeinkauf. ....
2. Die Nachbarin holt ihr Rezept ab. ....
3. Petra joggt jeden Morgen. ....
4. Theo mäht den Rasen. ....
5. Frau Schöne richtet ein Konto ein und lässt sich finanziell beraten. ....
6. Die jungen Leute kaufen Eheringe. ....
7. Die Touristen essen zu Mittag. ....
8. Klara und ihre Mutter machen einen Einkaufsbummel. ....
9. Anna und Maria sehen sich *Macbeth* an. ....
10. Klaus spielt Fußball. ....
11. Die Kinder gehen schwimmen. ....
12. Ein Tourist bekommt gerade seine Bordkarte. ....
13. Die Familie bucht eine Reise. ....
14. Die Touristen besichtigen die Stadt von oben. ....
15. Max repariert seinen Wagen. ....
16. Die Kunstinteressierten versammeln sich um 13.00 Uhr. ....

2. Wohin könnten die folgenden Personen gehen?

◊ Felix ist krank. *Er geht zum Arzt/ins Krankenhaus/in die Apotheke/zur Drogerie.*
1. Kurt hat Geburtstag und will einen ausgeben. ....
2. Alina braucht ein frisches Brot. ....
3. Herr Fritsch hat keine Briefmarken mehr. ....
4. Marlene will sich entspannen. ....
5. Pierre hat ein Bewerbungsgespräch. ....
6. Die Studenten wollen einen neuen Film sehen. ....
7. Die Touristen möchten mehr über die Geschichte der Stadt erfahren. ....
8. Die jungen Leute wollen klassische Musik hören. ....
9. Frau Krause hat Appetit auf Kaffee und Kuchen. ....
10. Die Kinder möchten mal wieder Riesenrad fahren. ....
11. Erik will Pommes essen. ....
12. Herr Ludwig hat seinen Ausweis verloren. ....
13. Der Anzug von Herrn Kleine ist schmutzig und sollte gereinigt werden. ....
14. Martin will nächstes Wochenende eine Klettertour unternehmen. ....
15. Diana will endlich mal wieder richtig lachen. ....
16. Anja möchte Schlittschuh laufen. ....

Arbeitsblatt 2: Karten zum Ausschneiden

Begriffe beschreiben und erraten

Karte 1 der Leuchtturm	**Karte 2** der Wohnwagen	**Karte 3** die 4-Zimmer-Wohnung	**Karte 4** der Garten
Karte 5 die Doppelhaus-hälfte	**Karte 6** das Hochhaus	**Karte 7** das Schloss	**Karte 8** der Keller
Karte 9 das Bauernhaus	**Karte 10** das Gartenhaus	**Karte 11** der Schuppen	**Karte 12** der Spielplatz
Karte 13 die Eigentums-wohnung	**Karte 14** das Mehrfamilien-haus	**Karte 15** die Ferienwoh-nung	**Karte 16** die Tiefgarage
Karte 17 das Einfamilien-haus	**Karte 18** der Balkon	**Karte 19** das Grundstück	**Karte 20** der Parkplatz

Leipzig

In jedem Absatz über die Stadt Leipzig haben sich vier inhaltliche Fehler eingeschlichen. Vergleichen Sie die Abschnitte mit dem Text und der Hörübung in A20 und finden Sie die Fehler.

1

Die Stadt Leipzig befindet sich im Bundesland Niedersachsen und ist mit mehr als 506 000 Einwohnern die bevölkerungsreichste Stadt dieses Bundeslandes. Nach Verleihung des Stadtrechts im Jahre 1611 entwickelte sich Leipzig schnell zu einem Handelszentrum. Leipzigs Tradition als bedeutender Messestandort in Osteuropa und eine der ältesten Messen der Welt geht auf das Jahr 1190 zurück. Neben Frankfurt an der Oder ist die Stadt außerdem ein historisches Zentrum des Buchdrucks und Buchhandels.

2

Das Völkerschlachtdenkmal ist das Wappen Leipzigs und das größte Denkmal Europas. Es erinnert an die Völkerschlacht, die vom 16. bis 19. Oktober 1813 in der Stadt stattfand. Sie führte im Rahmen der Befreiungskriege zu einem Sieg Napoleons über die Truppen der Österreicher, Preußen, Russen und Schweden. Der Grundstein für das Denkmal wurde am 18. Oktober 1898 gelegt. 1913 wurde das Denkmal zerstört.

3

Die Deutsche Bücherei wurde 1912 gegründet und diente bis zur deutschen Teilung als eine der vielen Sammelstätten für die gesamte deutschsprachige Literatur ab 1913. Seit 1945 ist sie Teil der Deutschen Nationalbibliothek (DNB), zu der auch die 1947 gegründete Deutsche Bibliothek in Frankfurt am Main und das 1970 gegründete Deutsche Theaterarchiv in Berlin gehören. Die drei Standorte erfüllen heute gemeinsam die gesetzlich festgelegten Aufgaben zum Sammeln, Erschließen und bibliografischen Verzeichnen der deutschen und deutschsprachigen Literatur. Der Bestand der Deutschen Bücherei Leipzig umfasst im Moment über 18 Millionen Bücher und täglich kommen über 1 200 neue Bücher, Broschüren oder CDs dazu.

4

Hier am Rande der Stadt Leipzig steht die weltberühmte Thomaskirche. Sie war die Wirkungsstätte von Johann Sebastian Bach, der hier von 1723 bis zu seinem Tode 1750 als Thomaskantor sang. Ursprünglich war die Thomaskirche eine alte Kapelle, die zwischen 1212 und 1222 umgebaut wurde. Im gleichen Jahr, also 1212, wurde auch der älteste Mädchenchor Deutschlands, der Thomanerchor, gegründet, der noch heute regelmäßig in der Thomaskirche auftritt.

5

Das Museum in der „Runden Ecke" hat ganz stark mit der neuen Geschichte Leipzigs zu tun. Wie Sie vielleicht schon wissen, haben die Studenten von Leipzig und ihre Montagsdemonstrationen im Jahr 1989 maßgeblich zur Wiedervereinigung Deutschlands beigetragen. Ein Jahr später entstand auch das Bürgerkomitee Leipzig, das sich bis heute gegen die Forderungen nach Freiheit und Demokratie wendet. Im August 1990 eröffnete der Verein in der „Runden Ecke" die Ausstellung „Regierung – Macht und Banalität".

Grammatiktraining

Die Deklination des Relativpronomens

	Singular			Plural
	maskulin	feminin	neutral	
Nominativ	der	die	das	die
Akkusativ	den	die	das	die
Dativ	dem	der	dem	denen
Genitiv	dessen	deren	dessen	deren

Ergänzen Sie zuerst das Relativpronomen und wenn nötig die Präposition.
Denken Sie sich ein mögliches Satzende aus.

Die Stadt, ... ich wohne, ...
.... Sie mir zur Besichtigung empfohlen haben, ...
.... ich viel gelesen habe, ...
.... am Rhein liegt, ...

Das Reihenhaus, ... er im Katalog gesehen hat, ...
.... Sie mir erzählt haben, ...
.... eine neue Heizung installiert wurde, ...
.... die langjährigen Mieter ausgezogen sind, ...

Der Stadtpark, ... ich jeden Morgen gehe, ...
.... auch ein Rosengarten gehört, ...
.... die Gemeinde bebauen will, ...
.... durch eine Bürgerinitiative entstanden ist, ...

Sportplätze, ... außerhalb der Stadt liegen, ...
.... nur Fußball gespielt wird, ...
.... unbeaufsichtigt sind, ...
.... die Kommune Geld zur Verfügung stellt, ...

Der Bürgermeister, ... in Rente gegangen ist, ...
.... alle Einwohner vertrauen, ...
.... wir oft auf Veranstaltungen sehen, ...
.... viele Gerüchte im Umlauf sind, ...

Die Architekten, ... ausgewandert sind, ...
.... sich die Stadtverwaltung streitet, ...
.... die Stadt viel zu verdanken hat, ...
.... Entwürfe ausgezeichnet wurden, ...

Arbeitsblatt 5: Karten zum Ausschneiden

Fragen zum Wohnort

Wo wohnen Sie?

Wie viele Einwohner hat Ihr Wohnort?

Welche Freizeitmöglichkeiten gibt es in Ihrem Wohnort?

Wo wohnen Sie?

Was gefällt Ihnen besonders gut an Ihrem Wohnort?

Welche Sehenswürdigkeiten gibt es in Ihrem Wohnort?

Wo wohnen Sie?

Hat Ihr Wohnort eine grüne Umgebung?

Wie ist die Infrastruktur in Ihrem Wohnort? (Verkehrsmittel usw.)

Wo wohnen Sie?

Was gefällt Ihnen an Ihrem Wohnort nicht so gut?

Welche Unternehmen gibt in Ihrem Wohnort?

Wo wohnen Sie?

Welche Gebäude und Plätze für Kultur und Sport gibt es in Ihrem Wohnort?

Was halten Sie von den Einkaufsmöglichkeiten in Ihrem Wohnort?

Arbeitsblatt 6

Katastrophenszenarium

Wann kann ein Urlaub zu einer großen Enttäuschung werden?

Denken Sie sich zu zweit oder zu dritt eine Katastrophe aus und schreiben Sie darunter die möglichen Reaktionen der Urlauber sowie eventuelle Lösungen auf.

Beschreibung der Katastrophe:

Mögliche Reaktionen der Urlauber und eventuelle Lösungen:

Wortschatztraining

1. Erklären Sie die folgenden Wörter und Wendungen.

   1. der Rechtsanwalt ....
   2. Ansprüche geltend machen ....
   3. die Stornokosten ....
   4. der Schnäppchenpreis ....
   5. die Kündigung ....
   6. der Mandant ....

2. Suchen Sie ähnliche Wörter (auch andere Wortarten) und Wendungen zu dem Wort *beklagen*.

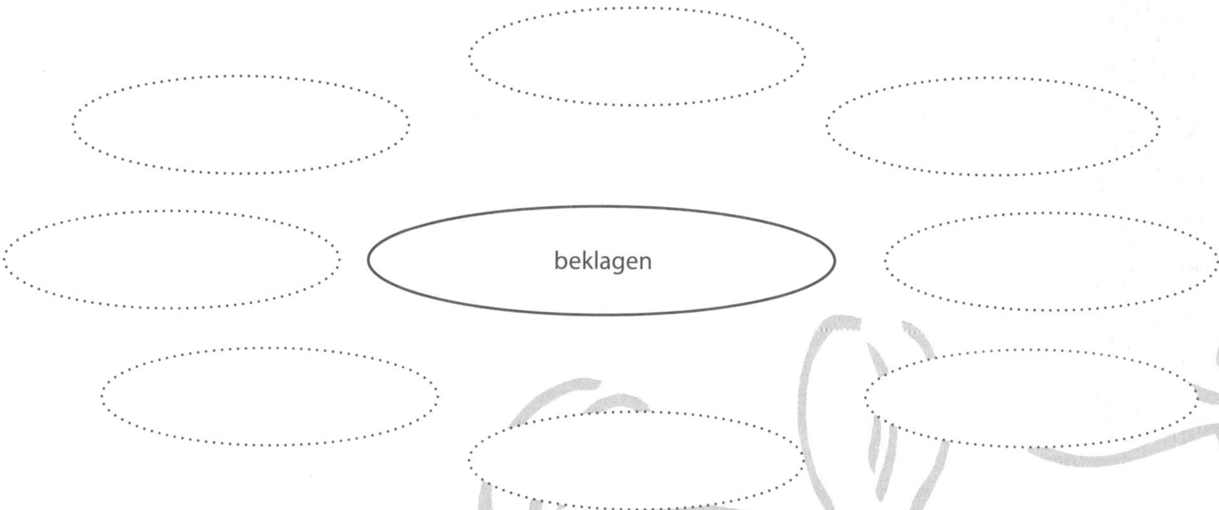

3. Was gehört zusammen? Orientieren Sie sich an der Hörübung A31.

(1) eine Ferienwohnung	(a) zurückverlangen
(2) eine telefonische Bestellung	(b) bitten
(3) Stornokosten	(c) zurücktreten
(4) eine Reise	(d) schreiben
(5) den Reisepreis	(e) bezahlen
(6) Erfahrungen ins Internet	(f) spezialisieren
(7) von der Reise	(g) beklagen
(8) um eine Stellungnahme	(h) mieten
(9) sich auf das Reiserecht	(i) teilen
(10) sich den Ärger von der Seele	(j) rückgängig machen
(11) sich über schlechte Erfahrungen	(k) stellen
(12) Erfahrungen im Internet	(l) antreten

Arbeitsblatt 8

Der Beschwerdebrief

Eine ausländische Freundin bittet Sie darum, einen Brief zu korrigieren, da Sie besser Deutsch können.

Fehler im Wort: Schreiben Sie das richtige Wort an den Rand. (1)

Fehler in der Satzstellung: Schreiben Sie das falsch platzierte Wort an den Rand, zusammen mit dem Wort, mit dem es vorkommen soll. (2)

Sehr geehrte Damen und Heren,

ich möchte mich beschweren über unsere Spanienreise. Wir hatten eine vierzehntägige Reise bei Sie gebucht.
Uns wurde ein große Zimmer im Hotel Atlantis mit Aussicht auf das Mittelmeer versprochen, nur einige 100 Meter von Strand entfernt.
Wie groß war unsere Entäuschung, als wir unsere Zimmer sahen. Es war nicht viel als ein Schrank größer. Das Bett war schrecklich, es war wacklig, aus die Dusche kam kaum Wasser. Um ans Fenster zu gelangen, musste mann über das Bett kriechen.
Die Aussicht war wenig romantisch. Wir starrten auf der Rückseite eines Hochhauses.
Zu Fuß wir gingen fast eine Stunde bis zum Meer und nacht konnten wir wegen lauter Musik nicht richtig schlafen. Und dafür haben wir 500,- Euro pro Person bezahlt. Da im Katalog vor den Preis von 500,- Euro ein akzeptables, geräumiges Hotelzimmer mit schöner Ausicht versprochen wurde und all diese Versprechungen vor Ort nicht eingehalten würden, fordern wir 40 % des gezahlten Betrages zurück.

Mit freundlichen Grüßen

Natascha Lebedewa

Herren (1)

Spanienreise beschweren (2)

.... (3)

.... (4)

.... (5)

.... (6)

.... (7)

.... (8)

.... (9)

.... (10)

.... (11)

.... (12)

.... (13)

.... (14)

.... (15)

Wiederholungstest

1. Ergänzen Sie die fehlenden Präpositionen und den jeweiligen Artikel im richtigen Kasus, wenn nötig.

   1. Brigitte Schweizer lebt schon 25 Jahre .... Niederlanden.
   2. Im nächsten Urlaub fährt sie mit ihrer Familie .... Insel Hiddensee.
   3. Urlaub .... Großstadt ist für Familien mit Kindern nicht attraktiv.
   4. Er wohnt .... Hannover und fährt täglich .... Wolfsburg zur Arbeit.
   5. Heute steht .... Programm der Touristen ein Besuch .... Kunstgalerie, ... Stadtschloss und .... Schlossgarten.
   6. Um 8.00 Uhr treffen sich die Teilnehmer .... Markplatz und gehen dann zu Fuß .... Museumsstraße.
   7. In der Freizeit können die Einwohner der Kleinstadt .... Bibliothek, ... Schwimmbad, ... Sportplatz, ... Vergnügungspark oder .... Einkaufszentrum gehen.

.... /16 Punkte

2. Welches Wort passt? Wählen Sie die richtige Lösung.

   1. Ich suche eine Wohnung in der .... *(Innenstadt/Stadtrand)* von Leipzig.
   2. Am liebsten wäre mir eine .... *(Altbauwohnung/Eigenheim).*
   3. Sie sollte .... *(voll/vollständig)* renoviert sein und eine .... *(gehobene/hohe)* Ausstattung haben.
   4. Die .... *(Nebenkosten/Hauptkosten)* für Heizung, Wasser usw. sollten im Mietpreis .... *(enthalten/erhalten)* seln.
   5. Mein Freund möchte keine Wohnung mieten, sondern er hätte lieber eine .... *(Kaufwohnung/Eigentumswohnung).*
   6. Ich habe kein Geld, eine Wohnung oder ein Haus zu .... *(erwerben/entwerfen).*
   7. Aber so ein Häuschen im .... *(Grünen/Blauen)* – das wäre natürlich auch nicht schlecht.
   8. Man könnte auch eine Wohnung mit .... *(Gartenteil/Gartenanteil)* mieten, vielleicht wäre das eine gute Idee.

.... /10 Punkte

3. Setzen Sie das Relativpronomen und eventuell die Präposition ein.

   1. Das Bundesland, ... sich Leipzig befindet, heißt Sachsen.
   2. Die Rundfahrt beginnt am Völkerschlachtdenkmal, ... ein Wahrzeichen von Leipzig ist.
   3. Die Universität, ... 1409 als Alma Mater Lipsiensis gegründet wurde, ist ein wichtiges Wissenschaftszentrum.
   4. Der Bestand der Deutschen Bücherei Leipzig, ... im Moment über 13 Millionen Medieneinheiten umfasst, wächst ständig.
   5. Sebastian Bach, ... in der Thomaskirche als Kantor arbeitete, lebte lange Zeit in Leipzig.
   6. Der Thomanerchor, ... wahrscheinlich auch viele ausländische Besucher kennen, tritt regelmäßig in der Thomaskirche auf.
   7. Ein Denkmal, ... sehr eng mit der neuen Geschichte Leipzigs verbunden ist, ist das Museum in der „Runden Ecke".
   8. In dem Gebäude, ... die Bezirksverwaltung für Staatssicherheit ihren Sitz hatte, sind heute historische Dokumente zu sehen.
   9. Die jüngste deutsche Vergangenheit, ... sich vor allem junge Leute beschäftigen sollten, steht im Mittelpunkt vieler Ausstellungen.

.... /13 Punkte

4. Formen Sie die Wendungen ins Passiv Präteritum um:

◊	die Gründung der Universität	–	*die Universität wurde gegründet*
1.	der Umbau und die Renovierung der Wohnung	–	....
2.	die Errichtung des Völkerschlachtdenkmals	–	....
3.	die Erhöhung der Miete und der Nebenkosten	–	....
4.	die Kündigung des Mietvertrages	–	....
5.	der Besuch der Thomaskirche	–	....
6.	die Erneuerung des historischen Stadtkerns	–	....
7.	die Erweiterung des Lesesaals	–	....
8.	die Einweihung des neuen Kaufhauses	–	....

.... /8 Punkte

Insgesamt: .... /47 Punkte

Grammatiktraining

Deklination maskuliner Nomen

	Singular		Plural		Singular		Plural	
Nominativ	der	Mann	die	Männer	der	Kollege	die	Kollegen
Akkusativ	den	Mann	die	Männer	den	Kollegen	die	Kollegen
Dativ	dem	Mann	den	Männern	dem	Kollegen	den	Kollegen
Genitiv	des	Mannes	der	Männer	des	Kollegen	der	Kollegen

→ Deklination I

→ Deklination II oder *n*-Deklination

Suchen Sie Nomen für die Gruppen der Deklination II *(n-Deklination)*:

1. Personen und Tiere auf *-e*: *der Kunde,* ....

2. weitere männliche Personen: *der Nachbar,* ....

3. Substantive auf *and, ant, ent, ist*: ....

4. weitere Substantive aus dem Griechischen: ....

5. einige abstrakte Substantive: ....

Durchschnittsbürger

Ergänzen Sie die Nationalitätenvertreter und die Ländernamen. Orientieren Sie sich am Text A2.

Deutsche sind statistische Durchschnittseuropäer

Im statistischen Amt der Europäischen Union *Eurostat* werden alle Daten des Lebens der Europäer von der Geburt bis zum Tod erfasst. Eine Dokumentation (2006) enthüllt, dass die Deutschen in vielen Bereichen im Mittelfeld liegen.

Nach den Angaben dieser Dokumentation haben die .... (F) mit 83,8 Jahren die höchste Lebenserwartung, bei den Männern können die .... (S) mit 78,5 Jahren auf ein langes Leben hoffen. In .... (D) werden die Frauen 82 Jahre, die Männer 76,7 Jahre alt und liegen damit knapp über dem EU-Durchschnitt.

Bei den Geburtenzahlen befinden sich die deutschen Frauen mit je 1,34 Kind unterhalb der Mitte. Eine besonders niedrige Geburtenrate weist .... (PL) mit 1,24 Kind pro Frau auf, Spitzenreiter sind die .... (IRL) mit 1,86.

Die meisten Selbstmorde verübten die .... (LT) – bei den Männern schieden dort statistisch gesehen 67,4 von 100 000 freiwillig aus dem Leben. Trauriger Spitzenreiter beim Tod durch Verbrechen sind die .... (LV). In .... (LV) wurden 10 von 100 000 Bürgern Opfer von Gewalttaten, in .... (IRL) dagegen nur 0,3 von 100 000 Menschen.

Die höchsten Konsumausgaben für Alkohol, Tabak und Betäubungsmittel verzeichneten die .... (L) mit 9,2 Prozent, gefolgt von den .... (H) mit 8,9 Prozent. Die .... (D) gaben 3,4 Prozent ihres Geldes für Alkohol und Zigaretten aus, das entspricht genau dem Durchschnitt in der EU. Auch bei der Anzahl der erlernten Fremdsprachen pro Schüler stimmen die Angaben über die .... (D) mit 1,2 Fremdsprachen genau mit dem europäischen Durchschnitt überein. Die Schüler in .... (L) können immerhin 2,5 Fremdsprachen pro Schüler vorweisen.

Fleißigste EU-Bürger waren *Eurostat* zufolge die .... (A) mit einer wöchentlichen Arbeitszeit von 44,3 Stunden.

Beim technischen Fortschritt, z. B. der Nutzung des Internets, liegen die .... (S) einsam vorn. 80 Prozent aller Einwohner nutzen in .... (S) das Internet, bei den .... (D) sind es nur 59 Prozent. Eine bessere Platzierung erreichen sie beim Bruttojahresverdienst. Dort nehmen die .... (D) hinter den .... (DK) und den .... (GB) mit 41 691 Euro den dritten Platz ein. Weit abgeschlagen an letzter Stelle stehen die .... (BG). Ihr Einkommen beträgt durchschnittlich nur 1 955 Euro im Jahr.

Arbeitsblatt 3

Wortschatztraining

Suchen Sie für die unten stehenden Wörter entsprechende Synonyme aus dem Kasten.
Zu jedem Wort gibt es mehrere Synonyme.

1. die Heimat ....
2. heimatlos ....
3. einheimisch ....
4. heimkehren ....
5. fremd ....
6. ausreisen ....
7. der Auswanderer ....
8. der Umzug ....
9. einbürgern ....
10. das Heim ....
11. das Ausland ....
12. das Grundstück ....
13. die Muttersprache ....

◊ der Emigrant
◊ entwurzelt
◊ der Geburtsort
◊ die Übersiedlung
◊ beheimatet
◊ die Grundfläche
◊ nach Hause kommen
◊ ausländisch
◊ in die Fremde ziehen
◊ der Ausländer
◊ der Ortswechsel
◊ eingliedern
◊ die Landessprache
◊ beheimaten
◊ das Zuhause
◊ fortgehen
◊ das Elternhaus
◊ auswärtig
◊ ortsansässig
◊ die Fremde
◊ die Familie
◊ die Ferne
◊ die weite Welt
◊ das Vaterland
◊ Grund und Boden
◊ auswandern
◊ das Stück Land
◊ die Amtssprache
◊ zugereist
◊ die Verkehrssprache
◊ integrieren
◊ wurzellos
◊ zurückkehren
◊ der Fremde

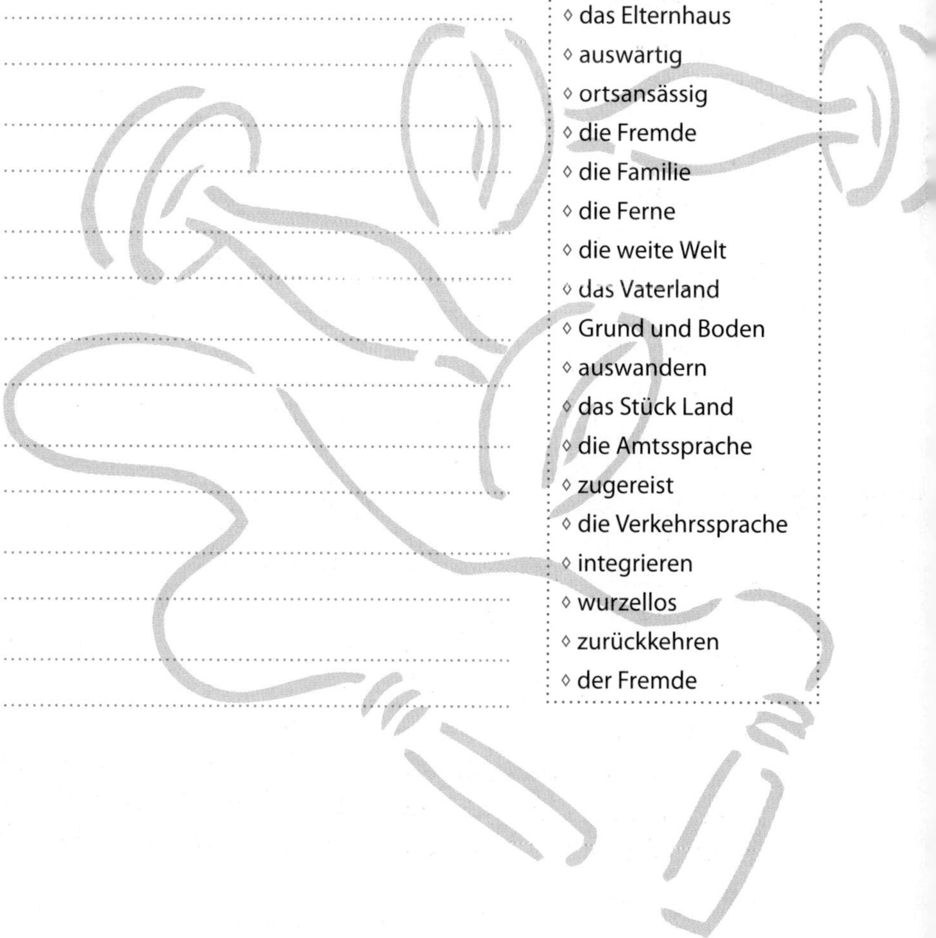

Arbeitsblatt 4: Karten zum Ausschneiden

Heimat und Fremde

Karte 1 Geborgenheit	**Karte 2** Unsicherheit	**Karte 3** Freundlichkeit	**Karte 4** ewiger Sonnenschein	**Karte 5** über den Tellerrand gucken
Karte 6 leckeres Essen	**Karte 7** Kriminalität	**Karte 8** Sprachen lernen	**Karte 9** neue Herausforde-rung	**Karte 10** Omas Küche
Karte 11 Freiheit	**Karte 12** Familie	**Karte 13** einsam sein	**Karte 14** Jobsicherheit	**Karte 15** Was der Bauer nicht kennt, das isst er nicht.
Karte 16 Fremdsprache	**Karte 17** Natur	**Karte 18** neue Bräuche kennenlernen	**Karte 19** Trennung von der Familie	**Karte 20** andere Länder, andere Sitten
Karte 21 Muttersprache	**Karte 22** Freunde	**Karte 23** warmes Klima	**Karte 24** Entwurzelung	**Karte 25** Eigener Herd ist Goldes wert.

Arbeiten im Ausland

Ergänzen Sie beim Hören (Übung A13) die fehlenden Verben und die dazugehörigen Präpositionen.

Frank Wagner: Ich bin gelernter Baumaschinenfahrer und zog 2001 nach Narvik in Norwegen, um dort in einer Gartenbaufirma zu arbeiten. Es brauchte Zeit, bis ich mich .... Land .... und mich hier wohlfühlte. Und das lag nicht nur an dem Wohnwagen, in dem ich ein Jahr lebte. Das Verhalten der Norweger ist anders. Auf dem Bau wird zum Beispiel nie jemand laut, auch wenn er sich noch so sehr .... einen Kollegen oder einen Missstand .... Dazu kamen private Probleme. Meine Frau wollte nicht mitgehen in den kalten Norden – sie blieb in Berlin. Ein bisschen traurig ist es schon, wenn man nach 32 Jahren getrennte Wege geht. Ich habe hier viele Bekannte. Richtige Freunde zu finden ist allerdings schwer. Man ist eben dann doch der Ausländer. Ich .... mich in der Firma jetzt .... Leitungsaufgaben und habe mir gerade ein kleines Haus in Norwegen gekauft. Norwegisch spreche ich inzwischen auch recht gut und ich fühle mich verbunden mit dem Land – die norwegische Landschaft ist wunderschön. Selbst .... die Winter, in denen es kaum hell wird, ... ich mich richtig. Überall liegt dann Schnee und alles ist erleuchtet. .... einem Leben in Deutschland .... ich schon lange nicht mehr und .... eine Rückkehr .... ich nicht.

Paula Fischer: Im August 2005 bin ich von Hamburg nach Dublin übergesiedelt. Ich ging ins Ungewisse. Die Job-Interviews waren per Telefon, ich kannte weder Büros noch Kollegen. Eigentlich wusste ich gar nichts, ich .... mich .... dem Neuanfang, aber ich habe mich .... mein Gefühl ...., dass die Arbeit genau das ist, wo............ ich .... habe. Ich bin jetzt Kundenbetreuerin bei Google. Zwar sind die Lebenshaltungskosten – gemessen am europäischen Standard – recht hoch. Aber ich verdiene gut und in Deutschland konnte ich nach meinem Studium keine Stelle finden, obwohl ich offen bin und mich .... viele Dinge .... Die Iren sind sehr kontaktfreudig. An der Bushaltestelle sitzt du keine zehn Minuten, ohne dass dich jemand anspricht: Anschluss zu finden ist hier sehr leicht. Ob ich hier bleibe, weiß ich noch nicht. Vielleicht .... ich mich ja .... einen Iren! Es ist aber auch möglich, dass ich wieder in meine Heimat ziehe.

Ulrich Haas: Ich lebe das, wo............ wahrscheinlich viele Deutsche mal ...., wenn ihnen der Alltagsstress über den Kopf wächst. Mehr als 25 Jahre wohne ich jetzt in Griechenland. Ich bin Anfang der 1980er-Jahre .... dem Stress, der Hektik und den Alltagsproblemen .... Ja, ich bin ein Aussteiger. Ich sehnte mich nach Sonne, Wärme und Ruhe. Jetzt .... ich mich .... einem einfachen, zurückgezogenen Leben. Ich bin Arzt und behandle meine Patienten kostenfrei. Wir leben von unserem Olivenöl und einigen wunderbaren Produkten befreundeter Bauern. Wir .... Dorfgemeinschaft. Natürlich ist auch hier nicht alles eitel Sonnenschein. Wenn jemand .... die deutsche Bürokratie ...., soll er bitte mal hierher kommen und mich einen einzigen Tag durch die Ämter begleiten. Er wird in Zukunft .... Deutschland .... und .... dem Sozialwesen und dem Gesundheitswesen. Nach Deutschland möchte ich aber nicht zurück, auch nicht im Alter.

Anke Seidel: Ich bin im Juli 2006 nach Tirol gezogen, weil ich in Hannover nie eine feste Stelle als Kellnerin bekommen habe. Die ständige Jobsuche hat mich genervt. Man hat uns aber .... einem schnellen Umzug ins Ausland .... Erst als auch mein Mann eine Arbeit als Kfz-Mechaniker in Österreich gefunden hatte, sind wir mit den Kindern umgezogen. Hier liegen die Jobs auf der Straße. .... einen Mangel an Arbeit kann ich mich nicht .... Allerdings fühle ich mich nach anderthalb Jahren Tirol immer noch nicht so richtig heimisch, ich mag vor allem die Berge nicht. Ich muss zugeben, dass ich oft Heimweh habe, und ich finde es schade, dass ich mich nicht mehr richtig .... meine Eltern .... kann. Aber meine Kinder und mein Mann wollen .... die bergige Landschaft und ihr neues Zuhause nicht mehr .... Ich selbst ...., dass ich eines Tages nach Deutschland zurückkehre.

Arbeitsblatt 6

Wortschatztraining

Finden Sie sinnverwandte Verben zu den folgenden Nomen. Orientieren Sie sich an Übung A17.

1. der Beginn — *beginnen, anfangen, starten*
2. die Versammlung ……………
3. das Gespür ……………
4. die Enttäuschung ……………
5. die Gewohnheit ……………
6. der Fehlschlag ……………
7. der Anfang ……………
8. die Tagung ……………
9. die Beratung ……………
10. die Verhandlung ……………
11. die Rücksicht ……………
12. die Einladung ……………
13. das Missverständnis ……………
14. die Kritik ……………
15. die Information ……………
16. die Planung ……………
17. die Geduld ……………
18. die Abwechslung ……………
19. die Herausforderung ……………
20. der Traum ……………
21. der Klatsch und der Tratsch ……………
22. die Einbürgerung ……………
23. der Umzug ……………
24. die Auswanderung ……………
25. die Umsiedlung ……………

Kommentar zum Referat

1. Was waren für Sie die wichtigsten inhaltlichen Punkte des Vortrags?

1. ....
....
....
....

2. ....
....
....
....

3. ....
....
....
....

2. Was hat Ihnen an dem Vortrag besonders gut gefallen?

1. ....
....
....
....

2. ....
....
....
....

3. ....
....
....
....

3. Welche Fragen haben Sie noch? Was fehlte Ihrer Meinung nach in dem Vortrag?

1. ....
....
....
....

2. ....
....
....
....

3. ....
....
....
....

Arbeitsblatt 8

Ein Ausflug in den Spreewald

1. Bilden Sie sinnvolle Nomen und schreiben Sie diese mit dem Artikel auf. Orientieren Sie sich an der Übung B5.

1

Fahr-reservat	....
Biosphären-~~gurke~~	....
~~Knoblauch~~-rad	die Knoblauchgurke

2

Kräuter-fahrt	....
Bühnen-garten	....
Kahn-kunst	....

3

Fluss-würdigkeiten	....
Freiland-landschaft	....
Sehens-museum	....

4

Sole-oper	....
Ballett-anbau	....
Gemüse-bad	....

5

Spree-werk	....
Abend-wald	....
Hand-veranstaltung	....

6

Pfeffer-netz	....
Wasserwege-garten	....
Sauna-gurke	....

2. Welche Sätze gehören zusammen?

(1) Im Freilandmuseum Lehde wurden altwendische Hofanlagen

(2) Informieren Sie sich

(3) Bestaunen auch Sie die wunderbare Flusslandschaft

(4) Lernen Sie auf sportliche Weise zahlreiche Sehenswürdigkeiten kennen,

(5) In den einzelnen Gebäuden wird gezeigt,

(6) Diese Flusslandschaft gehört

(7) Die Sole kommt direkt

(a) ... an denen Sie der Weg vorbeiführt.

(b) ... aus den Tiefen des Spreewalds.

(c) ... wie die Sorben früher wohnten und lebten.

(d) ... aus verschiedenen Teilen des Spreewalds aufgebaut.

(e) ... zu den schönsten und einzigartigsten Naturschutzgebieten Europas.

(f) ... über die Herstellung der Spreewaldgurke und die Tradition des Gemüseanbaus.

(g) ... bei einer halbtägigen Kahnfahrt.

Wiederholungstest

1. Ergänzen Sie die passenden Nomen mit Artikel im Singular oder Plural.

der Herr ◊ der Gedanke ◊ der Großbuchstabe ◊ der Experte ◊ der Kollege ◊ der Nachbar ◊ der Zeuge ◊ der Löwe ◊ der Franzose ◊ der Diplomat ◊ der Name ◊ der Geldautomat

1. Wir sollten hier .... um Rat fragen.
2. .... hat mit seiner Aussage wesentlich zur Aufklärung des Diebstahls beigetragen.
3. Am 14. Juli begehen .... ihren Nationalfeiertag.
4. Er hat heute um 14.00 Uhr ein Gespräch mit ....
5. Der Ministerpräsident hält vor .... eine Rede zur Situation im Land.
6. Danach treffen sich die Damen und .... zum Umtrunk.
7. Der Garten .... sieht immer sehr gepflegt aus.
8. Sogar .... steht in goldenen Buchstaben auf einem großen Schild.
9. In der deutschen Sprache beginnen die Nomen mit ....
10. Frau Hilbert hat immer wenig Bargeld in der Tasche. Sie geht lieber öfter zu.......... ....
11. In Lessings Fabeln spielt .... oft eine zentrale Rolle.
12. Träume und .... kennen keine Schranken.

.... /12 Punkte

2. Suchen Sie zu den Nomen die entsprechenden Verben mit Präposition und Kasus.

◊ der Gedanke *denken + an + Akkusativ*
1. das Interesse ....
2. der Dank ....
3. die Beschäftigung ....
4. die Freude ....
5. der Ärger ....
6. die Furcht ....
7. der Traum ....
8. die Erinnerung ....
9. der Verzicht ....
10. die Liebe ....
11. die Gratulation ....
12. die Diskussion ....
13. die Beschwerde ....

.... /13 Punkte

3. Ergänzen Sie die Präpositionen und die Artikelendungen.

1. Der kleine Junge fürchtet sich .... d.......... Löwen.
2. Er träumt aber auch oft .... ein.......... Riesen.
3. Die Schüler freuen sich schon im Winter .... d.......... Sommerferien.
4. Monika beschäftigt sich in ihrer Freizeit .... d.......... Malerei.
5. Herr Allbach kann sich nicht .... d.......... neue Umgebung gewöhnen.
6. Er ärgert sich vor allem .... d.......... starken Verkehr.
7. Diese Eltern können sich .... ihr.......... Kinder verlassen.
8. Interessierst du dich .... d.......... aktuelle Politik?
9. Wir erinnern uns gern .... d.......... Jugendzeit.
10. Er hat .... d.......... Besuch zu so später Stunde nicht gerechnet.

.... /10 Punkte

4. Verbinden Sie die beiden Sätze miteinander. Nutzen Sie die Konjunktionen *weil, denn, deshalb, deswegen.*

1. Sie hat großen Durst. Sie bestellt sich eine Apfelschorle.

   ....

2. Er hat Hunger. Er bestellt sich einen Döner.

   ....

3. Er stand im Stau. Er kam eine Stunde zu spät zur Vorlesung.

   ....

4. Die Kinder sind krank. Sie können nicht in die Schule gehen.

   ....

5. Montags arbeite ich immer länger. An dem Tag habe ich besonders viel zu tun.

   ....

6. Er spricht ausgezeichnet Italienisch. Er hat lange in Italien gelebt.

   ....

7. Er will nach Norwegen auswandern. Dort findet er sicher einen Job.

   ....

8. Die Waschmaschine ist kaputt. Ich kann die Wäsche nicht waschen.

   ....

9. Heute ist es draußen heiß. Sie zieht ein leichtes Kostüm an.

   ....

10. Er hat in der Schule Sorbisch gelernt. Seine Eltern sind Sorben.

   ....

.... /10 Punkte

Insgesamt: .... /45 Punkte

Telefongespräch

Formulieren Sie das folgende Telefongespräch höflicher.

		So ist es höflicher:
Frau Massini:	Hallo! Wer ist da?	....
Rezeptionist:	Hallo! Was wollen Sie?	....
Frau Massini:	Haben Sie eine Sprachabteilung? Ich will Deutsch lernen.	....
Rezeptionist:	Wenn es unbedingt sein muss.	....
Frau Massini:	Aber schnell.	....

Herr Blum:	Ja, hallo. Hier die Sprachabteilung.	....
Frau Massini:	Ich will Deutsch lernen und mein Niveau wissen.	....
Herr Blum:	Kein Problem. Sie müssen einen Test machen. Dann wissen wir alles.	....
Frau Massini:	Wann?	....
Herr Blum:	Kommen Sie übermorgen Abend um 19.00 Uhr vorbei.	....
Frau Massini:	Übermorgen Abend kann ich nicht.	....
Herr Blum:	Wann können Sie dann?	....
Frau Massini:	Morgen früh.	....
Herr Blum:	Gut. Morgen früh um 9.30 Uhr. Aber pünktlich.	....
Frau Massini:	Ich kann um 9.30 Uhr. Und ist der Test teuer?	....
Herr Blum:	Nein, kostenlos.	....
Frau Massini:	Alles klar.	....
Herr Blum:	Okay. Tschüss.	....

Arbeitsblatt 2

Wichtige Telefontipps

Ordnen Sie den jeweiligen Abschnitten eine passende Überschrift zu.

Achten Sie auf Ihre Körpersprache. ◊ Auch Ihr Vokabular ist wichtig! ◊ Fassen Sie sich kurz. ◊ Vorbereitung und Kontrolle sind alles. ◊ Der erste Eindruck zählt. ◊ Ein guter Gesprächsaufbau führt zum Ziel. ◊ Ihre Stimmlage verkörpert Kompetenz.

....

Melden Sie sich als Anrufer deshalb freundlich mit Gruß, Vor- und Nachnamen sowie mit dem Namen der Firma. Da wir uns die letzte Information am besten merken, sollte der Firmenname hinter dem Gruß folgen.

....

Im Stress krümmen wir uns instinktiv zusammen. Die Stimme klingt gepresst, wenig souverän. Sitzen Sie gerade oder stehen Sie auf. Ihr Zwerchfell ist nicht zusammengedrückt, Ihre Stimme erhält mehr Resonanzraum, wird voller und überzeugender. Und lächeln Sie – immer! Stimme kommt von Stimmung, der andere kann Ihre Stimmung „hören".

....

Vor allem Frauen telefonieren oft eine Oktave zu hoch. Entspannen Sie Ihre Stimmbänder. Je tiefer Sie den Kopf halten, desto tiefer wird Ihre Stimme.

....

Monologe ermüden schnell. Telefontrainer empfehlen, maximal drei bis fünf Sätze hintereinander zu sprechen. Bauen Sie keine Schachtelsätze. Ab 16 Wörtern pro Satz besteht die Gefahr, dass Sie Ihren Zuhörer überfordern. Aber Vorsicht: Kürze heißt nicht Tempo! Sprechen Sie langsam und mit kurzen Pausen.

....

Kombinieren Sie Inhalte mit ausgesuchter Höflichkeit. Wenn Sie Ihren deutschen Gesprächspartner mehrmals während des Telefonats mit seinem Namen ansprechen, geben Sie ihm das Gefühl, dass er wichtig ist.

....

Formulieren Sie Ihre Argumente vor. Legen Sie sich eine Frageliste an und notieren Sie das Gespräch mit. Stellen Sie, um Missverständnissen vorzubeugen, Rückfragen, z. B.: *Sie meinen also, dass …*

....

Streichen Sie Wörter wie *wahrscheinlich*, *vielleicht* oder *irgendwie*. Das signalisiert Unsicherheit. Vermeiden Sie Negativwörter oder Wendungen wie *Da lässt sich nichts machen* oder *Das geht nicht*. Formulieren Sie alles positiv!

Verben mit Nominativ, Dativ und Akkusativ

Viele Verben, die den Nominativ, Dativ und Akkusativ verlangen, gehören

a) **zu den Verben des Gebens oder des Nehmens:** leihen ◊ schenken ◊ übergeben ◊ stehlen ◊ schicken ◊ liefern ◊ überreichen ◊ verkaufen ◊ bringen ◊ geben ◊ rauben ◊ wegnehmen ◊ borgen ◊ senden

oder

b) **zu den Verben des Mitteilens:** anvertrauen ◊ erzählen ◊ melden ◊ schreiben ◊ mitteilen ◊ wünschen ◊ empfehlen ◊ bewilligen ◊ erklären ◊ sagen ◊ verbieten ◊ faxen ◊ versprechen ◊ vorschlagen

Im Dativ steht oft eine Person und im Akkusativ eine Sache.

1. Vervollständigen Sie die Sätze.

◊ Ich habe *dir* gestern *einen Kugelschreiber* geliehen.

1. Hat er .... bereits .... geschenkt?
2. Der Rechtsanwalt hat .... vorige Woche .... übergeben.
3. Der Dieb hat .... vor acht Wochen .... gestohlen.
4. Die Sekretärin wird .... nachher .... schicken.
5. Die Fabrik wird .... laut Vertrag .... liefern.
6. Hast du .... schon .... überreicht?
7. Der Händler verkaufte .... am Dienstag ....
8. Der Kellner wird .... gleich .... bringen.

2. Vervollständigen Sie die Sätze.

◊ Er vertraute *ihr* gestern *ein Geheimnis* an.

1. Großmutter erzählte .... abends immer ....
2. Der Feuerwehrmann hat .... rechtzeitig .... gemeldet.
3. Der Rechtsanwalt hat .... vorige Woche .... geschrieben.
4. Wir haben .... gestern .... mitgeteilt.
5. Ich wünsche .... zum Geburtstag ....
6. Ich empfehle .... unbedingt ....
7. Wir bewilligen .... sicherlich ....
8. Der Lehrer erklärte .... mit viel Geduld ....

3. Bilden Sie Sätze mit den vorgegebenen Wörtern. Das erste Wort ist immer das Subjekt.

◊ der Lieferant – mailen – die Messegesellschaft – eine Preisliste

Der Lieferant mailt der Messegesellschaft eine Preisliste.

1. wir – morgen – sagen – Bescheid – Herr Müller

   ....

2. du – verbieten – die Kinder – nie – die Süßigkeiten – ?

   ....

3. die Sekretärin – faxen – das Angebot – der Kunde

   ....

4. die Arbeitgeber – versprechen – die Arbeitnehmer – mehr Lohn

   ....

5. er – vorschlagen – sein Geschäftspartner – ein neuer Termin

   ....

Arbeitsblatt 4

Letzte Ausfahrt Uni

In dem Text gibt es viele zusammengesetzte Nomen. Ergänzen Sie den zweiten Teil der Nomen. Orientieren Sie sich am Text A31.

■ Letzte Ausfahrt Uni

Manche Abiturienten stolpern ins nächstbeste Fach, nur weil sie immer so gute Deutsch .... geschrieben haben oder der Bio- .... so sympathisch war. Doch die Mehrheit entscheidet sich viel planvoller für einen Studien .... – aus purem Interesse und wegen der Berufs .... Das hat das Hannoveraner Hochschul-Informations-System (HIS) bei einer Umfrage unter Studien- .... herausgefunden. „Und die, die nicht wissen, was sie studieren sollen, landen bei Jura", sagt der Konstanzer Bildungs .... Tino Bargel.

Die HIS-Studie stützt einige weitere Klischees: Natürlich sind es überwiegend Studierende der Wirtschafts- und Rechts- ...., die ihr Studium aus beruflichen Gründen begonnen haben. 42 Prozent der Wirtschafts .... und 45 Prozent der Juristen wollen später selbstständig arbeiten und viel Geld verdienen. Von den Kunst .... wollen das nur 7 Prozent, und auch bei den Lehramts .... ist es gerade mal jeder Achte. Sie halten soziale Aspekte für wichtiger: 17 Prozent wollen zu Veränderungen beitragen und anderen helfen. Insgesamt haben, der HIS-Studie zufolge, 86 Prozent der Studien- .... bereits einen

festen Berufs ...., die wenigsten studieren einfach nur so, weil es cool ist oder das Studium ein lockeres Leben verspricht. Besonders junge Männer haben oft nur die eigene Karriere im Blick, deshalb studieren so viele von ihnen Betriebswirtschaftslehre (BWL), Jura oder Informatik.

Aber die Frauen stehen ihnen dabei nicht wirklich nach. Eine Abiturientin, die gerne Germanistik studiert hätte, entschied sich dann doch für Psychologie, weil sie meinte, damit hätte sie im späteren Berufs .... mehr Möglichkeiten, eine andere, die eigentlich nur Romanistik studieren wollte, wählte als Neben .... Informatik – IT sei eben gefragt.

Neben den Berufs .... achten die zukünftigen Studenten bei der Wahl ihres Faches auf den Studien .... Was zählt, ist das Umfeld: nach Hamburg oder nach Köln wegen der Medien, nach Berlin wegen des Nacht ...., nach München wegen der Nähe zu den Alpen und zu Italien. Wer weg will vom heimischen Herd, geht in die Metropolen oder an die Traditions .... wie Freiburg, Göttingen oder Münster. Egal, wie schlecht die Studien .... dort sind. Hochschul .... spielen übrigens fast gar keine Rolle – umso mehr jedoch die Entfernung vom Heimat- .... Früher gab es mehr Abiturienten, die sich nach dem Blick auf die Deutschland- .... für die Uni entschieden, die am weitesten vom Eltern .... entfernt liegt. Heute gehen zwei Drittel aller Studenten an die Uni, die bei Mutti um die Ecke liegt. Manche scheuen schlicht die Kosten für eine eigene Bude, andere wollen bei ihren Schul- .... bleiben.

Wortschatzarbeit

Ergänzen Sie die Sätze zu den Themen *Telefonieren, Besprechung* und *Korrespondenz.*

1. Kann ich .... helfen?
2. Was kann ich für Sie ....?
3. Möchten Sie .... hinterlassen?
4. Ich halte Sie auf dem ....
5. Soll ich Herrn Müller etwas ....?
6. Frau Buschmann ist im .... nicht zu erreichen.
7. Ich werde die Nachricht selbstverständlich ....
8. Herr Sieber ist momentan außer ....
9. Ich .... gern die Sekretärin gesprochen.
10. Könnten Sie mich mit dem Kundendienst ....

1. Wir .... Sie gern über unsere Tagungsmöglichkeiten.
2. Bei jeder Sitzung wird ein .... geschrieben.
3. An der Besprechung .... alle Mitarbeiter ....
4. Auf der .... stehen heute folgende Punkte.
5. Ich .... folgende Punkte vor.
6. Wir .... heute über die Umstrukturierung der Abteilungen.
7. Die Besprechung .... um 13.00 Uhr im Raum 307 ....
8. Der Diskussionsleiter .... einen Vorschlag und lässt die Teilnehmer Ideen ....
9. Am Ende werden konkrete Beschlüsse ....
10. Das ist wirklich ein .... Gesprächsbeitrag.

1. Wir sind .... nach neuen Mitarbeitern.
2. Im Internet haben wir Ihre .... gelesen.
3. Wir .... uns auf Ihr Angebot.
4. Wir danken Ihnen im ....
5. Wir .... uns für Ihr Angebot.
6. Wir möchten gern einen Katalog ....
7. In der .... senden wir Ihnen den Vertrag.
8. Die Anschrift des .... steht im Briefkopf.
9. Wir haben großes .... an einer weiteren Zusammenarbeit.
10. Mit .... Grüßen

Arbeitsblatt 6

Brief

Bringen Sie die Sätze des Brieftextes in eine sinnvolle Reihenfolge und unterteilen Sie den Text in Absätze. Schreiben Sie den Brief in den unteren Kasten.

Angebot zu „Leipzig und die Wende"

Sehr geehrte Frau Weber,

◊ (1) Der Preis eines Exemplars „Leipzig und die Wende" beträgt 16 Euro zzgl. 1 Euro Versandkosten pro Exemplar. ◊ (2) wir danken Ihnen für Ihre Anfrage vom 27.9. und freuen uns, ◊ (3) In der Anlage senden wir Ihnen die Rechnung sowie unser neues Verlagsprogramm für das nächste Halbjahr und hoffen, ◊ (4) Wir meinen, dass das praktische Taschenbuch für Pädagogikstudenten im Ausland sehr gut geeignet ist. ◊ (5) Mit freundlichen Grüßen Helmut Koch ◊ (6) senden wir Ihnen die Bücher zu. ◊ (7) Unsere Lieferzeit ins benachbarte Ausland beträgt etwa vier Tage. ◊ (8) dass Sie an unserem Verlagsprogramm und insbesondere an dem Titel „Leipzig und die Wende" interessiert sind. ◊ (9) Sobald der Betrag von 646 Euro auf unserem Konto verbucht ist, ◊ (10) dass Sie auch weiterhin Interesse an unserem Verlagsprogramm und unseren Titeln haben. ◊ (11) Wir können Ihnen zum Gesamtpreis von 680 Euro eine Ermäßigung von fünf Prozent anbieten.

Vertriebsleiter
Verlag Land & Leute

Angebot zu „Leipzig und die Wende"

Sehr geehrte Frau Weber,

....
....
....
....
....
....
....
....
....
....
....
....
....
....
....
....
....
....
....

Vertriebsleiter
Verlag Land & Leute

Wiederholungstest

1. Ergänzen Sie den Artikel und die Pluralform.

Artikel		Plural
....	Telefonnummer	....
....	Überstunde	....
....	Arbeit	....
....	Sparkonto	....
....	Unternehmen	....
....	Monat	....
....	Ergebnis	....
....	Reallohn	....
....	Zeitraum	....
....	Arbeitstag	....
....	Rente	....
....	Termin	....
....	Nachricht	....
....	Woche	....
....	Uhr	....

.... /15 Punkte

2. Ergänzen Sie das Verb im Konjunktiv II.
   1. .... Sie mich bitte mit Frau Herz verbinden?
   2. Ich .... gern Herrn Krause gesprochen.
   3. .... Sie bitte Ihren Namen buchstabieren?
   4. .... Sie eine Nachricht hinterlassen?
   5. Wann .... Sie Zeit?
   6. .... es auch eine Stunde früher?
   7. Es .... jedenfalls noch heute sein.
   8. Übermorgen .... mir lieber.
   9. .... Sie so nett und sagen Sie Frau Herz auch Bescheid.
   10. .... Sie mich bitte auf dem Laufenden halten?

.... /10 Punkte

3. Schreiben Sie mindestens ein Synonym zu den unterstrichenen Wörtern:

   1. die Tagung leiten ....
   2. einen Termin festlegen ....
   3. Wann wäre es Ihnen recht? ....
   4. den Termin in den Kalender einschreiben ....
   5. einen Termin verlegen ....

.... /5 Punkte

4. *Sie* oder *Ihnen?* Ergänzen Sie.

   1. Wir begrüßen .... herzlich in unserem Unternehmen.
   2. Wir wünschen .... einen angenehmen Aufenthalt.
   3. Ich danke .... für Ihren interessanten Redebeitrag.
   4. Wo kann ich .... treffen?
   5. Wann kann ich .... zurückrufen?
   6. Es freut uns, dass wir .... helfen konnten.
   7. Ich kann .... leider überhaupt nicht verstehen. Die Verbindung ist sehr schlecht.
   8. Wir halten .... auf dem Laufenden.
   9. Wir antworten ...., sobald wir die Ergebnisse haben.
   10. Ich soll .... ausrichten, dass Herr Schulz gleich kommt.
   11. Darf ich .... zum Essen einladen?
   12. Ich verbinde .... mit dem Kundendienst.
   13. Wir danken .... im Voraus.
   14. Wir können .... die Termine erst in der nächsten Woche mitteilen.
   15. Ich wünsche .... alles Gute.

.... /15 Punkte

Insgesamt: .... /45 Punkte

Grammatik- und Wortschatztraining

Ergänzen Sie die temporalen Präpositionen.
Manchmal gibt es mehrere Möglichkeiten oder überhaupt keine Präposition.

Wann?

1. .... Mitternacht
2. .... Wochenende
3. .... 10.45 Uhr
4. .... Augenblick
5. .... Dienstagabend

Wann?

6. .... Weihnachten
7. .... Urlaub
8. .... Pause
9. .... Vormittag
10. .... Nacht

Wann?

11. .... zwei Wochen
12. .... 18. Jahrhundert
13. .... Besprechung
14. 2009
15. .... Mai 2009

Wann?

16. .... 25.6.1936
17. .... Anfang der Woche
18. .... Jahre 2004
19. .... Pfingsten
20. .... Sonntag

Wann?

21. .... dreißigsten April
22. .... Ende des Jahres
23. .... Herbst
24. .... Ferien
25. .... 13 und 14 Uhr

Mündlicher Ausdruck zum Thema *Zeit*

1. Halten Sie einen Kurzvortrag.
   Präsentieren Sie das Thema und den Inhalt des Textes. Sprechen Sie etwa drei Minuten.

   Nehmen Sie kurz persönlich dazu Stellung:
   - Welche Aussage enthält die Meldung?
   - Welche Beispiele fallen Ihnen dazu ein?
   - Welche Meinung haben Sie dazu?

„Keine Zeit haben", „unter Zeitdruck stehen", „gestresst sein" – Das sind Verbindungen, an die man bei dem Wort *Zeit* zuerst denkt. Die Liste kann leicht fortgesetzt werden. Auch viele Sprichwörter beschäftigen sich mit dem Phänomen *Zeit*: „Zeit ist Geld" oder „Eile mit Weile". Im Zusammenhang mit der Zeit wünscht man sich, in Ruhe arbeiten zu können, aufzutanken nach einem Arbeitstag und unbeschwert in der Freizeit seinen Hobbys nachzugehen. Alle diese Wünsche haben etwas mit Lebensqualität zu tun. Im alltäglichen Tun steht jedoch die Quantität und das Ausnutzen der Zeit im Vordergrund. Fragt man die Mitmenschen nach ihrem persönlichen Verhältnis zur Zeit, so empfinden die meisten unsere heutige Zeit schnelllebiger und hektischer als früher.

Und was heute noch Gültigkeit hat, kann morgen schon wieder „out" sein. Früher gab es *Notzeiten*, heute kehrt sich das Wort um und es gibt *Zeitnot*. Gleichzeitig steigen jedoch die Lebenserwartung und das Lebensalter. Objektiv betrachtet steht einem Menschen mehr Lebenszeit zur Verfügung und dennoch haben die meisten Menschen das Gefühl, keine Zeit zu haben. Sie fühlen sich oft bedrängt und gehetzt.

2. Wählen Sie eine Situation zum Thema *Zu spät* aus und spielen Sie diese mit Ihrem Gesprächspartner nach.

Karte 1

Es ist Ihr erster Arbeitstag in einer neuen Firma. Sie fahren zeitig von zu Hause los, um nicht zu spät zu kommen. Aber auf der Autobahn ist wegen eines Unfalls Stau und Sie kommen fast eine halbe Stunde zu spät. Der neue Chef ist verärgert und lässt keine Entschuldigung gelten. Können Sie den Chef trotzdem noch umstimmen?

Karte 2

Geschafft. Im letzten Moment konnten Sie noch in die U-Bahn springen, an der folgenden Haltestelle steigt jedoch ein Kontrolleur ein. In der Hektik haben Sie völlig vergessen, Ihren Fahrschein zu entwerten. Der Kontrolleur fordert einen Betrag von 60 Euro. Sie schaffen es, sich geschickt herauszureden, obwohl der Kontrolleur ziemlich hartnäckig ist.

Karte 3

Sie haben völlig vergessen, sich für einen Deutschkurs im Goethe-Institut anzumelden. Zwei Tage vor Beginn des Kurses sprechen Sie mit der Sekretärin am Telefon. Der Kurs ist voll belegt, aber Sie wollen unbedingt noch mitmachen. Schaffen Sie es, die Sekretärin von Ihrer dringenden Teilnahme zu überzeugen?

Arbeitsblatt 3, Seite 1: Karten zum Ausschneiden

Bücherkiste [1]

Buchankündigung 1

Daniel Kehlmann

Titel: ....

Genre: ....

Gegen Ende des 18. Jahrhunderts machen sich zwei junge Deutsche an die Vermessung der Welt. Der eine ist Alexander von Humboldt. Er kämpft sich durch Urwald und Steppe, befährt den Orinoko, erprobt Gifte im Selbstversuch, zählt Kopfläuse, kriecht in Erdlöcher, besteigt Vulkane und begegnet Seeungeheuern und Menschenfressern. Der andere ist der Mathematiker und Astronom Carl Friedrich Gauß. Er kann zwar sein Leben nicht ohne Frauen verbringen, springt aber doch in der Hochzeitsnacht aus dem Bett, um eine Formel zu notieren. 1828 treffen sich die beiden berühmten alten Männer in Berlin. In seinem philosophischen Abenteuerroman beschreibt Kehlmann das Leben zweier Genies.

(Rowohlt-Verlag)

Buchankündigung 2

Bettina von Kleist

Titel: ....

Genre: ....

Ersehnt und gefürchtet zugleich: der Wechsel vom Berufsleben in den Ruhestand. Gewohnte Abläufe im Alltag sind plötzlich weg, freie Zeit gibt es im Überfluss. Was fängt man mit ihr an? Nicht selten entstehen Konflikte im Zusammenleben mit dem Partner. Wie viel Anpassung und wie viel Distanz verlangt die neue Zweisamkeit? Wie sollen gesundheitliche und finanzielle Einschränkungen bewältigt werden? Bettina von Kleist befragte Paare, wie sie mit diesen ungewohnten Problemen umgehen. Die Autorin hat Langzeitstudien und repräsentative Umfragen ausgewertet und macht in ihrem Bestseller auf amüsante Art und Weise auf Chancen und Möglichkeiten aufmerksam, die der neue Freiraum „Ruhestand" für Paare bietet.

(Christoph Links Verlag)

Buchankündigung 3

Frank Schätzing

Titel: ....

Genre: ....

Vor Peru verschwindet ein Fischer spurlos. Norwegische Ölbohrexperten stoßen auf merkwürdige Organismen, die Hunderte Quadratkilometer Meeresboden in Besitz genommen haben. Auch mit den Walen entlang der Küste British Columbias geht eine unheimliche Veränderung vor. Zunächst kann man keine Zusammenhänge erkennen. Doch der Biologe Sigur Johanson und der Walforscher Leon Anawak glauben nicht an Zufälle. Tatsächlich kündigt sich kurz darauf eine Katastrophe an. Ein erschreckender Feldzug der Natur gegen die Menschen beginnt. Frank Schätzing hat einen atemberaubenden Öko-Thriller mit Tempo und Tiefgang inszeniert.

(Fischer-Verlag)

Buchankündigung 4

Matthias Uelschen

Titel: ....

Genre: ....

In diesem Finanzratgeber werden unterschiedliche Geldanlagen bewertet. Bevor Matthias Uelschen jedoch hilfreiche und deutliche Finanztipps für den unentschlossenen Anleger gibt, erzählt er Geschichten von Menschen, die durch falsches Geldmanagement Schulden gemacht haben oder sonstige Fehler begingen. Mit Beispielrechnungen und Metaphern versucht er den Leser davon zu überzeugen, dass eine langfristige Geldanlage am sinnvollsten ist. Denjenigen, die keine große Summe auf einmal anlegen können, empfiehlt der Autor, monatlich einen bestimmten Betrag vom Einkommen wegzulegen. Die Lektüre dieses Ratgebers ersetzt garantiert das Gespräch mit einem Bankberater.

(Econ)

Bücherkiste [2]

Buchankündigung 5

Cornelia Funke
Titel: ....
Genre: ....

In einer stürmischen Nacht taucht ein unheimlicher Gast bei Meggie und ihrem Vater Mo auf. Er warnt Mo vor einem Mann namens Capricorn. Am nächsten Morgen reist Mo überstürzt mit Meggie zu Tante Elinor. In Elinors Bibliothek versteckt Mo das Buch, um das sich alles dreht. Dieses Buch gerät in den Mittelpunkt einer unglaublich magischen und atemberaubenden Geschichte, in der Meggie nicht nur das Geheimnis um Capricorn löst, sondern selbst auch in große Gefahr gerät. Cornelia Funke, auch die deutsche Rowling genannt, hat einen geheimnis- und fantasievollen Abenteuerroman geschrieben, der für Leser ab zehn Jahren geeignet ist.

(Dressler-Verlag)

Buchankündigung 6

Uwe Timm
Titel: ....
Genre: ....

In Erinnerung an seine Kindheit macht sich der Erzähler auf die Suche nach der ehemaligen Besitzerin einer Imbissbude in Hamburg. Er findet Lena Brückner in einem Altersheim und erfährt die Geschichte ihrer „schönsten Jahre" und wie es zur Entdeckung der Currywurst kam. Der Bogen spannt sich weit zurück in die letzten Apriltage des Jahres 1945. Uwe Timm gestaltet in diesem Roman eine rührende, fantastische, aber auch vergnügliche Liebesgeschichte.

(Kiepenheuer & Witsch)

Buchankündigung 7

Maik Kopleck
Titel: ....
Genre: ....

Mit dem Ende des Zweiten Weltkrieges wurde Berlin zu einem der Hauptschauplätze des Kalten Krieges. Nach der Aufteilung der Stadt in vier Sektoren kam es 1948 zur Blockade Westberlins. Nach dem Volksaufstand vom 17. Juni 1953 und dem Mauerbau 1961 folgte Kennedys berühmtes Bekenntnis: „Ich bin ein Berliner" und später Reagans Forderung: „Mr. Gorbatschow, tear down this wall." Doch wo genau hat das alles stattgefunden? Der heutige Berlin-Besucher kennt zwar meist die Ereignisse, aber er wird es schwer haben, bei seinen Spaziergängen die Orte zu finden. Der „PastFinder" hilft. Er stellt alle wichtigen Schauplätze der Nachkriegsgeschichte in Berlin und Umgebung vor und macht sie anhand mehrerer Karten und eines farbigen Leitsystems leicht auffindbar.

(Christoph Links Verlag)

Buchankündigung 8

Christine Nöstlinger
Titel: ....
Genre: ....

Christine Nöstlinger ist eine begeisterte und ausgezeichnete Köchin. Sollten Sie ein begeisterter Esser sein, der Tiefkühlpizzen und Dosengulasch schon nicht mehr sehen kann, dann ist das Buch „Mit zwei linken Kochlöffeln" genau das Richtige für Sie. Die Autorin stellt einfache, aber wohlschmeckende Rezepte vor. Vom handfesten Gulasch bis zur edlen Thunfisch-Mousse ist hier alles vertreten und für jedermann verständlich erklärt. Dazu gibt es jede Menge nützliche Tricks, schmackhafte Tipps und witzige kulinarische Betrachtungen. Lassen Sie sich einkochen, es lohnt sich!

(Dachs-Verlag)

Arbeitsblatt 4: Karten zum Ausschneiden

Begriffe beschreiben und erraten

Karte 1 das Training	**Karte 2** der Torwart	**Karte 3** der Tennisschläger
Karte 4 die Silbermedaille	**Karte 5** der Eiskunstlauf	**Karte 6** die Skischanze
Karte 7 der Sportverein	**Karte 8** der Taucher	**Karte 9** die Leichtathletik
Karte 10 die Fußballweltmeister- schaft	**Karte 11** der Spitzensport	**Karte 12** das Schwimmstadion
Karte 13 die Olympiade	**Karte 14** der Landesmeister	**Karte 15** die Seglerin
Karte 16 der Schiedsrichter	**Karte 17** das Gewichtheben	**Karte 18** das Tennisturnier

Grammatik- und Wortschatztraining

1. Formen Sie die temporalen Wendungen in temporale Adjektive um.

    1. heute ....
    2. im Augenblick ....
    3. jeden Monat ....
    4. in der Zukunft ....
    5. jetzt ....
    6. in der Gegenwart ....
    7. jeden Tag ....
    8. jedes Jahr ....
    9. jede Stunde ....
    10. gestern ....
    11. morgen ....
    12. damals ....
    13. einmal ....
    14. vorher ....
    15. ehemals ....
    16. jede Woche ....

2. Ergänzen Sie die temporalen Adjektive.

    ◊ Könnten Sie die .... Situation des Vereins beschreiben? *(im Augenblick)*

    1. Das .... Training strengt ihn sehr an. *(jeden Tag)*
    2. Der .... Weltmeister im Boxen ist immer noch sehr bekannt. *(damals)*
    3. In der .... Ausgabe der Sportzeitung wird über den neuen Dopingskandal ausführlich berichtet. *(heute)*
    4. Das .... Pferderennen in Aachen zieht viele Besucher aus nah und fern an. *(jedes Jahr)*
    5. Der junge Nachwuchssportler erhielt eine .... Chance. *(einmal)*
    6. Die .... Weltmeisterinnen im Fußball geben viele Interviews. *(jetzt)*
    7. Der .... Leistungsdruck verlangt den Sportlern viel ab. *(in der Gegenwart)*
    8. Die Mitglieder der Mannschaft sollten ihre .... ärztliche Untersuchung nicht vergessen. *(jeden Monat)*

Wiederholungstest

1. Ergänzen Sie die fehlenden Präpositionen und Artikel, wenn nötig.

    1. .... Anfang des Jahres fährt er immer in die Alpen.
    2. Hoffentlich kann sie .... zwei Jahren ihr Studium beenden.
    3. .... Vormittag hat sie niemals Zeit zum Lesen.
    4. Der deutschen Wiedervereinigung wird .... 3. Oktober gedacht.
    5. .... Silvester besucht er seine Freunde im benachbarten Ausland.
    6. Frau Taubert ist schon .... 25 Jahren im Leseklub.
    7. Wladimir Kaminer wurde .... Jahre 1967 in Moskau geboren.
    8. Er ist .... mehr als 20 Jahren nach Berlin gekommen.
    9. .... 17.00 Uhr .... 19.00 Uhr ist die Bibliothek geöffnet.
    10. .... 13.00 Uhr beginnt die Mittagspause.
    11. Sie liest .... Augenblick einen Roman von Heinrich Böll.
    12. .... freien Abenden geht er oft ins Fitnessstudio.

.... /12 Punkte

2. Welche Verben passen?

    1. Wenn man einen Text schnell liest, dann .... man ihn.
    2. Wenn man etwas gut vorbereiten will, dann muss man sich dafür Zeit ....
    3. Er kann seine Rede nicht frei halten, er muss sie ....
    4. Papa, kannst du mir eine Geschichte .... ?
    5. Das Kleingedruckte im Kaufvertrag sollte man sich immer genau ....

.... /5 Punkte

3. Ergänzen Sie die Konjunktionen *wenn* oder *als*.

    1. .... man täglich die Zeitung liest, ist man gut informiert.
    2. .... er noch klein war, hat ihm die Großmutter immer etwas vorgelesen.
    3. Jedes Mal, ... die Familie an den Strand gehen wollte, regnete es.
    4. Er geriet immer unter Zeitdruck, ... der Termin näher rückte.
    5. Sie hatte viel Zeit für ihre Hobbys, ... sie noch Single war.
    6. .... er sich nicht beeilt, wird er noch das Flugzeug verpassen!
    7. Immer .... der Vater Birkensaft zapfen wollte, suchte er sich eine besonders saftige Birke aus.
    8. .... der Vater nach Berlin zog, musste er sich nach einem neuen Hobby umsehen.

.... /8 Punkte

4. Finden Sie die richtigen Erklärungen für die Wörter.

Erklärungen:

a) Bedrängtsein, z. B. durch das Einhalten eines Termins
b) Zeitersparnis
c) benötigte Zeit
d) Wiedergabe einer Szene in stark verlangsamtem Tempo
e) Zeitabschnitt
f) schlechte/sinnlose Nutzung von vorhandener Zeit

◊ Zeitdruck *a*
1. Zeitverschwendung ....
2. Zeitaufwand ....
3. Zeitlupe ....
4. Zeitspanne ....
5. Zeitgewinn ....

.... /5 Punkte

5. Formen Sie die Präpositionalangaben in konditionale Nebensätze um.

◊ Vergiss beim Aussteigen dein Handy nicht.
Vergiss dein Handy nicht, wenn du aussteigst.

1. Du musst beim Arbeiten gründlicher sein.
....

2. Mit etwas mehr Fleiß schaffen Sie die Wiederholungsprüfung sicher.
....

3. Er kann das Tennisturnier mit ein bisschen Glück gewinnen.
....

4. Ohne deine Hilfe hätte ich das nie geschafft.
....

5. Bei regelmäßiger Teilnahme am Kurs erhalten Sie eine Teilnahmebescheinigung.
....

6. Vergessen Sie beim Verlassen des Zuges Ihr Handgepäck nicht.
....

7. Ohne Stadtplan finde ich das Stadion nicht.
....

.... /14 Punkte

Insgesamt: .... /44 Punkte

Kurzinterviews

Lesen Sie Horoskope? Warum ja, warum nein?

Welche Sendungen sehen Sie nie?

Haben Sie schon einmal auf eine Anzeige in der Zeitung oder im Internet reagiert?

Kaufen Sie Dinge über *eBay* ein? Wenn ja, was?

Lesen Sie Kochrezepte in Zeitungen und Zeitschriften?

Machen Sie gern Sudoku oder Kreuzworträtsel in Zeitungen? Warum ja, warum nein?

Was halten Sie von Unterbrechungen durch Werbespots (z. B. im Fernsehen)?

Was lesen Sie in einer Zeitung als erstes?

Welche Radiosender hören Sie regelmäßig?

Lesen Sie regelmäßig Teletext?

Reagieren Sie auf Umfragen und Meinungsäußerungen im Internet?

Welche Zeitungen lesen Sie regelmäßig?

Haben Sie selbst schon einmal eine Anzeige in der Zeitung/im Internet aufgegeben?

Wie informieren Sie sich über das Radio- und Fernsehprogramm?

Haben Sie selbst ein Weblog oder lesen Sie von anderen das Weblog?

Welche Fernsendungen sehen Sie am liebsten/regelmäßig?

Wortschatz

Ordnen Sie die Nomen aus der Medienwelt den jeweiligen Beschreibungen oder Synonymen zu.

der Fernsehmuffel ◊ die Datenautobahn ◊ der Untertitel ◊ der Zeitraffer ◊ die Fernbedienung ◊ die Pressekonferenz ◊ die Schleichwerbung ◊ das Käseblatt ◊ die Regenbogenpresse ◊ die Glosse ◊ die Rückblende ◊ die Saure-Gurken-Zeit ◊ der Schnee von gestern ◊ die Spalte ◊ die Illustrierte ◊ die Zeitungsente ◊ die Rundfunk- und Fernsehgebühren ◊ die Schlagzeile

1. zeigt im Film alles schneller, als es wirklich ist ....
2. eine falsche Meldung ....
3. kleine, unwichtige Zeitung *(umgangssprachlich)* ....
4. Gesamtheit der Zeitschriften, die über Klatsch und Tratsch berichten ....
5. eine Überschrift in der Zeitung ....
6. ein polemischer Kommentar zu aktuellen Ereignissen ....
7. eine Filmszene, die ein Ereignis aus der Vergangenheit einblendet ....
8. eine Zeit, in der es wenig für die Presse zu berichten gibt ....
9. das indirekte Werben für ein Produkt im Fernsehen ....
10. Dinge oder Tatsachen, die nicht mehr aktuell sind ....
11. ein übersetzter Text, der unter einem Film erscheint ....
12. Texteinteilung in Zeitungen ....
13. eine Zeitschrift, die viele Bilder enthält ....
14. ein Treffen, bei dem Journalisten Informationen zu einem bestimmten aktuellen Ereignis erhalten ....
15. ein Netz zur Übertragung von Sprache, Bild, Text und Ton über weite Entfernungen ....
16. jemand, der nicht gerne fernsieht ....
17. ein kleines Gerät, mit dem man ein anderes Gerät bedienen kann ....
18. Betrag, den man für Rundfunk und Fernsehen bezahlen muss ....

Fragen zu aktuellen Radio- oder Fernsehnachrichten

1. Welche Nachricht fanden Sie am interessantesten?

2. Auf welche Nachricht könnten Sie gut und gern verzichten?

3. Welche Nachricht hat Sie besonders überrascht?

4. Geben Sie einen Beitrag der Nachrichten mit einem Satz wieder!

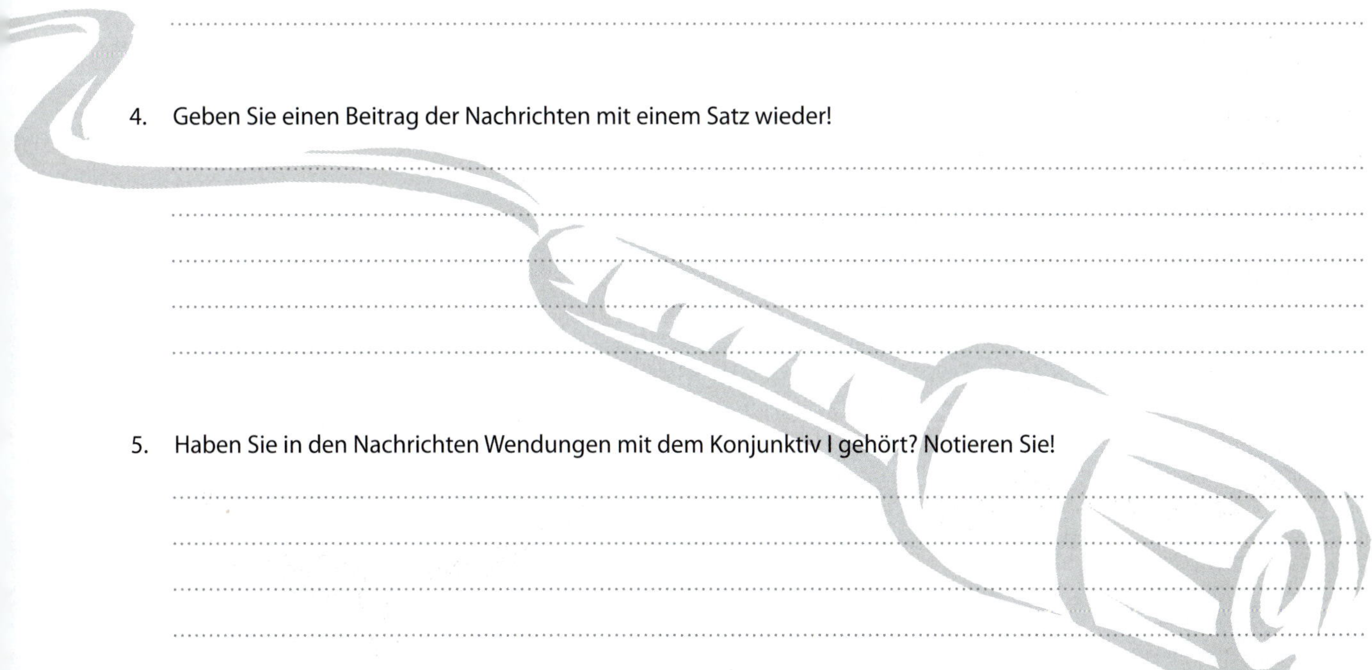

5. Haben Sie in den Nachrichten Wendungen mit dem Konjunktiv I gehört? Notieren Sie!

Grammatik- und Wortschatztraining

Ordnen Sie die Verben den jeweiligen Nomen-Verb-Verbindungen zu.

verhandeln ◊ vorbereiten ◊ sich verabschieden von ◊ beenden ◊ protestieren ◊ versprechen ◊ unterstützen ◊ sich entscheiden ◊ beeinflussen ◊ helfen ◊ protokollieren ◊ vorwerfen ◊ besprechen ◊ erwägen ◊ fragen ◊ beantragen ◊ sich verabreden ◊ vorschlagen ◊ etwas beginnen ◊ reden ◊ sich beziehen auf ◊ berücksichtigen ◊ diskutieren

1. jemandem eine Frage stellen ....
2. eine Entscheidung treffen ....
3. einen Antrag stellen ....
4. etwas in Aussicht stellen ....
5. einen Vorschlag machen ....
6. jemandem einen Vorwurf machen ....
7. von jemandem Abschied nehmen ....
8. etwas in Angriff nehmen ....
9. etwas zu Ende bringen ....
10. auf etwas Rücksicht nehmen ....
11. auf jemanden/etwas Einfluss nehmen ....
12. auf etwas Bezug nehmen ....
13. Vorbereitungen treffen ....
14. eine Verabredung treffen ....
15. etwas in Erwägung ziehen ....
16. eine Diskussion führen ....
17. Gespräche führen ....
18. Verhandlungen führen ....
19. Unterstützung bieten ....
20. Protokoll führen ....
21. Protest erheben ....
22. Hilfe leisten ....
23. eine Rede halten ....

Arbeitsblatt 5

Kurzkrimi

Korrigieren Sie die Grammatik- und Rechtschreibfehler.
In jeder Zeile gibt es einen Fehler.

Text	Korrektur	Nr.
Es war ein langer Samstag und der Supermark hatte noch geöffnet,	....	(1)
obwohl es keine Kunde mehr gab. Frau Thal, die Verkäuferin,	....	(2)
war im Laden und Frau Feld sas hinter der Kasse.	....	(3)
Sie schaute auf dem Uhr.	....	(4)
Nur noch eine Viertelstündchen, dann ist Feierabend.	....	(5)
Sie war müde und freute sich auf dem Wochenende.	....	(6)
Aber plötzlich betraden zwei maskierte Männer den Supermarkt.	....	(7)
Sie bedrohten Frau Feld mit eine Pistole. „Geld her."	....	(8)
Starr und stum schaute die Kassiererin in den Pistolenlauf.	....	(9)
Das machte die Männer nerveus, sie fuchtelten mit ihren Pistolen her-	....	(10)
um und schreiten immer lauter. Hastig öffnete Frau Feld die Kasse.	....	(11)
Einer der Männer griff in die Kasse und nam die Scheine raus	....	(12)
und steckte sie in seiner Jacke. „Schnell weg", rief er.	....	(13)
Beide Männer rannten siegessicher in richtung Ausgang.	....	(14)
Die Männer haten jedoch nicht mit der Geistesgegenwart	....	(15)
des zweiten Mitarbeiterin gerechnet. Als die Männer an ihr	....	(16)
vorbei wollten, schmiss sie Ihnen einen Besen vor die Füße.	....	(17)
Der erster Mann stolperte und fiel zu Boden. Der zweite strauchelte	....	(18)
ebenso und purzelte über ihn. Drausen hatten zwei andere Männer	....	(19)
das Geschehen beobachtet. Sie stürzten rein und ergriffen die Täters.	....	(20)
Die Polizei würde angerufen und innerhalb von fünf Minuten	....	(21)
war der Streifenwagen da. Die Polizisten verhaftete die Täter und	....	(22)
machten den Frauen ein Kompliment. Die zwei Reter luden Frau Thal und	....	(23)
Frau Feld in die Grand-Café ein. Es gab Cappuccino und Apfelstrudel	....	(24)
und alle vier tranken einen Schnäpschen auf das gute Ende.	....	(25)

Erinnerungen

In den beiden Antworten zur Hörübung A29 gibt es insgesamt acht falsche Informationen.
Finden und unterstreichen Sie diese und vergleichen Sie Ihre Lösungen mit dem Text im Lösungsschlüssel.

Frage: Einige Begriffe sind mit dem Fall der Mauer verbunden, wie zum Beispiel die Wörter Begrüßungsgeld und Mauerspecht. Können Sie uns diese Ausdrücke kurz erklären?

Antwort: Als die Mauer fiel, waren natürlich die DDR-Bürger am glücklichsten, aber die Westdeutschen und die westdeutsche Regierung wollten auch zeigen, dass die DDR-Bürger im Westen willkommen sind. Deshalb schenkten sie jedem DDR-Bürger hundert Euro, damit er sich einen kleinen ersten Wunsch in den Kaufhäusern des Westens erfüllen konnte. Denn mit der DDR-Mark konnte man 1989 im Westen nichts kaufen. Etwa ein Jahr später – viel langsamer als die meisten dachten – wurde dann auch in der ehemaligen DDR die Westmark eingeführt. Nach dem 9. November 1989 war die Mauer von DDR-Seite streng bewacht und in ihre Nähe gelangte niemand. Als der Eiserne Vorhang dann fiel, wollte jeder als Souvenir ein Stückchen Mauer erwerben und hackte wild drauflos. Diese Mauerhacker sind als Vogelart in die Geschichte eingegangen: die Mauerspechte.

Frage: Gibt es „Wessis" und „Ossis" oder ist diese Einteilung Unsinn?

Antwort: Diese Einteilung ist kein Unsinn, wenn man sie geschichtlich betrachtet und über die Frage der Religion diskutiert. Ich bin ein Ossi und meine Cousine ist ein Wessi. Ich habe fünfunddreißig Jahre in der DDR gelebt, bin dort in die Schule und zur Universität gegangen und habe dort einige Jahre meinen Beruf ausgeübt. Ich habe in der Schule Finnisch gelernt und habe in meinem Studium viele Bücher osteuropäischer Schriftsteller gelesen. Ich habe mich mit den Problemen in der DDR immer aktiv beschäftigt. Sie waren ein Teil meines Lebens. Als Studentin habe ich im Berliner Stadtbezirk Altona gewohnt und was ich dort gelebt und erlebt habe, das war der Osten. Ein wichtiger Teil meiner Menschwerdung und meiner Identitätsfindung liegt hier und deshalb bleibe ich im Grunde meines Herzens, aber auch in meinen Gedankengängen ein Ossi.
Meine Cousine hat 20 Kilometer von mir entfernt gewohnt, sie ist auf eine Westberliner Schule gegangen und hat an der Freien Universität Slawistik studiert, auch hat sie mehrere Jahre in England gewohnt. Sie weiß viel über Westeuropa und die USA. Sie weiß aus eigenem Erleben fast nichts von der DDR und den osteuropäischen Ländern. Sie ist ein richtiger Wessi. Aber ich kann mit ihr heute über alles reden und alle ihre Fragen über den Osten beantworten. Sie interessiert sich seit 1989 sehr für den Osten. Ich meinerseits habe viel von ihr über den Westen gelernt und wir sind menschlich wirklich zusammengewachsen! Und so ist doch noch zusammengewachsen, was zusammengehört, denn schließlich entstammen wir ja einer Familie.

Arbeitsblatt 7: Karten zum Ausschneiden

Begriffe beschreiben und erraten

Karte 1 der Diebstahl	**Karte 2** das Geständnis	**Karte 3** jemanden anzeigen	**Karte 4** der Überfall
Karte 5 das Verhör	**Karte 6** die Spur	**Karte 7** der Betrug	**Karte 8** der Gesetzesverstoß
Karte 9 der Augenzeuge	**Karte 10** die Mordkommission	**Karte 11** die Erpressung	**Karte 12** die Sachbeschädi-gung
Karte 13 die Mordwaffe	**Karte 14** verhaften	**Karte 15** der Raubmord	**Karte 16** das Gefängnis
Karte 17 der Einbruch	**Karte 18** stehlen	**Karte 19** die Körperverletzung	**Karte 20** der Tatort

Wortschatztraining

1. Welche Wörter können mit *Straf-*, *Kriminal-* und/oder *Tat-* verbunden werden? Schreiben Sie die Nomen mit dem Artikel auf.

~~Anzeige~~ ◊ Polizei ◊ Maß ◊ Waffe ◊ Mandat ◊ Prozess ◊ Kommissar ◊ Ort ◊ Film ◊ Zeuge ◊ Tat ◊ Erlass ◊ Bestand ◊ Roman ◊ Beamte ◊ Entlassene ◊ Gesetzbuch ◊ Prozess ◊ Sache ◊ Kraft ◊ Gefangene ◊ Predigt ◊ Umstand ◊ Zeit ◊ Serie ◊ Recht ◊ Motiv ◊ Vollzug ◊ Geschichte ◊ Zettel ◊ Verdacht

Straf-	Kriminal-	Tat-
die Strafanzeige		

2. Welche Nomen zum Thema *Kriminalität* haben sich hier waagerecht und senkrecht versteckt? Es sind mit dem Beispiel zehn Nomen.

D	I	E	B	S	T	A	H	L
I	H	I	T	A	T	K	M	P
E	R	N	L	F	C	R	X	Z
B	N	B	E	W	E	I	S	E
S	T	R	A	F	E	M	P	U
V	L	U	N	P	T	I	U	G
M	R	C	M	O	R	D	R	E
S	C	H	U	S	S	H	B	L

3. Schreiben Sie die Nomen heraus und bestimmen Sie die Artikel. Suchen Sie weitere Wörter und Wortverbindungen.

1. *der Schuss* *schießen, die Schusswaffe, der Schusswechsel, die Schusslinie*
2. ....
3. ....
4. ....
5. ....
6. ....
7. ....
8. ....
9. ....
10. ....

Wiederholungstest

1. Formen Sie die Sätze in die indirekte Rede um und nutzen Sie den Konjunktiv I.

   1. Der Außenminister sagte: „Alle Botschaftsflüchtlinge sind in der Bundesrepublik herzlich willkommen."

      ....

   2. „Wer zu spät kommt, den bestraft das Leben", meinte Gorbatschow im Vorfeld der friedlichen Revolution.

      ....

   3. „Jeder soll doch in seinen eigenen vier Wänden tapezieren", erboste sich ein DDR-Politiker und wies jede Einmischung zurück.

      ....

   4. Ein ungarischer Politiker betonte: „Die grüne Grenze bedeutet ein Stück Normalität in Europa."

      ....

   5. „Ich demonstriere für Reise- und Pressefreiheit und gegen die Bevormundung des Staates", meinte ein Teilnehmer der Leipziger Montagsdemonstration.

      ....

   6. Erich Honecker wollte nicht aufgeben und blieb bei seiner Meinung: „Die DDR ist ein sozialistischer Staat, den es auch in 50 Jahren noch geben wird."

      ....

   7. Ein Pressesprecher erklärte am 9.11.1989: „Die Reisefreiheit der DDR-Bürger wird ab sofort garantiert und DDR-Bürger können ohne Visum reisen."

      ....

   8. Der SPD-Politiker Willy Brandt verkündete kurz nach dem Mauerfall: „Es wird zusammenwachsen, was zusammengehört."

      ....

.... /16 Punkte

2. Ergänzen Sie die entsprechenden Verben.

   1. Darf ich Ihnen eine Frage .... ?
   2. Ja, Sie können auch einen neuen Vorschlag ....
   3. Wir sollten rechtzeitig Maßnahmen zum Umweltschutz ....
   4. Wer .... heute Protokoll?
   5. Haben Sie bei der Bank schon einen Freistellungsantrag .... ?
   6. .... Sie mir bitte so bald wie möglich Bescheid.
   7. Wir .... heute von einem langjährigen Mitarbeiter Abschied.
   8. Er macht, was er will. Er .... niemals Rücksicht.
   9. Die Europäische Gemeinschaft .... Hilfe für arme Länder.
   10. Leider .... nicht alle Kabarettisten das Publikum zum Lachen.
   11. Er .... seit einiger Zeit einen Stellenwechsel in Erwägung.
   12. Herr Reich, könnten Sie mir bitte einen Gefallen .... ?

.... /12 Punkte

3. Diese Informationen haben Sie in den Nachrichten gehört. Geben Sie die Informationen weiter und benutzen Sie dabei *sollen*. Achten Sie auch auf die fehlenden Präpositionen und Artikel.

◊ Mitarbeiter – Telekom – Zukunft – Erfolg – beteiligen – werden
Die Telekom-Mitarbeiter sollen in Zukunft am Erfolg beteiligt werden.

1. Orkantief – über Deutschland – ziehen – gewaltige Kraft – morgen
....
2. diese kommunale Partei – erlitten – große Verluste – Wahl am Wochenende
....
3. die Strafgebühren – erhöht werden – Gesetzesverstoß – Großverdiener
....
4. der berühmte deutsche Fußballspieler – wechseln – ausländischer Fußballverein
....
5. der Zeuge – nächste Woche – aussagen – Gericht – in der Sache Heiner B.
....
6. die Spurensicherung – neue Methoden – Beweisführung – entwickelt haben
....

.... /12 Punkte

4. Was gehört zusammen? Manchmal passen auch mehrere Verben.

1. ein Verbrechen	(a) ablegen
2. Beweise	(b) überführen
3. eine Tat	(c) erstatten
4. einen Fall	(d) verhaften
5. ein Geständnis	(e) lösen
6. die DNA-Analyse	(f) verüben
7. einen Mord	(g) sammeln
8. einen Täter	(h) auswerten
9. eine Anzeige	(i) aufklären
10. einen Dieb	(j) gestehen

.... /10 Punkte

Insgesamt: .... /50 Punkte

Arbeitsblatt 1

Welche Geräte kennen Sie?

Schreiben Sie Geräte zu den vier Kategorien auf. Nennen Sie auch den Artikel.

Bürogeräte

der Drucker, ……………………

Haushalts- und Gartengeräte

die Mikrowelle, ……………………

Sport- und Fitnessgeräte

das Laufband, ……………………

andere Geräte

der Föhn, ……………………

Im Elektromarkt

Unterstreichen Sie alle Passiv- und alle Passiversatzkonstruktionen.

Verkäufer: Guten Tag. Kann ich Ihnen helfen?

Kunde: Ja. Wir sind auf der Suche nach einer neuen Mikrowelle.

Verkäufer: Die Mikrowellen stehen hier rechts. Ich zeige Ihnen gerne ein paar ... Diese Mikrowelle hier kann ich Ihnen sehr empfehlen. Es ist die M 8150 von Miele. Sie hat ein ganz modernes Design. Die Tür ist aus Edelstahl, der innere Bereich ist schwarz. Die Tür kann nach links oder nach rechts geöffnet werden, ganz, wie Sie es brauchen.

Kunde: Welche Leistung hat die Mikrowelle?

Verkäufer: Die Mikrowelle hat eine maximale Leistung von 800 Watt und verfügt insgesamt über sechs Leistungsstufen: 80/150/300/450/600/800 W. Die Leistungsstufen lassen sich im laufenden Betrieb verändern. Außerdem ist das Gerät mit einer Quick-Start-Funktion und neun Automatik-Programmen ausgestattet. Die Warmhalte-Automatik ist flexibel einstellbar.

Kundin: Das klingt alles sehr kompliziert.

Verkäufer: Oh nein, das Gerät ist wirklich ganz einfach zu bedienen – hier mit diesem Zeit- und Leistungswähler. Sie können damit einstellen, ob Sie Ihr Essen auftauen, garen, backen oder grillen wollen. Es gibt auch einen Sicherheitsthermostaten gegen Überhitzung.

Kundin: Und das Gerät kostet 700 Euro, wie es hier steht?

Verkäufer: Nein, Sie bekommen das Gerät bei uns schon für 675 Euro, das ist ein absoluter Schnäppchenpreis!

Kundin: Und das weiße Gerät dort? Das kostet nur 189 Euro. Was ist der Unterschied zwischen beiden Geräten?

Verkäufer: Ja, das ist das R-647 W von Sharp – ein Grill-Kompakt-Mikrowellengerät. Es verfügt über eine Mikrowellenleistung von 800 Watt und eine Kombi-Funktion: Mikrowelle und Grill. Es hat 12 verschiedene Automatikprogramme. Die Leistungsstufen können aber nicht im laufenden Betrieb geändert werden. Außerdem ist dies ein Einzelgerät, Sie können es nicht in einen Küchenschrank einbauen.

Kundin: Und was ist das hier – dieses Gerät? Das sieht ja toll aus!

Verkäufer: Oh, das Gerät ist noch nicht im Verkauf. Es ist ein Prototyp, der demnächst in Deutschland auf den Markt kommen soll. Bei dieser Mikrowelle handelt es sich um ein sogenanntes intelligentes Küchengerät.

Kunde: Was bedeutet das: intelligentes Küchengerät?

Verkäufer: Um es kurz zu sagen: Ein Anruf mit dem Handy genügt und schon beginnt die Mikrowelle damit, das Essen zu erwärmen. Wenn Sie nach Hause kommen, ist das Essen fertig. Und der Clou: Die Mikrowelle lässt sich auch als Kühlschrank nutzen. Diese Idee ist in Zusammenarbeit mit der NASA entstanden.

Kunde: Das ist ja unglaublich!

Verkäufer: Ja, allerdings lassen sich diese Geräte nicht so einfach in eine normale Küche integrieren. Sie müssen in ein besonderes Netzwerk eingebunden werden und dann können sie über das Internet von einem PC oder einem internetfähigen Handy aus bedient werden.

Kunde: Sehr interessant, wann kann man so ein Gerät kaufen?

Verkäufer: Ich vermute, im nächsten Jahr.

Kundin: Also ich denke, wir sollten diese Mikrowelle hier nehmen.

Verkäufer: Die M 8150?

Kundin: Ja.

Interview zu Produkten

Stichpunkte zu den Fragen

Name/Marke/Herstellerfirma

technische Ausstattung/Funktionsweise

Anwendungsbereiche

Größe/Gewicht

Design/Farbe

Preis/Preis-Leistungs-Verhältnis

Umweltverträglichkeit/Energieverbrauch

Benutzerfreundlichkeit

Serviceangebot bei Reparaturen

Garantie

Stichpunkte zu den Antworten

Arbeitsblatt 4

Mensch gegen Maschine

Setzen Sie die fehlenden Buchstaben *(s, ss, ß, z, sch, sp, st)* ein und lesen Sie dann den Text laut. Kontrollieren Sie Ihre Lösungen im Text der Übung A15.

Computer sind intelligente We.......en. So intelligent, da....... sie Büroarbeit erledigen und manchmal ....ogar reden. Allerdings sagen sie dann oft ....ätze wie: „Die Installation kann nicht abgeschlo.......en werden – bitte führen Sie den Vorgang erneut durch." oder „Ein ....werer Ausnahmefehler ist aufgetreten. Da....... Programm wird automatisch beendet, alle nicht ge.......peicherten Daten gehen verloren. Wenden Sie sich an den Her.......teller, falls das Problem erneut auftritt." An den Hersteller wenden, jet.......t?! In ....ehn Minuten beginnt die Konferen....... und der Rechner hat gerade das fertige Referat gefre.......en.

Was in der ....ituation hilft? Keine Ahnung. Tasten malträtieren? ....tecker raus? ....reikrampf kriegen? Viele tun das tatsächlich. Fast alle Büroarbeiter haben den Kollegen Computer schon ange.......rien und verflucht. Etwa drei Viertel werden sogar handgreiflich, sie werfen mit der Mau......., ...lagen den Bild.......irm oder treten das Gehäu.......e. Da....... belegen ....tudien von Arbeitswi.......enschaftlern und Verhaltensfor.......ern, die da....... Phänomen der Aggre.......ion gegen Computer untersucht haben.

Computerfrust führt zu volkswirt.......aftlichen ....äden in Milliardenhöhe. Nach ....ätzungen ....wanken die Au.......fälle, die den beruflichen Computernut.......ern durch Abstür.......e und ....oftware-Probleme ent.......tehen, von eineinhalb ....tunden pro Woche bis zu einer Stunde am Tag. Das wären bei 18 Millionen Bildschirmarbeitsplät.......en hierzulande 900 Millionen bis 6,3 Milliarden Arbeitsstunden pro Jahr. In einer Studie der amerikani.......en Univer.......ität von Maryland geht man sogar davon aus, da....... minde.......tens ein Drittel der ....eit, die Mitarbeiter vorm Rechner verbringen, durch frustrierende Erlebni.......e verloren geht.

.......elbst wenn man die ....ätzungen an.......weifeln will, bleiben die erdrückenden Au.......agen der Nut.......er: Drei von vier Büroarbeitern ärgern sich darüber, da....... ihr Rechner nicht ordentlich funktioniert, und jeder ....weite lä.......t sich regelmä.......ig vom PC frustrieren. Darin ....teckt gewaltiges negatives Poten.......ial. Denn Computerfrust wirkt sich auf die Arbeitsmotivation negativ aus und sogar auf die Lebens.......ufriedenheit der Mitarbeiter, ermittelte die ....ozialverhaltenswi.......en.......aftlerin Marleen Brinks in ihrer Studie „Aggre.......ion gegen Computer".

Wie heißt die Lösung?

Bei der Lösung des Rätsels können Sie die Übung A27 zu Hilfe nehmen.

	1.	O	S	T	M	A	N	N				
			2.									
		3.										
4.												
		5.										
		6.										
			7.									
8.												
9.												
	10.											
	11.											
			12.									
		13.										

1. eine Gewürzmarke
2. die Abkürzung für Hans Riegel Bonn
3. Name des größten deutschen Nudelspezialisten
4. Land, in dem die Firma Fuchs ein Werk besitzt
5. Sitz des Stammhauses der Familie Oetker
6. Beruf von Alfred Ritter
7. Hauptsitz der Firma Kühne
8. Form der Ritter-Schokotafel
9. ein anderes Wort für „produzieren"
10. Produkt der Firma Kühne
11. Land, in dem die Firma Kühne ein Werk besitzt
12. ein anderes Wort für „Nudeln"
13. Süßigkeit aus Zucker und Gelatine

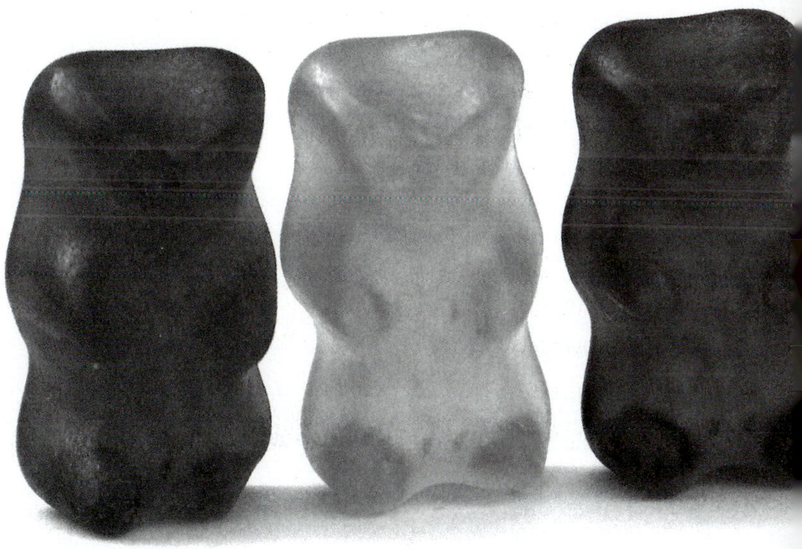

Die Buchstaben in den unterlegten Feldern ergeben ein zusammengesetztes Nomen.

Arbeitsblatt 6

Wortschatztraining

1. Bilden Sie zu den Nomen die passenden Verben. Sie können sich am Text A24a orientieren.

   1. der Zerfall ……………………
   2. die Entwicklung ……………………
   3. die Rede ……………………
   4. der Kauf ……………………
   5. der Einlass ……………………
   6. die Sprache ……………………
   7. die Einschränkung ……………………
   8. die Hilfe ……………………
   9. die Isolation ……………………
   10. die Fahrt ……………………
   11. der Gewinn ……………………
   12. der Verlust ……………………
   13. die Summe ……………………
   14. der Verdienst ……………………
   15. der Berater ……………………
   16. die Bemühung ……………………
   17. die Mischung ……………………
   18. die Veranstaltung ……………………

2. Bilden Sie zu den Nomen die passenden Adjektive. Sie können sich am Text A24a orientieren.

   1. die Mode ……………………
   2. die Gefahr ……………………
   3. die Gesellschaft ……………………
   4. die Wichtigkeit ……………………
   5. die Willkür ……………………
   6. die Aktualität ……………………
   7. der Erfolg ……………………
   8. die Stärke ……………………
   9. die Öffentlichkeit ……………………
   10. der Trend ……………………

Wiederholungstest

1. Beschreiben Sie den jetzigen Zustand mit Hilfe des Zustandspassivs.

◊ das Gerät – reinigen *Das Gerät ist gereinigt.*
1. das Hotelzimmer – reservieren ....
2. Daten – speichern ....
3. der Computer – einschalten ....
4. das Gebäude – mit Klimaanlage – ausstatten ....
5. die Spülmaschine – in die Küchenzeile – einbauen ....

.... /5 Punkte

2. Finden Sie Umschreibungen mit *-bar* oder *-lich*:

◊ Die Batterien kann man nicht auswechseln. *Die Batterien sind nicht auswechselbar.*
1. Die Unterschrift ist einfach nicht zu lesen. ....
2. Dieses Erinnerungsstück ist nicht zu verkaufen. ....
3. Die Gebrauchsanweisung ist wirklich gut zu verstehen. ....
4. Das Rätsel kann jedes Kind lösen. ....
5. Die Backofentemperatur kann man jederzeit regeln. ....

.... /5 Punkte

3. Formulieren Sie Sätze mit *sich lassen* + Infinitiv.

Meine Waschmaschine ist kaputt!

◊ Wasser – nicht mehr abstellen *Das Wasser lässt sich nicht mehr abstellen.*
1. Tür – nicht öffnen ....
2. Wäsche – nicht herausnehmen ....
3. Schalter – nicht mehr drehen ....
4. Waschmittel – nicht entfernen ....
5. das Sieb – nicht säubern ....

Mein Fernseher ist kaputt!

1. die Sender – nicht mehr einstellen ....
2. Farbe – nicht mehr erkennen ....
3. Lautstärke – nicht mehr regeln ....
4. Teletext – nicht mehr finden ....
5. Schärfe – nicht mehr regulieren ....

.... /10 Punkte

4. Ergänzen Sie die Sätze frei.

◊ Je mehr Sterne ein Hotel hat,	*desto/umso teurer ist die Übernachtung.*
1. Je billiger das Produkt ist,	....
2. Je älter der Wagen ist,	....
3. Je höher der Kredit ist,	....
4. Je mehr Geld du in Aktien anlegst,	....
5. Je heller die Kleidung ist,	....
6. Je näher die Werkstatt ist,	....
7. Je schneller der Service ist,	....
8. Je mehr Haushaltsgeräte ich habe,	....
9. Je später der Abend,	....

.... /18 Punkte

5. Antworten Sie. Bilden Sie einen Satz wie im Beispiel.

◊ Wie kann man diese Tür öffnen? *(auf den Knopf drücken)*

Man kann die Tür öffnen, indem man auf den Knopf drückt.

1. Wie kann er seinen Wortschatz erweitern? *(viel lesen)*

....

2. Wie kann man die Sitten anderer Länder kennenlernen? *(viel reisen)*

....

3. Wie könnt ihr euren Arbeitsplatz verschönern? *(Pflanzen und Poster kaufen)*

....

4. Wie können wir Geld sparen? *(auf Sonderangebote achten)*

....

5. Wie können die Mitbürger u. a. die Umwelt schonen? *(Müll trennen)*

....

6. Wie können Sie den Mixer richtig reinigen? *(völlig auseinandernehmen)*

....

7. Wie kann man einen Konflikt lösen? *(einen Anwalt zu Rate ziehen)*

....

.... /14 Punkte

Insgesamt: .... /52 Punkte

Arbeitsblatt 1: Karten zum Ausschneiden

Begriffe beschreiben und erraten

Karte 1 die Kreislauf-erkrankung	**Karte 2** die Blinddarm-operation	**Karte 3** die Vorsorge-untersuchung	**Karte 4** der Zahnarzt
Karte 5 die frischen Zutaten	**Karte 6** die Erkältung	**Karte 7** die Schulmedizin	**Karte 8** der Naturkost-laden
Karte 9 die Akupunktur	**Karte 10** der Hexenschuss	**Karte 11** der Muskelkater	**Karte 12** die alternative Heilmethode
Karte 13 das Fieber-thermometer	**Karte 14** die Kur	**Karte 15** die mangelnde Bewegung	**Karte 16** die ansteckende Krankheit
Karte 17 die Ernährung	**Karte 18** die Hausapotheke	**Karte 19** der Schnupfen	**Karte 20** die Kranken-schwester

Diskussion

Lesen Sie die folgenden Aussagen und diskutieren Sie diese in der Gruppe. Welchen Aussagen stimmen Sie zu? Nutzen Sie bei Ihrer Argumentation die unten stehenden Redemittel.

1
Ich halte nicht viel von Vorsorgeuntersuchungen. Ich bin froh, dass ich nicht weiß, was in meinem Körper vorgeht, es würde mich nur beunruhigen.

Alexander W., 42 Jahre

2
Ich denke, dass in Zukunft eine Mischung aus Schulmedizin und alternativen Heilmethoden des Rätsels Lösung ist. Wenn man beides richtig anwendet, steht vielen Menschen ein langes Leben bevor.

Sebastian L., 19 Jahre

3
Ich finde Antibiotika bei Infekten am sichersten. Ich bestehe immer darauf, dass der Arzt mir und meinen Kindern Antibiotika verschreibt. Auch nehme ich für mich und meine Kinder jede Schutzimpfung wahr.

Petra L., 34 Jahre

4
Wenn ich Schnupfen, Husten, Halsschmerzen oder eine leichte Erkältung habe, gehe ich natürlich arbeiten. Ich lasse mich nicht gleich bei jedem Wehwehchen krank schreiben.

Pauline V., 28 Jahre

5
Alle Krankheiten werden durch Stress im Alltag hervorgerufen. Wenn man einen gesunden Lebensrhythmus hat, nicht raucht und nicht trinkt, kann einem eigentlich nicht viel passieren.

Uwe T., 52 Jahre

zustimmen

- Damit/Mit dieser Aussage bin ich einverstanden.
- Das sehe ich auch so.
- Das entspricht auch meiner Erfahrung.
- Ich kann dem nur zustimmen.

widersprechen

- Ich glaube eher, dass …
- Meiner Meinung nach …
- In diesem Punkt habe ich eine ganz andere Meinung.
- Das kann ich mir nicht vorstellen.
- Das glaube ich nicht.

Zweifel äußern

- Das hat Vor- und Nachteile.
- Auf der einen Seite haben Sie recht, auf der anderen Seite sehe ich Probleme …
- Ich befürchte, dass …
- Man sollte bedenken, dass …

sich zu Wort melden

- Darf ich Sie mal kurz unterbrechen?
- Dazu würde ich auch gerne etwas sagen.
- Ich wollte noch hinzufügen, dass …

Gesund essen?

1. Wohin gehören die Zutaten? Ordnen Sie zu!

Backpflaumen ◊ Hefeteig ◊ Apfelsinen ◊ Semmelmehl ◊ magerer Speck ◊ brauner Rohrzucker ◊ Meerrettich ◊ geschälte Zwiebeln ◊ Walnusskerne ◊ Weißwein ◊ Möhren

Zwiebelkuchen (1)

150 g ...., 1 Prise Salz, 30 g Grieß, 1/8 l Milch, 200 g ...., 10 g Öl, 1 Ei, 40 g süße Sahne

Ungezuckerten Hefeteig auf einem eingefetteten Blech ausrollen. Aus Milch, Grieß und einer Prise Salz einen Grießbrei kochen und auf den Teig streichen. Zwiebelscheiben in Öl glasig anschwitzen und auf den Kuchen verteilen. Dann Ei und Sahne gut verquirlen und über die Zwiebelscheiben geben. Bei 240 Grad etwa 20–25 Minuten backen. Warm servieren.

Karpfen mit Meerrettichsahne (2)

1 Karpfen, 1 Prise Salz, 125 ml Essig, 125 ml ...., 1 l Wasser, 1 Zwiebel, 5 Pfefferkörner, 1 Lorbeerblatt, 200 g ...., 125 ml Sahne

Den ausgenommenen Karpfen gut mit kaltem Wasser abspülen. Trocken tupfen und innen salzen. Eine Tasse mit der Öffnung nach unten in den Bauch des Karpfens stecken, damit er seine Form behält. Nun den Fisch mit erhitztem Essig begießen, dabei den Essig auffangen und den Karpfen etwa fünfzehn Minuten ziehen lassen. In der Zwischenzeit den aufgefangenen Essig mit Weißwein, Wasser, geschälter und halbierter Zwiebel, Pfefferkörnern und Lorbeerblatt in einem großen Topf aufkochen lassen. Den Fisch mit der Tasse in den Topf stellen und das Ganze etwa 30 Minuten ziehen lassen. Während der Fisch gart, den Meerrettich unter die geschlagene Sahne heben. Den Karpfen auf einer vorgewärmten Platte anrichten und den Sahnemeerrettich dazu servieren.
Beilagetipp: Salzkartoffeln

Chicoréesalat (3)

200 g Chicorée, 1 Avocado, 200 g Äpfel, 2 ...., 200 g Joghurt, 175 g Schlagsahne, 2 Teelöffel Senf, 3 Esslöffel Zitronensaft, 2 Teelöffel Meerrettich, 30 g ....

Zuerst die Chicoréestangen längs halbieren und quer in ein bis zwei Zentimeter breite Streifen schneiden. Dann die Äpfel entkernen und in dünne Stifte schneiden. Die Apfelsinen sorgfältig schälen und in Stückchen zerteilen, einige davon zum Garnieren zur Seite legen, die übrigen in Würfel schneiden. Die Avocado längs halbieren und das Fruchtfleisch mit einem Löffel aus den Schalenhälften heben und würfeln. Für die Soße Joghurt, Sahne, Senf, Zitronensaft und Meerrettich verquirlen. Alle vorbereiteten Zutaten untermischen und drei Viertel der grob gehackten Nüsse hinzugeben.

Gefüllte Ente (4)

1 Ente (etwa 1,4 kg), 250 g ...., 200 g Apfelringe, 5 Esslöffel ...., 1 Ei, Zimt, Zucker, Zitronenschale, Salz, Pfeffer

Die vorbereitete Ente innen und außen mit Salz und Pfeffer würzen. Für die Füllung eingeweichte Backpflaumen, Äpfel, Semmelmehl und Ei mischen. Füllung mit Zimt, Zucker und abgeriebener Zitronenschale abschmecken. Ente damit füllen, zunähen und mit der Brustseite nach unten in die Pfanne legen. Etwas Flüssigkeit dazugeben und bei 200 Grad etwa 90 Minuten in der Röhre garen. Während der letzten 10 Minuten der Bratzeit die Ente öfter mit kaltem Salzwasser bestreichen, damit die Haut knusprig wird. Vor dem Servieren in Portionsstücke teilen. Mit Rotkraut und Klößen servieren.

Kartoffelsuppe (5)

600 ml Brühe, 400 g Kartoffeln, 150 g Bockwurst, 2 Zwiebeln, 120 g ...., 50 g Sellerie, 200 g Frühlingszwiebeln, 50 g saure Sahne, 50 g ...., Schnittlauch, Petersilie, 2 Scheiben Weißbrot, Salz, Pfeffer, Majoran, Knoblauchsalz, 1 El Butter

Kartoffelwürfel blanchieren und in der mit Salz, Pfeffer und Majoran gewürzten Brühe gar ziehen. Die Kartoffeln anschließend durch ein Sieb passieren. Speck, Zwiebeln, Möhren und Sellerie in kleine Würfel schneiden und zusammen anschwitzen und dann in die passierte Kartoffelsuppe geben. Suppe kurz aufkochen und (nachdem sie vom Herd genommen wurde) mit der sauren Sahne leicht binden. Weißbrotwürfel in Butter anrösten und mit etwas Knoblauchsalz würzen. Bockwurst in Scheiben schneiden und in der restlichen Butter anbraten. Die fertige Suppe mit Bockwurstscheiben, Weißbrotwürfeln und den gehackten Kräutern garnieren.

Himbeertraum (6)

600 g Rahmjoghurt, 600 ml Schlagsahne, 1000 g Himbeeren, 250 g ....

Die Sahne steif schlagen und mit dem Joghurt mischen. Himbeeren in eine Schüssel geben und mit der Sahne-Joghurt-Masse bedecken. Anschließend braunen Rohrzucker darüber streuen. Unabgedeckt über Nacht in den Kühlschrank stellen, damit der Zucker kristallisieren kann.

2. Beantworten Sie die Fragen.

   1. Welche Gerichte sind Ihrer Meinung nach am gesündesten?
   2. Welche Gerichte sind für Sie „typisch deutsch"?
   3. Gibt es ein Gericht, das Sie niemals zubereiten würden? Wenn ja, warum?
   4. Schadet eines der Gerichte Ihrer Meinung nach der Gesundheit?
   5. Haben Sie eins der sechs Gerichte oder ein ähnliches Gericht schon einmal zubereitet?
   6. Welche Gewürze und Kräuter in den obengenannten Rezepten kennen Sie nicht?
   7. Welche Fleisch- und Gemüsesorten werden in den Rezepten genannt?

Lärm und Gesundheit

Lesen Sie das Interview über Lärmbelästigung und wählen Sie das richtige Wort (a, b oder c).

A: Der Großstadtlärm .... (1) immer mehr zu. Kann Lärm auch krank machen? Gibt es zu diesem Thema .... (2) Untersuchungen?

B: Ja, es gibt Studien .... (3) die Auswirkungen von Lärm, und aus denen geht hervor, dass sich viele Menschen durch Lärm belästigt fühlen. Bewiesen ist auch, dass lang anhaltender Lärm den Kreislauf und das Immunsystem belastet. Aber insgesamt .... (4) man sagen, dass die Folgen von Lärm auf den menschlichen Körper noch nicht ausreichend erforscht sind. Einige Ergebnisse liegen aber bereits vor.

A: Bekannt ist ja, dass Lärm das Gehör schädigt.

B: Ja, das ist .... (5) langem bekannt und bewiesen. Es gibt jetzt neue Erkenntnisse, dass Lärm eben nicht nur das Gehör, sondern den gesamten Organismus negativ .... (6). Es gibt auch eine erste Langzeitstudie. Wissenschaftler des Robert-Koch-Instituts haben 18 Jahre lang die Gesundheitsdaten von 1 700 Berlinern gesammelt. Es zeigte sich, dass auf Dauer nicht nur das Herz-Kreislauf-System, ... (7) auch das Immunsystem durch Lärm geschwächt wird und es so zum Beispiel zu .... (8) kommen kann.

A: .... (9) kommt eigentlich der zunehmende Lärm?

B: Nun, in Großstädten leiden die Bewohner oft .... (10) Verkehrslärm oder Baulärm. Die genannte Langzeitstudie konnte ganz klar einen .... (11) zwischen Bluthochdruck, Herzinfarktrisiko und Verkehrslärm nachweisen. Allerdings laufen die Schädigungen schleichend und über viele Jahre hinweg ab.

A: Reagieren alle Menschen gleichermaßen auf Lärm? Und kann man etwas gegen Lärm tun?

B: Das Lärmempfinden ist subjektiv und deshalb individuell verschieden. Um herauszufinden, welche Art von Lärm im Einzelfall überhaupt eine Belastung für den Körper ist, bietet jetzt das Institut für Akustik der Technischen Universität Berlin einen neuen .... (12) an. Die Forscher messen den Lärmpegel vor dem Haus, und gleichzeitig .... (13) sie die Bewohner in einem gezielten Interview nach ihrem subjektiven Lärmempfinden. Und man sollte natürlich, wenn man eine neue Wohnung sucht, gleich .... (14) achten, wo die Wohnung liegt. Wenn man ein besonders lärmempfindlicher Mensch ist, ist es nicht ratsam, eine Wohnung direkt an einer großen Kreuzung oder über einer Kneipe zu mieten oder zu kaufen.

1. a) nimmt
   b) nehmt
   c) nahm
2. a) wissenschaftlicher
   b) wissenschaftlichen
   c) wissenschaftliche
3. a) um
   b) von
   c) über
4. a) soll
   b) muss
   c) sollte
5. a) vor
   b) seit
   c) ab
6. a) beeinflusst
   b) beeinflussen
   c) beeinflusste
7. a) trotzdem
   b) sondern
   c) obwohl
8. a) Heilungen
   b) Unfällen
   c) Krebserkrankungen
9. a) Woraus
   b) Womit
   c) Woher
10. a) an
    b) unter
    c) mit
11. a) Zusammenhang
    b) Beziehung
    c) Abstand
12. a) Prüfung
    b) Probe
    c) Test
13. a) erfragen
    b) befragen
    c) ausfragen
14. a) damit
    b) dazu
    c) darauf

Tempolimit für Raser

Korrigieren Sie den folgenden Text. Bitte beachten Sie, es gibt immer nur einen Fehler pro Zeile.

Fehler in der Satzstellung: Schreiben Sie das falsch platzierte Wort an den Rand, zusammen mit dem Wort, mit dem es vorkommen soll. (1)

Fehler im Wort: Schreiben Sie die richtige Form an den Rand. (2)

Im Ausland nicht jeder darf rasen, wie er will.	*darf nicht jeder rasen*	(1)
Die meiste Deutschen fahren noch immer mit dem Auto	*meisten*	(2)
in die Urlaub. Doch bei der Fahrt ins ersehnte Urlaubsland	....	(3)
sollten Autofarer genau auf die jeweils zulässige	....	(4)
Hochstgeschwindigkeit achten. Europa ist nämlich	....	(5)
auch auf diesem Gebiet vom Einigkeit weit entfernt.	....	(6)
Die Höchstgeschwindigkeiten auf Europas autobahnen	....	(7)
variieren von Land zu Land. Und Überschreitungen des	....	(8)
Temporegeln die Reisekasse könnten erheblich belasten.	....	(9)
In geschlossenen Ortschaften fahrt Urlauber meist mit	....	(10)
Tempo 50 richtig. Nur in Serbien und die Slowakei sind	....	(11)
maximal 60 Stundenkilometer erlaubt. Auserhalb	....	(12)
geschlossener Ortschaften die Tempohöchstgrenze liegt in	....	(13)
Dänemark und Norwegen bei 80 km/h. Das gilt auch vor Irland,	....	(14)
Serbien, die Niederlande und die schweiz, wobei hier auf	....	(15)
Schnellstraßen 100 m/h gefahren werden dürfen.	....	(16)

Arbeitsblatt 6

Interviews

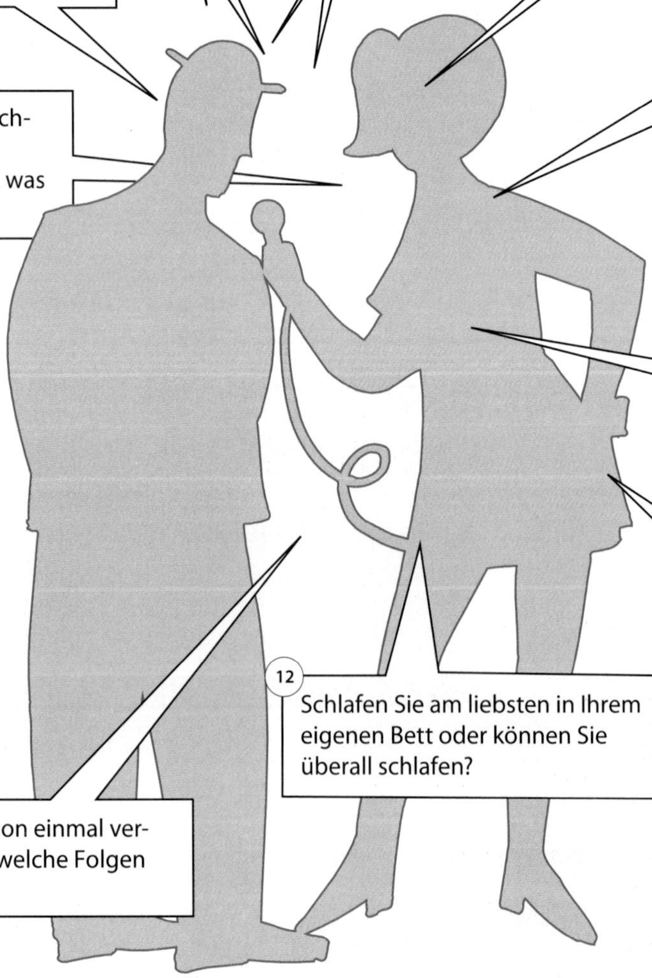

1. Hat sich Ihr Schlafverhalten im Laufe Ihres Lebens verändert?
2. Machen Sie ab und zu einen Mittagsschlaf?
3. Wie lange sollten Ihrer Meinung nach Kinder und Erwachsene schlafen?
4. Was ist für Sie „gesunder Schlaf"?
5. Was machen Sie vor dem Einschlafen? (lesen, Musik hören usw.)
6. Träumen Sie oft oder regelmäßig?
7. Gibt es Träume, an die Sie sich erinnern können?
8. Sind Sie schon einmal in einer ungewöhnlichen Situation eingeschlafen?
9. Schlafen Sie auch manchmal vor dem Fernseher ein?
10. Haben Sie einen Traum, der sich öfter wiederholt?
11. Gibt es in Ihrer Familie oder Verwandtschaft einen Schlafwandler?
12. Schlafen Sie am liebsten in Ihrem eigenen Bett oder können Sie überall schlafen?
13. Haben Sie schon einmal verschlafen und welche Folgen hatte das?
14. Fällt es Ihnen manchmal schwer einzuschlafen? Wenn ja, was machen Sie dann?
15. Können Sie während des Tages auch einfach mal zehn Minuten ein Nickerchen machen?
16. Sind Sie ein Frühaufsteher oder ein Langschläfer?

Wiederholungstest

1. Lesen Sie die folgenden Sätze und ordnen Sie die Funktion von *werden* den Sätzen zu.

Ausdruck einer Vermutung ◊ Vollverb ◊ Hilfsverb für das Passiv ◊ Ausdruck einer Absicht oder eines Versprechens ◊ Ausdruck einer Zukunftserwartung

1. Der diensthabende Arzt wird sich sofort darum kümmern. ....
2. Wo sind die Tabletten? Sie werden wohl wieder im Küchenschrank liegen. ....
3. Die Kräuter werden mit kochendem Wasser aufgegossen. ....
4. Julia wird Kieferorthopädin. ....
5. Morgen wird im Süden Deutschlands Neuschnee fallen. ....
6. Herr Richter ist gestern 65 geworden. ....
7. Die Ärzte werden dem Patienten helfen. ....
8. Die alternativen Heilmethoden werden auch in 20 Jahren noch aktuell sein. ....

.... /8 Punkte

2. Drücken Sie eine Absicht aus.

◊ ich – nicht mehr rauchen — *Ich werde nicht mehr rauchen.*
1. Saisongemüse – ich – kaufen und essen – nur noch ....
2. ab heute – wir – auf die Umwelt – mehr – achten ....
3. wir – Lösung – sich bemühen ....
4. er – Fehler – machen – nicht – noch einmal ....
5. nicht mehr – die Krankenschwester – im Schichtdienst – arbeiten – bald
....
6. in diesem Viertel – die Baubehörde – zulassen – keinen Hochbau – mehr
....

.... /6 Punkte

3. Formulieren Sie Vermutungen für gegenwärtiges Geschehen.

◊ Frau Friese ist nicht pünktlich. *(Der Zug hat wieder mal Verspätung.)*
Der Zug wird wieder Verspätung haben.
1. Der Kollege ist noch nicht im Büro. *(im Stau stehen)*
....
2. Was macht Paula heute Abend? *(ins Kino gehen)*
....
3. Was hat Familie Fritsch am Wochenende vor? *(ins Grüne fahren)*
....
4. Johann ist noch nicht zu Hause. *(wieder Überstunden machen)*
....
5. Er hustet und niest ständig. *(eine Erkältung haben)*
....

.... /5 Punkte

4. Verbinden Sie die beiden Sätze miteinander, indem Sie die in Klammern angegebenen Wörter verwenden.
   1. Er hat Medizin studiert. Heute ist er Manager in einer Bank. *(zwar – aber)*

      ....
   2. In seinen Artikeln plädiert er für eine saubere Umwelt. Er fährt selbst immer mit seinem Wagen. *(obwohl)*

      ....
   3. Sie klagt über ihre Figur. Sie nascht den ganzen Tag. *(trotzdem)*

      ....
   4. Die junge Kollege hat hohes Fieber. Er geht nicht nach Hause. *(dennoch)*

      ....
   5. Der Arzt hat Inge eine Diät verordnet. Sie hält sich nicht immer daran. *(trotzdem)*

      ....
   6. Die Eltern lassen das Kind in der prallen Sonne spielen. Es hat eine überempfindliche Haut. *(obwohl)*

      ....
   7. Sie kann sich einen Aufenthalt im 4-Sterne-Hotel leisten. Sie ist immer mit dem Zelt unterwegs. *(zwar – aber)*

      ....

.... /7 Punkte

5. Bilden Sie Sätze im Präteritum wie im Beispiel.

◊	trotz *(das schöne Wetter)* – sich erkälten – Ilona	*Trotz des schönen Wetters erkältete sich Ilona.*
1.	trotz *(der Protest)* – die Elbbrücke – gebaut – werden	....
2.	trotz *(ihr Fleiß)* – sie – die Prüfung – nicht schaffen	....
3.	trotz *(die Kälte)* – sich kleiden – sommerlich – er	....

   4. trotz *(der Vertrag)* – das Unternehmen – nicht rechtzeitig – liefern

      ....
   5. trotz *(sein musikalisches Interesse)* – früher – nie – besuchen – Konzerte

      ....

.... /5 Punkte

6. Ergänzen Sie das erweiterte Partizipattribut wie im Beispiel.

◊	Die Produkte wurden ökologisch hergestellt.	*ökologisch hergestellte* Produkte
1.	Das Gericht wurde stark versalzen.	ein .... Gericht
2.	Die Arzneimittel wurden streng kontrolliert.	.... Arzneimittel
3.	Das Gemüse wurde kurz gedünstet.	das .... Gemüse
4.	Die Ente wurde knusprig gebraten.	die .... Ente
5.	Das Gesetz zum Rauchverbot wurde kürzlich eingeführt.	das .... Gesetz

.... /10 Punkte

Insgesamt: .... /41 Punkte

Zeitformen der Verben [1]

Ergänzen Sie die fehlenden Sätze.

	Präsens	Perfekt	Präteritum
1.		Sie hat von der Geschichte Wind bekommen.	
2.	Er lässt sich den Wind um die Nase wehen.		
3.			Sie lief wie der Wind.
4.		Mit unserer guten Argumentation haben wir ihm den Wind aus den Segeln genommen.	
5.	Ich kenne sie, sie hängt immer ihr Mäntelchen nach dem Wind.		
6.	Die Temperaturen steigen bis auf 32 Grad.		
7.	Die Sonne scheint den ganzen Tag.		
8.	Vom Westen ziehen dunkle Wolken auf.		
9.		Er hat in der Zeitung den Wetterbericht gelesen.	
10.	Nachts sinken die Temperaturen.		
11.			In den Frühstunden gab es einige Nebelfelder.
12.		Der Patient hat sicherlich unter der Wetterlage gelitten.	
13.		Die Treffsicherheit der Vorhersage hat bisher 30 % betragen.	
14.	Einige Menschen schreiben ihre Krankheitssymptome dem Wetter zu.		
15.	Endlich besinnen sie sich auf ihren gesunden Menschenverstand.		

Zeitformen der Verben [2]

Ergänzen Sie die fehlenden Sätze.

	Präsens	Perfekt	Präteritum
1.	Sprachliche Veränderungen vollziehen sich in verschiedenen Bereichen.		
2.		Englisch ist zur Welthilfssprache herangewachsen.	
3.	Diese Tatsache verschlägt mir die Sprache.		
4.		Wir haben den Vorfall zur Sprache gebracht.	
5.		Du hast mir aus der Seele gesprochen.	
6.	Am Dialekt erkennt ihr die Herkunft des Sprechers.		
7.	Die Studenten umschreiben Alltagsbegriffe.		
8.			Seine Mimik verriet viel über sein Inneres.
9.	Der Körper sendet unbewusst Signale.		
10.			Er schlug immer alles im Wörterbuch nach.
11.	Onkel Gerd versteht keinen Spaß.		
12.		Viele Dozenten haben Tipps zum Sprachenlernen gegeben.	
13.	Lilli gewinnt oft im Scrabble.		
14.	Wir unterhalten uns über die Sprachentwicklung.		
15.	Sein Gesicht spricht Bände.		

Arbeitsblatt 2: Karten zum Ausschneiden

Kurze Wettervorhersage

Wählen Sie je eine Karte und schreiben Sie einen Wetterbericht.

Karte 1 Österreich Klagenfurt	**Karte 2** Griechenland Heraklion	**Karte 3** Deutschland Kap Arkona	**Karte 4** Ungarn Siófok	**Karte 5** Frankreich Toulouse
Karte 6 Schweiz St. Moritz	**Karte 7** Island Reykjavik	**Karte 8** Deutschland Weimar	**Karte 9** Schweiz Luzern	**Karte 10** Kroatien Dubrovnik
Karte 11 Russland St. Petersburg	**Karte 12** Spanien Malaga	**Karte 13** Norwegen Tromsø	**Karte 14** Deutschland Flensburg	**Karte 15** Niederlande Ameland
Karte 16 Deutschland Ulm	**Karte 17** Österreich Bregenz	**Karte 18** Polen Krakau	**Karte 19** Deutschland Passau	**Karte 20** Italien Mailand

1 Frühlingsanfang	2 Anfang Oktober	3 Januar	4 April	5 Sommerferien
6 Herbstferien	7 Silvester	8 Juni	9 Oktober	10 Ende März
11 Juli	12 September	13 März	14 Anfang Juni	15 Mai
16 Weihnachten	17 Ende Dezember	18 Herbstanfang	19 August	20 November
21 Februar	22 mitten im Winter	23 Pfingsten	24 Winteranfang	25 Ostern

Unser Wetterbericht

Ergänzen Sie die fehlenden Präpositionen und Artikel, wenn nötig.

Wetterlage:

Ein Hoch .... Deutschland sorgt .... Mitteleuropa .... ruhiges Wetter.
So scheint verbreitet die Sonne. Vor allem .... Süden und Osten halten sich aber noch Wolkenfelder. Es bleibt jedoch meist trocken. Auch .... West- und Südwesteuropa gibt es viel Sonnenschein. Dagegen bringt ein Tiefdruckgebiet .... südlichen Adria .... Sizilien .... zum Bosporus kräftige Regengüsse.

Deutschland heute (Sa., 21.3.):

Mancherorts beginnt der Tag .... Dunst- und Nebelfeldern. .... Tagesverlauf setzt sich dann die Sonne durch. Lediglich .... Bayerischen Alpen halten sich dichte Wolken. Örtlich fällt noch etwas Schnee. .... Osten ziehen .... Laufe des Tages größere Wolkenfelder vorbei. Es bleibt aber trocken. Die Temperaturen steigen .... fünf .... zwölf Grad.

Biowetter:

Der Organismus wird .... Wetterlage positiv beeinflusst. Besonders Personen .... Herz-Kreislauf-Erkrankungen können sich heute .... Entlastung freuen. Man fühlt sich ausgeruht und ist ausgeglichen. Dadurch steigen auch Leistungs- und Konzentrationsfähigkeit. Bewegung .... frischen Luft unterstützt das Immunsystem.

Weitere Aussichten:

.... Sonntag überwiegen .... Norden dichte Wolken. Sie bringen örtlich etwas Regen, ... Süden bleibt es freundlich. Sechs .... dreizehn Grad werden erreicht. .... Montag regnet es .... Norden und Osten häufig, ... Bayern nur vereinzelt. Sonst ist es wechselnd .... stark bewölkt .... wenig geänderten Temperaturen.

Begriffe beschreiben und erraten

Karte 1 der Wetterbericht	**Karte 2** die Wetterkarte	**Karte 3** die Windschutz-scheibe	**Karte 4** die Bauernregel
Karte 5 der Niederschlag	**Karte 6** das Thermometer	**Karte 7** das Gewitter	**Karte 8** der Regenschirm
Karte 9 die Hitzewelle	**Karte 10** der Kopfschmerz	**Karte 11** der Wetterfrosch	**Karte 12** die Windmühle
Karte 13 die Narbe	**Karte 14** der Eiszapfen	**Karte 15** die Sonnencreme	**Karte 16** das Skigebiet
Karte 17 das Tiefdruck-gebiet	**Karte 18** der Wettersatellit	**Karte 19** das Unwetter	**Karte 20** der Sturm

Arbeitsblatt 5

Weltsprachen

Lesen Sie den Auszug aus dem Interview und wählen Sie die Wörter (a, b oder c), die in den Satz passen. Es gibt jeweils nur eine richtige Antwort.

■ Soll man die deutsche Sprache schützen?

Prof. Fleischer: Experten schätzen, dass im Jahr 2040 die meisten Leitseiten im Internet in chinesischer Sprache .... (1). An zweiter Stelle werden spanische und arabische Seiten folgen, erst an vierter Stelle sollen den .... (2) nach dann die englischen Leitseiten kommen.

Moderator: Soll das bedeuten, dass das Chinesische das Englische .... (3) wird?

Prof. Fleischer: Chinesisch ist längst eine Globalsprache. Aufgrund der wirtschaftlichen Entwicklung, die China in den letzten Jahren vorzuweisen hat, ist natürlich auch die Rolle der chinesischen Sprache gewachsen. Doch auch China ist, wie viele andere Länder, keine .... (4). Das Hochchinesisch aus den Büchern spielt im chinesischen Alltag fast keine Rolle. Und die von den Chinesen gesprochene Umgangssprache wird wiederum in eine nördliche und eine südliche Sprachgruppe geteilt. Und, das möchte ich unbedingt betonen, so schön der Traum von einer Welt, ... (5) sich alle Menschen verstehen, auch ist, egal, ob jetzt auf Englisch, Chinesisch, Spanisch oder Deutsch, Sprache ist natürlich mehr als nur ein Verständigungsmittel. Sprache steht immer auch für eine bestimmte Kultur und eine nationale .... (6).

Moderator: Ist das der Grund, warum die Europäische Union zum Fremdsprachenlernen .... (7) und am Prinzip der Vielsprachigkeit festhält?

Prof. Fleischer: Selbstverständlich bleibt die kulturelle und nationale Identität ein Hauptgrund für die Förderung der Vielsprachigkeit in Europa. Aber nicht nur. Vielsprachigkeit ist auch in .... (8) Hinsicht wichtig. Sie eröffnet Märkte. Fremdsprachenkenntnisse werden .... (9) zu den beruflichen Schlüsselqualifikationen zählen. .... (10) jemand zwei oder mehr Fremdsprachen spricht, wird er bessere Chancen im internationalen .... (11) haben. Französisch oder Deutsch werden weiterhin wichtige Kontaktsprachen bleiben.
Die Wahl der Fremdsprache, die die Menschen lernen, gilt übrigens als ein Indikator dafür, welche wirtschaftliche oder politische Macht man .... (12) in Zukunft zutraut. Im Moment zum Beispiel gibt es in Deutschland eine Tendenz zu den asiatischen Sprachen, während das Interesse am Russischen abnimmt. Also die Sprachauswahl könnte man als eine Art Seismograf für zukünftige Entwicklungen sehen.

1. a) verfasst sein werden
   b) verfasst wurden
   c) verfasst hatten
2. a) Geschätztes
   b) Schätzungen
   c) Schatz
3. a) verdrängen
   b) erzwingen
   c) bedrängen
4. a) einheitliche Sprachregion
   b) einheitliches Sprachterritorium
   c) einheitliche Sprachgrenze
5. a) auf der
   b) die
   c) in der
6. a) Volk
   b) Identität
   c) Glauben
7. a) aufruft
   b) einlädt
   c) beruft
8. a) ökonomischer
   b) ökonomische
   c) ökonomischen
9. a) gestern
   b) künftig
   c) niemals
10. a) Wann
    b) Wenn
    c) Als
11. a) Wettbewerb
    b) Wettkampf
    c) Streit
12. a) bestimmter Länder
    b) bestimmte Länder
    c) bestimmten Ländern

Grammatiktraining

Sprachen lernen: Ergänzen Sie die Subjunktionen und unterstreichen Sie das finite Verb im Nebensatz.

damit ◇ solange ◇ nachdem ◇ obwohl ◇ indem ◇ wenn ◇ anstatt ◇ weil ◇ während ◇ ~~seitdem~~ ◇ ohne ◇ dass ◇ als ◇ bevor ◇ um

◇ *Seitdem* er bei der Europäischen Kommission als Dolmetscher arbeitet, sieht er seine Familie nur noch am Wochenende.

1. .... sie die Meinungsverschiedenheiten aus dem Weg geräumt hatten, konnten sie wieder normal miteinander sprechen.
2. .... er den Deutschkurs belegen konnte, musste er eine Einstufungsprüfung machen.
3. Jonathan beherrscht die deutsche Sprache immer noch nicht richtig, ... er schon fünf Jahre Germanistik studiert.
4. Ich kann dich nicht verstehen, ... du so leise sprichst.
5. Er muss sich vereidigen lassen, ... Gerichtsdolmetscher zu werden.
6. Sie sollten die unbekannten Vokabeln im Wörterbuch nachschlagen, ... alles zu raten.
7. Ich muss mir alles aufschreiben, ... ich so vergesslich bin.
8. .... die eine Lerngruppe ein Referat vorbereitete, arbeitete die andere Gruppe im Sprachlabor.
9. Sie übersetzte alles in Windeseile, ... auch nur einmal ins Wörterbuch zu schauen.
10. .... Irena noch jung und flexibel war, dolmetschte sie oft Tag und Nacht.
11. Der Lehrer wiederholt den neuen Stoff mehrfach, ... sich wirklich alle Schüler die Fakten merken.
12. .... ich Deutsch nicht auf C1-Niveau beherrsche, bewerbe ich mich nicht bei diesem Handelsunternehmen.
13. Wir verständigen uns, ... wir mit Händen und Füßen reden.
14. Er ist so sprachbegabt, ... er die neuen Wörter fast im Schlaf lernt.

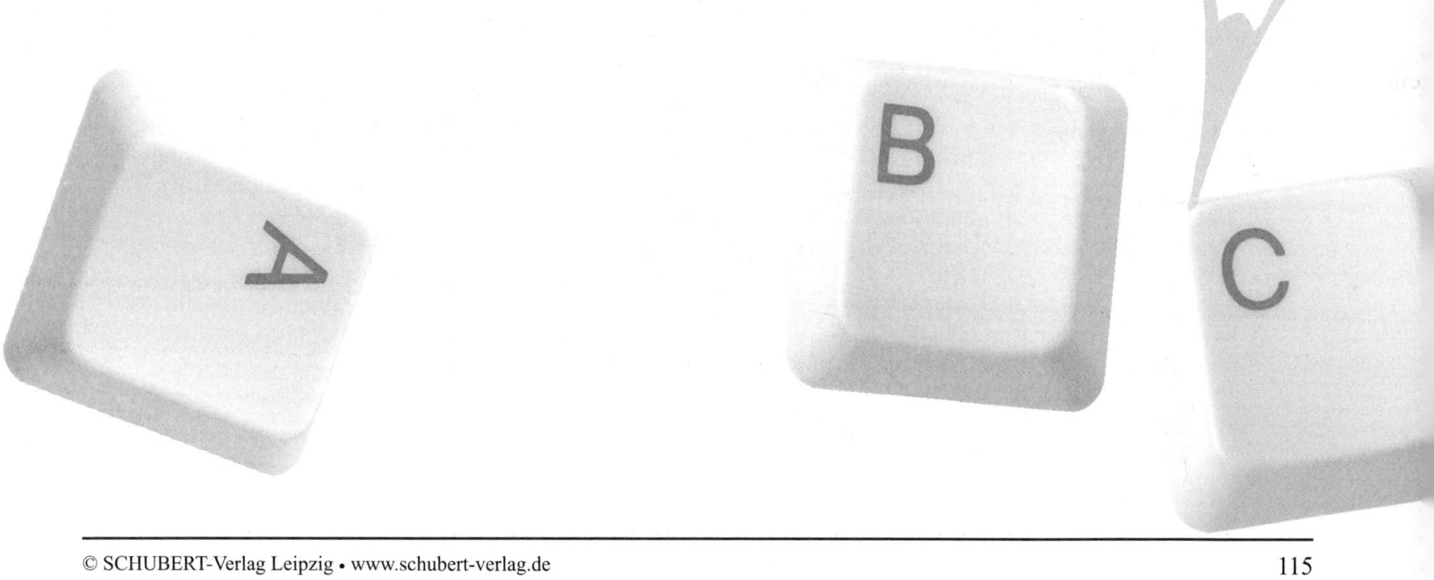

Sprache ohne Worte

Suchen Sie für jeden Absatz des Textes eine passende Überschrift.

1. ....

Nonverbale Kommunikation ist vermutlich die älteste Form der Verständigung. Sie bedeutet, dass Menschen nicht verbal miteinander kommunizieren, sondern dass nur der Körper spricht. Und der Körper spricht immer. Er teilt der Umgebung mithilfe verschiedener Signale mit, ob er z. B. Kontakt wünscht oder nicht. Der Körper agiert bzw. reagiert beim Aussenden und Empfangen der Signale meist unbewusst. Die Körpersprache hat der Mensch nicht so gut unter Kontrolle wie die verbale Kommunikation und deshalb erscheinen die Botschaften, die der Körper vermittelt, oft „wahrer" bzw. „echter".

2. ....

Wissenschaftler und Psychologen hat die Bedeutung der Körpersprache schon seit Langem fasziniert. 1775 löste der Zürcher Pfarrer Johann Caspar Lavater mit seinen „Physiognomischen Fragmenten zur Beförderung der Menschenkenntnis und Menschenliebe" geradezu eine Modewelle aus. Er ging von der richtigen Vermutung aus, dass die ruhige und bewegte „Oberfläche des Menschen", von ihm Physiognomie genannt, etwas Wahres über den Menschen verrät. Allerdings zog er die Schlussfolgerung, dass das Aussehen eines Menschen direkt auf seine „moralische Qualität" schließen lasse. Das hatte zur Folge, dass damals eine regelrechte Sucht ausbrach, Gesichtsprofile deuten zu lassen, um Aufschluss über den Charakter zu erhalten.

3. ....

Einen wissenschaftlich haltbaren Ansatz brachte erst Darwins Evolutionstheorie. Darwin selber widmete eines seiner späteren Werke dem „Ausdruck der Gemütsbewegungen bei dem Menschen und den Tieren" (1872). Er stellte die Theorie auf, dass die elementaren Ausdrucksbewegungen der Gefühle als stammesgeschichtliche Anpassungen zu verstehen seien. Noch zu Beginn des 19. Jahrhunderts wurde Darwins „Ausdruckskunde" an vielen Universitäten als Lehrfach unterrichtet. Die Studenten sollten anhand von fotografierten Gesichtsausdrücken die dazugehörige Emotion ermitteln. Der Amerikaner Carney Landis bewies zwischen 1924 und 1939 jedoch mit einer Reihe von Experimenten, dass dies nicht möglich ist, da selbst bei heftigsten Gefühlen keine einheitlichen, sondern ganz verschiedene mimische Reaktionen auftreten.

4. ....

Zu Beginn der Achtzigerjahre führte Luzian Ruch an der Universität Bern einige Versuchsreihen durch, die der bisherigen Meinung – der Gesichtsausdruck diene hauptsächlich dem Ausdruck von Emotionen – komplett widersprachen. In einem Versuch spielte man Personen, die sich alleine in einem Zimmer befanden, stark emotionale Filmszenen vor. Anschließend wurden die gleichen Szenen Personen vorgespielt, die sich mit einer anderen Versuchsperson im gleichen Zimmer befanden. Das erstaunliche Ergebnis: Die Versuchspersonen, die alleine im Zimmer gewesen waren, zeigten fast keine mimische Reaktion. Die Versuchspersonen mit Blickkontakt zu anderen Personen reagierten jedoch mimisch sehr stark. Man schloss daraus, dass unterbewusste körpersprachliche Signale zu einem großen Teil sozial bedingt sind. Diese Erkenntnis erschwert die Deutung der Signale, denn je nach Situation können sie ganz unterschiedlich ausfallen.

Unregelmäßige Verben

Bitte drücken Sie die folgenden Sätze anders aus. Benutzen Sie (andere) unregelmäßige Verben.
Schreiben Sie den Satz erst im Perfekt und dann im Präteritum.

◇ Er hat kein einziges Wort gesagt.
a) *Er hat kein einziges Wort gesprochen.*
b) *Er sprach kein einziges Wort.*

1. Haben Sie gestern mit dem Sprachinstitut telefoniert?
a) ....
b) ....

2. Hast du den Fehler endlich entdeckt?
a) ....
b) ....

3. Wir sind im Urlaub auf den Brocken geklettert.
a) ....
b) ....

4. Martina hat immer beim Scrabble gesiegt.
a) ....
b) ....

5. Ich habe das nicht gemacht.
a) ....
b) ....

6. Hast du die Prüfung im Goethe-Institut geschafft?
a) ....
b) ....

7. Die Temperaturen sind nicht mehr so hoch.
a) ....
b) ....

8. Gestern war die Sonne den ganzen Tag am Himmel.
a) ....
b) ....

9. Nach der Abschlussfeier war niemand mehr nüchtern.
a) ....
b) ....

10. Am Telefon hat er seinen Namen nicht gesagt.
a) ....
b) ....

11. Fanni hat einen Bewerbungsbrief verfasst und sich bei der Firma vorgestellt.
a) ....
b) ....

12. Meine Eltern haben mir für das Wochenende ihren Wagen gegeben.
a) ....
b) ....

13. Ich erinnere mich nicht an seinen Namen.
a) ....
b) ....

14. In der Hütte auf dem Berg ist mir die ganze Nacht kalt gewesen.
a) ....
b) ....

15. Mark hat fest zugesagt, morgen zu kommen.
a) ....
b) ....

16. Bei der Wärme gestern war der Schnee verschwunden.
a) ....
b) ....

Wiederholungstest

1. Finden Sie zu den unterstrichenen Wörtern Antonyme.

◊ Im Osten geht die Sonne auf, im Westen *geht* sie *unter*.

1. Im Winter herrscht in diesem Gebiet eisige Kälte, im Sommer dagegen unerträgliche ....
2. Im Tagesverlauf steigen die Temperaturen bis auf 20 Grad, nachts .... sie auf 10 Grad.
3. Die Tagestiefstwerte liegen morgens bei 11 Grad, die Tages..................... werte bei ca. 18 Grad.
4. Im Süden herrscht Trockenheit, im Norden kommt es vereinzelt zu ....

.... /4 Punkte

2. Ergänzen Sie die fehlenden Verben im Präteritum.

◊ Bei Umfragen *sah* jeder zweite Deutsche die Ursachen für bestimmte Krankheiten im Wetter.

1. Das war das Ergebnis einer Studie, in der man 1064 Bundesbürger ....
2. Die Mehrzahl der Interviewten .... über Kopfschmerzen, Erschöpfungen und Müdigkeit.
3. 66 Prozent der Frauen .... an einen Zusammenhang zwischen dem Luftdruck und ihren Beschwerden.
4. Bei manchen Interviewten .... das Wetter sogar zur Arbeitsunfähigkeit, die bis zu zehn Tagen ....
5. Während in Norddeutschland der Einbruch von Kaltluft zu den stärksten Beschwerden ...., ... die Menschen in Bayern unter der Warmluftzufuhr.
6. Die Entwickler der Umfrage .... psychologische Ursachen auch für möglich.
7. Bis vor kurzem .... niemand, wie viele Menschen ihre Krankheitssymptome dem Wetter zuschreiben.

.... /9 Punkte

3. Ergänzen Sie die fehlenden Präpositionen und eventuell die Artikel.

1. Die englische Sprache scheint in ganz Europa .... dem Vormarsch zu sein.
2. In Deutschland begegnet man englischen Wörtern zum Beispiel .... Büro, ... der Post oder .... Autohändler.
3. Der Hang .... Englischen ist .... den Großstädten besonders ausgeprägt.
4. Früher waren Experten noch der Meinung, die Anglisierung finde hauptsächlich .... der Wortschatzebene statt.
5. Heute müssen sie feststellen, dass sich die Veränderungen auch .... Bereich der Struktur vollziehen.
6. .... die Verbreitung des Englischen .... der Zukunft sind sich die Linguisten noch uneinig. Manchen Prognosen .... wird nur jede zehnte aller lebenden Sprachen überleben.
7. Aber es regt sich überall .... der Welt Widerstand. Franzosen, Frankokanadier und Polen wollen .... Gesetzen .... eine sprachliche Überfremdung vorgehen.

.... /14 Punkte

4. Formen Sie die Präpositionalangaben in Nebensätze um.

◊ Gleich nach der Beendigung des Praktikums bekam er eine feste Anstellung in einem Übersetzerbüro.

Gleich nachdem er sein Praktikum beendet hatte, bekam er eine feste Anstellung in einem Übersetzerbüro.

1. Während ihres Auslandsaufenthaltes lernte sie perfekt Französisch.

   ....

2. Trotz der eisigen Kälte sprang er am Neujahrstag ins kühle Nass.

   ....

3. Man kann sich durch Saunabesuche abhärten.

   ....

4. Wegen seiner schlechten Sprachkenntnisse muss er den Kurs wiederholen.

   ....

5. Zur Erweiterung des Wortschatzes hört er jetzt viel Radio.

   ....

6. Nur mit viel Fleiß und Geduld kann man mehrere Sprachen auf einmal lernen.

   ....

7. Vor der Prüfung hat sie alles auswendig gelernt.

   ....

8. Man kann die Gedächtnisleistung durch ständiges Training verbessern.

   ....

9. Ich bin bei Sturm und Regen gern am Strand.

   ....

10. Sie geht zur Entspannung in die Sportschule.

   ....

.... /20 Punkte

Insgesamt: .... /47 Punkte

Arbeitsblatt 1

Thesen zum Glück

Lesen Sie die Thesen und ergänzen Sie die Lücken in den umgeformten Sätzen (rechts).

Thesen		Umgeformte Sätze
1. Untersuchungen zeigen, dass Glücklichsein wenig von den Umständen des Lebens abhängt.	⇨	Untersuchungen *zufolge* hat Glücklichsein wenig mit den Lebensumständen zu ....
2. Alle äußeren Faktoren zusammengenommen machen nicht mehr als 10 Prozent aus.	⇨	Der .... der äußeren Faktoren am Glück ist nicht .... als 10 Prozent.
3. Die Empfindung des Glücks entsteht dadurch, dass das Hirn den Körper beobachtet und Signale aus ihm aufnimmt.	⇨	Die Empfindung des Glücks entsteht im Hirn durch .... des Körpers und .... von Signalen.
4. Ein Weg zur Beeinflussung des Glücksgefühls ist, unsere Wahrnehmung zu schulen.	⇨	Wir können unser Glücksgefühl .... , ... wir unsere Wahrnehmung schulen.
5. Wir sollten uns mehr über die kleinen Dinge des Lebens freuen und uns nicht nur über die schlechten Momente ärgern.	⇨	Die .... über die kleinen Dinge des Lebens sollte größer sein als der .... über die schlechten Momente.
6. Menschen werden unglücklich, wenn sie das Gefühl haben, Leben und Schicksal nicht in der Hand zu haben.	⇨	Bei Menschen entsteht ein .... Gefühl, wenn sie ihr Leben nicht mehr .... können.
7. Die Vorstellung vom Glück als Dauerfaulenzen ist leider falsch.	⇨	Die Vorstellung, dass man .... Faulenzen glücklich werden kann, hat sich als falsch ....
8. Wichtig ist, dass sich Menschen Ziele setzen und die Ziele auch verfolgen.	⇨	Das .... und die .... von Zielen sind wichtige Voraussetzungen .... Glück.
9. Bestimmte Menschen können ihre negativen Emotionen besser kontrollieren.	⇨	Bestimmte Menschen haben ihre negativen Emotionen besser ....
10. Jeder sollte mehr auf positive Empfindungen achten.	⇨	Es ist .... , positiven Empfindungen mehr Beachtung zu ....

Grammatiktraining

Setzen Sie die fehlenden Präpositionen und Artikel im richtigen Kasus ein. Beenden Sie, wenn nötig, die Sätze.

1. Wo*rüber* haben Sie sich in letzter Zeit geärgert? – Ich habe mich .... d............... Verkehrschaos geärgert. Ich habe mich da.......... geärgert, dass ...

   .... wen ärgerst du dich oft? – Ich ärgere mich oft .... d............... Nachbarn.

2. .... wen waren Sie schon einmal sehr wütend? – Ich war schon einmal .... mein.......... Lebenspartner wütend.

   Wo.............. warst du denn gestern so wütend? – Ich war schrecklich wütend .... das Finanzamt. Ich war schrecklich wütend da.............., dass ...

3. Wo............... sind Sie in Ihrer Firma besonders zufrieden? – Ich bin besonders zufrieden .... d.......... guten Arbeitsatmosphäre. Ich bin besonders da............... zufrieden, dass ...

   Der Trainer hat seine Schützlinge sehr gelobt. Aber .... wem war er nun am zufriedensten? – Er war sicherlich .... d.......... Nachwuchskandidaten am zufriedensten.

4. Wo............... sind die Kinder im Haushalt verantwortlich? – Die Kinder sind .... d.......... Küche verantwortlich. Die Kinder sind da.............. verantwortlich, dass ...

   .... wen ist der Bewährungshelfer verantwortlich? – Der Bewährungshelfer ist .... d.......... straffälligen Jugendlichen verantwortlich.

5. Wo............... beschäftigt sich eine Wahrsagerin? – Eine Wahrsagerin beschäftigt sich .... d.......... Zukunft der Menschen. Viele Menschen sind da............... beschäftigt, dass ...

   .... wem beschäftigt sich eine Kindergärtnerin? – Eine Kindergärtnerin beschäftigt sich .... d.......... Kindern zwischen drei und sechs Jahren.

6. Wo............... ist er denn bloß neidisch? – Ich denke, dass er .... d.......... neuen Wagen des Nachbarn neidisch ist. Er ist neidisch da..............., dass ...

   .... wen ist er denn so unglaublich eifersüchtig? – Weißt du das denn nicht? Er ist schon seit Jahren .... d.......... Kollegen seiner Freundin eifersüchtig.

7. Wo............... erinnerst du dich gern? – Ich erinnere mich besonders gern .... d.......... Klassentreffen im Sommer. Ich erinnere mich gern da..............., dass ...

   .... wen erinnerst du dich gern? – Ich erinnere mich gern .... d.......... Geschichtslehrer.

8. Wo.............. haben Sie sich als Kind gefürchtet? Ich habe mich .... d.......... Gewitter gefürchtet. – Ich habe mich da............... gefürchtet, dass ...

   .... wem haben Sie sich als Kind gefürchtet? – Ich habe mich .... d.......... Gespenstern gefürchtet.

Arbeitsblatt 3: Karten zum Ausschneiden

Personen beschreiben und erraten

Karte 1 ein gestresster Lehrer	**Karte 2** ein fleißiger Azubi	**Karte 3** eine zuverlässige Sekretärin
Karte 4 ein hochnäsiger Politiker	**Karte 5** eine schlecht gelaunte Verkäuferin	**Karte 6** eine zurückhaltende Praktikantin
Karte 7 ein glückliches Ehepaar	**Karte 8** ein ehrgeiziger Sportler	**Karte 9** ein übermütiger Jugendlicher
Karte 10 ein geiziger Nachbar	**Karte 11** ein bescheidener Kollege	**Karte 12** eine kleinliche Patentante
Karte 13 ein begeisterter Forscher	**Karte 14** ein enttäuschter Bürgermeister	**Karte 15** ein gutmütiger Vorgesetzter
Karte 16 eine großzügige Freundin	**Karte 17** warmherzige Großeltern	**Karte 18** ein übermütiger Jugendlicher
Karte 19 eine selbstbewusste Nachrichtensprecherin	**Karte 20** ein wütender Patient	**Karte 21** ein kaltblütiger Bankier

Arbeitsblatt 4

Kennen Sie den?

Korrigieren Sie den Witz. Achten Sie auf die Groß- und Kleinschreibung und die Zeichensetzung.

1

ein unternehmen hat seine spitzenleute auf ein teures seminar geschickt sie sollen lernen auch in einer ungewohnten situation lösungen zu erarbeiten und zielgerichtete entscheidungen zu treffen eine gruppe von managern soll die höhe einer fahnenstange messen

2

sie gehen hinaus auf den rasen beschaffen sich eine leiter und ein bandmaß die leiter ist aber zu kurz also holen sie noch einen tisch auf den sie die leiter stellen es reicht immer noch nicht sie stellen noch einen stuhl auf den tisch da das alles sehr wackelig ist fällt der ganze aufbau immer wieder um

3

alle reden gleichzeitig jeder hat andere vorschläge zur lösung des problems es ist ein heilloses durcheinander ein ingenieur kommt vorbei sieht sich das treiben ein paar minuten lang an dann zieht er wortlos die fahnenstange aus dem boden legt sie hin nimmt das bandmaß und misst die stange von einem ende zum anderen

4

er schreibt das ergebnis auf einen zettel und drückt ihn zusammen mit dem bandmaß einem der manager in die hand dann geht er wieder seines weges kaum ist er um die ecke sagt einer der topmanager das war wieder typisch ingenieur wir müssen die höhe der stange wissen und er sagt uns die länge deshalb lassen wir diese leute auch nie in den vorstand

Wortschatztraining

Ordnen Sie den Wendungen die passenden Verben zu.

1. Spaß
2. die Frage nach dem Glück
3. Erfolgserlebnisse
4. Prioritäten
5. das Berufs- und Privatleben in Einklang
6. sich auf die eigenen Stärken
7. über das eigene Tun
8. etwas als stressig
9. sich mit dem Beruf
10. sich vor Lachen
11. eine Enttäuschung
12. von einem Unglück ins nächste
13. Witze
14. jemanden in den April
15. die Vergangenheit
16. jemandem einen Bären
17. die Psyche
18. schlechte Stimmungen
19. jemanden auf den Arm
20. sich Freiräume
21. Energie in die Karriere
22. auf das Glück

a) schlittern
b) empfinden
c) belasten
d) aufbinden
e) stecken
f) verstehen
g) verherrlichen
h) schaffen
i) erzielen
j) schicken
k) hoffen
l) bringen
m) reflektieren
n) ausschütten
o) erleben
p) stellen/beantworten
q) setzen
r) vertreiben
s) besinnen
t) identifizieren
u) nehmen
v) reißen

1.	2.	3.	4.	5.	6.	7.	8.	9.	10.	11.	12.	13.	14.	15.	16.	17.	18.	19.	20.	21.	22.

Schreibtraining

Schreiben oder erzählen Sie jeweils eine kleine Geschichte zu den Themen *Glück, Stress* und *Witz*. Benutzen Sie die angegebenen Wörter.

1. Thema: **Glück**

Lottogewinn ◊ Glücksfee ◊ Handyklingeln ◊ Traum ◊ Pechvogel

2. Thema: **Stress**

Aufregung ◊ Steuern ◊ Krise ◊ Privatleben ◊ Bluthochdruck

3. Thema: **Witz**

Ehepaar ◊ Ulknudel ◊ Fernsehen ◊ Kabarettist ◊ schwarzer Humor

Rollenspiele

Spielen Sie eine der hier beschriebenen Situationen zu zweit bzw. in Kleingruppen nach.

Rolle 1

Sie und Ihr Gesprächspartner/Ihre Gesprächspartnerin haben eine gemeinsame Freundin, die ein sehr humorvoller Typ ist und morgen Geburtstag hat. Diskutieren Sie über ein passendes Geschenk. Sie haben völlig andere Vorstellungen als Ihr Gesprächspartner/Ihre Gesprächspartnerin, aber schließlich können Sie sich doch einigen.

Rolle 2

Ihr Gesprächspartner/Ihre Gesprächspartnerin hat in der Zeitung etwas über einen Lachkurs gelesen und will Sie davon überzeugen, mit ihr/mit ihm zusammen diesen Kurs zu belegen. Ihr Gesprächspartner/Ihre Gesprächspartnerin hat viele Argumente für einen solchen Kurs. Sie bleiben skeptisch, aber letztlich kann der Gesprächspartner/die Gesprächspartnerin Sie doch überzeugen.

Rolle 3

Sie sind Kollegen und sitzen zu viert in einem Zimmer. Sie haben alle vier viel zu tun. Natürlich kann ein kleiner Witz die Atmosphäre auflockern, aber ein Kollege erzählt ständig Witze und lacht andauernd. Den anderen geht das auf die Nerven. Die drei tragen in einer Besprechung Argumente vor, damit sich der „witzige Kollege" etwas zurücknimmt. Anfangs kann der Kollege das überhaupt nicht verstehen, aber dann ist er einsichtig.

Rolle 4

Ihr Gesprächspartner/Ihre Gesprächspartnerin hat Karten für eine Kabarettvorstellung erworben (sie/er hat sehr lange dafür angestanden und viel Geld dafür ausgegeben). Sie finden den Kabarettisten sehr oberflächlich und können über seine Blödeleien überhaupt nicht lachen. Bringen Sie das Ihrem Gesprächspartner schonend bei (die Karten sollten zurückgegeben werden) und schlagen Sie eine Alternative für einen netten humorvollen Abend vor.

Wiederholungstest

1. Ergänzen Sie die passenden Konjunktionen bzw. Konjunktionaladverbien.

   ◊ Lachen ist nicht nur gesund, *sondern* trägt oft auch zu einer gemütlichen Atmosphäre bei.
   1. Es gibt weder wissenschaftliche Belege für die Wirkung des Lachens, ... sind neue Erkenntnisse bekannt.
   2. Zwar erregten neue Thesen über das Lachen Aufsehen in den Medien, ... sind die alten Weisheiten wahrscheinlich unwahr.
   3. .... wird die Bedeutung des Lachens vielleicht überschätzt, andererseits ist Lachen unbestritten wichtig für unser Wohlbefinden.
   4. .... bestreiten Wissenschaftler die positive Wirkung des Lachens, trotzdem gibt es viele Menschen, die an die Zauberkraft des Humors glauben.
   5. Entweder schütten sich die Leute nach einem Witz vor Lachen aus .... sie reagieren mit einem leisen Schmunzeln.
   6. Lachen ist gesund, weil es sowohl zur Entspannung beiträgt .... Stress abbaut.
   7. Dieser Muffel hat sich .... über den lustigen Film amüsiert noch konnte er über den Witz des Kollegen lachen.
   8. Er ist nicht nur fachlich kompetent, ... hat auch eine humorvolle Art, das Fachwissen zu vermitteln.

.... /8 Punkte

2. Suchen Sie die Antonyme.

   ◊ kleinlich – *großzügig*

1. verschlossen	–	....	6. fröhlich	–	....
2. bescheiden	–	....	7. gelassen	–	....
3. hartherzig	–	....	8. optimistisch	–	....
4. mutig	–	....	9. selbstsicher	–	....
5. faul	–	....	10. frech	–	....

.... /10 Punkte

3. Ergänzen Sie die fehlenden Präpositionen und Artikelendungen.

   1. Er träumt .... ein........... guten Arbeitsatmosphäre.
   2. Die neue Managerin bemüht sich, nett .... d........... Kollegen zu sein.
   3. Zu viel Stress ist schädlich .... d........... Gesundheit.
   4. Weißt du, dass er .... d........... Direktor verwandt ist?
   5. Auch in Stresssituationen ist man .... Hochleistungen fähig.
   6. Er bleibt immer ganz ruhig, darum ist er sehr beliebt .... d........... Studenten.

.... /6 Punkte

4. Bilden Sie Nomen.

◊	sich begeistern –	*die Begeisterung*			
1.	sich rächen –	....	7.	sich erinnern –	....
2.	sich freuen –	....	8.	sich interessieren –	....
3.	sich sorgen –	....	9.	sich ärgern –	....
4.	sich streiten –	....	10.	sich anstrengen –	....
5.	sich fürchten –	....	11.	sich beteiligen –	....
6.	sich aufregen –	....	12.	sich beschweren –	....

.... /12 Punkte

5. Verbinden Sie die Sätze miteinander.

◊ Die Belastung dauerte wochenlang an. Bei vielen Arbeitnehmern kam es zu Konzentrationsschwächen.

Die Belastung dauerte wochenlang an, deshalb/darum/deswegen kam es bei vielen Arbeitnehmern zu Konzentrationsschwächen.

1. Er kann überhaupt nicht mehr abschalten. Ständig steht er unter Stress.

....

2. Er hat viele Ruhepausen gemacht. Er ist noch immer nervös.

....

3. Morgen ist die Sitzung. Sie muss vorher noch das Protokoll schreiben.

....

4. Sie will schlank bleiben. Sie achtet auf ihre Ernährung.

....

5. Gestern ging er ins Sportzentrum. Mit seinen Freunden hat er sich danach getroffen.

....

6. Die Besucherzahlen sind stark zurückgegangen. Das Theaterstück bleibt jedoch auf dem Spielplan.

....

.... /6 Punkte

Insgesamt: .... /42 Punkte

Wortschatztraining

1. Bilden Sie Komposita zum Thema *Sport* und schreiben Sie diese mit dem Artikel.

Kugel- ◊ Synchron- ◊ Welt- ◊ Ski- ◊ Sommer- ◊ Basket- ◊ Schlitt- ◊ Hoch- ◊ Gewicht- ◊ Olympia- ◊ Hammer- ◊ Tor- ◊ Tennis- ◊ Fußball- ◊ Schieds- ◊ Ski- ◊ Renn- ◊ Breiten- ◊ Gold- ◊ Zehn- ◊ Reit- ◊ National- ◊ Bundes- ◊ Eiskunst- ◊ Tisch- ◊ Sprung- ◊ Leicht- ◊ Paddel- ◊ Box- ◊ Spitzen-

-wart ◊ -werfen ◊ -piste ◊ -schuhe ◊ -spiele ◊ -kampf ◊ -sieger ◊ -fan ◊ -heben ◊ -meister ◊ -turnier ◊ -sport ◊ -schwimmen ◊ -schanze ◊ -sportler ◊ -ball ◊ -boot ◊ -stoßen ◊ -tennis ◊ -läuferin ◊ -schläger ◊ -rodeln ◊ -ring ◊ -sprung ◊ -liga ◊ -athletik ◊ -richter ◊ -brille ◊ -medaille ◊ -mannschaft

1.	16. ....
2.	17. ....
3.	18. ....
4.	19. ....
5.	20. ....
6.	21. ....
7.	22. ....
8.	23. ....
9.	24. ....
10.	25. ....
11.	26. ....
12.	27. ....
13.	28. ....
14.	29. ....
15.	30. ....

2. Welche Wörter kann man mit *Sport* verbinden und welche Wörter mit *Leistung*? Bilden Sie Nomen und Adjektive.

-gerät ◊ -zwang ◊ - artikel ◊ -stadion ◊ -druck ◊ -niveau ◊ -veranstaltung ◊ -ereignis ◊ -abfall ◊ -anstieg ◊ -reporter ◊ -streben ◊ -verletzung ◊ -steigerung ◊ -bilanz ◊ -geschäft ◊ -gesellschaft ◊ -sport ◊ -kleidung ◊ -halle ◊ -wille ◊ -bezogen ◊ -nachrichten ◊ -fähigkeit ◊ -fest ◊ -vermögen ◊ -vergleich ◊ -test ◊ -unfall ◊ -schwach ◊ -stark ◊ -verein ◊ -bereit ◊ -arzt ◊ -sendung ◊ -platz ◊ -orientiert ◊ -zeitung ◊ -begeistert

Sport-/sport-	**Leistungs-/leistungs-**
....	....
....	....
....	....
....	....
....	....
....	....
....	....
....	....
....	....

Arbeitsblatt 2: Karten zum Ausschneiden

Wendungen mit dem Genitiv

Karte 1 **trotz** (der Fleiß)	**Karte 2** **infolge** (der Sportunfall)	**Karte 3** **während** (der Betriebsausflug)
Karte 4 **aufgrund** (das Missverständnis)	**Karte 5** **anlässlich** (die Olympischen Spiele)	**Karte 6** **anstatt** (der Erfolg)
Karte 7 **mithilfe** (die Kollegen)	**Karte 8** **mangels** (die Risikobereitschaft)	**Karte 9** **innerhalb** (die Lieferzeit)
Karte 10 **wegen** (die hohe Zahl der Bewerber)	**Karte 11** **angesichts** (der Dopingfall)	**Karte 12** **außerhalb** (die Sportanlagen)
Karte 13 **kraft** (das Gesetz)	**Karte 14** **in Anbetracht** (seine Leistungsfähigkeit)	**Karte 15** **zwecks** (die Finanzierung)
Karte 16 **nach Angaben** (das Bundesamt für Statistik)	**Karte 17** **aus Anlass** (das Betriebsjubiläum)	**Karte 18** **im Falle** (der Streik)

Arbeitsblatt 3

Der Sprung über die Zeit

1. Lesen Sie den folgenden Text und ergänzen Sie die Verben im Präteritum.

bekommen ◇ trainieren ◇ verlieben ◇ gewinnen ◇ laufen ◇ kommen ◇ holen ◇ ~~beginnen~~ ◇ finden ◇ beschließen ◇ setzen ◇ folgen ◇ schaffen ◇ können ◇ suchen

■ Der Sprung über die Zeit

Sydney, 29. September 2000, Olympiastadion, Siegerehrung im Weitsprung. Die deutsche Nationalhymne wird gespielt. Auf dem Podest ganz oben steht Heike Drechsler, 35 Jahre alt, die zum zweiten Mal nach 1992 Olympiasiegerin wird.

Heikes Karriere *begann* 1983 in Helsinki: Als 18-Jährige .... (1) sie bei den Weltmeisterschaften der Leichtathletik die Goldmedaille. Weitere Triumphe folgten. Auch privat .... (2) alles wie in einem Märchen, sie heiratete und .... (3) einen Sohn. Im Gegensatz zu vielen anderen DDR-Leichtathletinnen war Heike Drechsler auch nach der politischen Wende in Deutschland weiter erfolgreich: 1992 .... (4) sie Olympia-Gold, 1993 wieder einen Weltmeistertitel, 1994 wurde sie Europameisterin. Dann .... (5) das Jahr 1995. Heike Drechsler hatte bis dahin 15 Jahre hart trainiert, alles gewonnen, was man gewinnen kann. Sie .... (6) den Weitsprung plötzlich langweilig,

.... (7) sich nicht mehr motivieren und .... (8) nach neuen Herausforderungen. Heike .... (9), bei der nächsten Weltmeisterschaft auch im Siebenkampf an den Start zu gehen. Sie .... (10) noch härter, überforderte sich und ihren Körper, ohne es zu merken. Im selben Jahr .... (11) sich Heike in einen französischen Zehnkämpfer und ließ sich von ihrem Ehemann scheiden. Das kostete Nerven und Kraft. Dem Scheidungskrieg .... (12) der Kampf um das Sorgerecht für ihren Sohn, den sie erst vier Jahre später gewann.

Nach vielen Misserfolgen und einigen wenigen Erfolgen in den Jahren 1995 bis 1999 .... (13) sich Heike Drechsler ein neues Ziel: Olympia 2000. Nur wenige trauten ihr noch mal einen Sieg zu. Und sie .... (14) es: Bei der Siegerehrung ist ihr Gesicht ganz groß auf der Leinwand des Stadions und auf den Bildschirmen von Millionen Fernsehzuschauern zu sehen. In diesem Gesicht kann man alles lesen: die Freude, das Glück, ihre Verletzungen und Enttäuschungen, ihre Zweifel und Irrwege.

2. Schreiben Sie zu den Jahreszahlen aus dem Lebenslauf von Heike Drechsler jeweils einen Satz.

1983 ....

1992 ....

1993 ....

1994 ....

1995 ....

1995–1999 ....

2000 ....

Unter Druck nach oben

1. Suchen Sie zu den Erklärungen die passenden Wörter im Text (Kursbuch S. 75, Aufgabe A15).

1.	(Nomen)	der Weg, der im Beruf zum Erfolg führt	=	....
2.	(Kompositum)	das Gefühl, als Mensch an sich wertvoll zu sein	=	....
3.	(Nomen)	die Notwendigkeit oder der Wunsch, etwas zu bekommen, das man braucht	=	....
4.	(Nomen)	der Kampf um Vorteile zwischen Personen, Institutionen oder Firmen	=	....
5.	(Verb)	sich um eine Stellung/Stelle bemühen	=	....
6.	(Nomen)	die Stellung, die jemand in einem Betrieb oder in einer Institution hat	=	....
7.	(Verb)	etwas tun oder beenden, das meist viel Mühe kostet	=	....
8.	(Kompositum)	die Ausbildung, die man an der Universität oder Hochschule für bestimmte Fächer macht	=	....
9.	(Kompositum)	bereit, ein Risiko auf sich zu nehmen	=	....
10.	(Nomen)	das Benehmen, das den Verhaltensnormen der Gesellschaft entspricht	=	....
11.	(Kompositum)	die Fähigkeit, etwas zu erzwingen/zu erzielen	=	....
12.	(Verb)	durch sein Verhalten etwas verlieren	=	....

2. Ordnen Sie die synonymen Ausdrücke im Kasten den unten stehenden Wörtern zu.
Es passen immer mehrere Wörter.

es ist gang und gäbe ◇ schmucklos ◇ die Funktion ◇ die Richtschnur ◇ wichtig ◇ die jüngere Generation ◇ gebräuchlich ◇ sich vorstellen ◇ das Resümee ◇ bestehen auf ◇ die Norm ◇ die Prämisse ◇ die Belobigung ◇ der Aufstieg ◇ unkompliziert ◇ bewerkstelligen ◇ dringend ◇ der Führungskader ◇ der Kandidat ◇ die Stellung ◇ die Wertschätzung ◇ beanspruchen ◇ unbeherrscht ◇ dünn ◇ die Vorbedingung ◇ das Resultat ◇ kandidieren ◇ hager ◇ einfach ◇ die Laufbahn ◇ schmal ◇ die Stelle ◇ wesentlich ◇ das Fazit ◇ die Nachkommenschaft ◇ vorsprechen ◇ das Vorwärtskommen ◇ die Grundlage ◇ der Geschäftsführer ◇ der Anwärter ◇ akut ◇ vollbringen ◇ der Nachfolger ◇ schaffen ◇ maßlos ◇ ungekünstelt ◇ verlangen ◇ die Richtlinie ◇ die Hochachtung ◇ normal ◇ die Beförderung ◇ der Ausgangspunkt ◇ der Respekt ◇ die Bilanz ◇ wild ◇ der Arbeitssuchende ◇ sich empfehlen ◇ die Führungskraft ◇ herkömmlich

1. schlank = ...
2. die Karriere = ...
3. die Anerkennung = ...
4. das Ergebnis = ...
5. unbändig = ...
6. der Topmanager = ...
7. der Nachwuchs = ...
8. sich bewerben = ...
9. der Bewerber = ...
10. die Regel = ...
11. der Posten = ...
12. leisten = ...
13. die Voraussetzung = ...
14. schlicht = ...
15. üblich = ...
16. vorrangig = ...
17. fordern = ...

Verben mit dem Präfix *ver-*

Ordnen Sie die Verben mit der Vorsilbe *ver-* den Erklärungen zu. Manchmal passen auch zwei oder drei Verben zu einer Erklärung.

verlieren ◊ verändern ◊ verdrehen ◊ verbessern ◊ veranschaulichen ◊ verschlimmern ◊ verschlafen ◊ sich versprechen ◊ verspielen ◊ verplempern *(umg.)* ◊ verneinen ◊ verfahren ◊ vermasseln *(umg.)* ◊ verbinden ◊ verfälschen ◊ verfärben ◊ verwunden ◊ verletzen ◊ vertilgen ◊ vertrödeln ◊ verursachen ◊ verabschieden ◊ verabscheuen ◊ veralten ◊ vereinigen ◊ verhärten ◊ vertagen ◊ vergeigen *(umg.)* ◊ verlegen ◊ verbinden ◊ verschieben ◊ vertuschen ◊ verpennen *(umg.)*

1. etwas bekommt eine andere Farbe = ...
2. dem Körper Schaden zufügen = ...
3. eine schlechte Leistung erbringen = ...
4. Fehler suchen und ändern = ...
5. Tatsachen falsch darstellen = ...
6. Unkraut ausrotten = ...
7. sich beim Weggehen grüßen = ...
8. Ekel vor etwas empfinden = ...
9. nicht mehr zeitgemäß sein = ...
10. durch Beispiele/Bilder etwas deutlich machen = ...
11. sich zusammenschließen = ...
12. auf seiner Meinung bestehen = ...
13. nach einer gesetzlichen Frist seine Gültigkeit verlieren = ...
14. etwas auf einen späteren Zeitpunkt legen = ...
15. beim Poker oder beim Roulette Geld verlieren = ...
16. ein Wort anders aussprechen, als man es beabsichtigt hat = ...
17. in eine falsche Richtung lenken = ...
18. Zeit mit Nichtstun verbringen/vergeuden = ...
19. ein Zustand wird schlechter = ...
20. sich so ungeschickt verhalten, dass etwas nicht gelingt = ...
21. den richtigen Zeitpunkt des Aufstehens verpassen = ...
22. eine Sache ablehnen = ...
23. etwas tun, damit etwas Negatives nicht öffentlich bekannt wird = ...
24. der Grund für etwas sein/etwas bewirken = ...

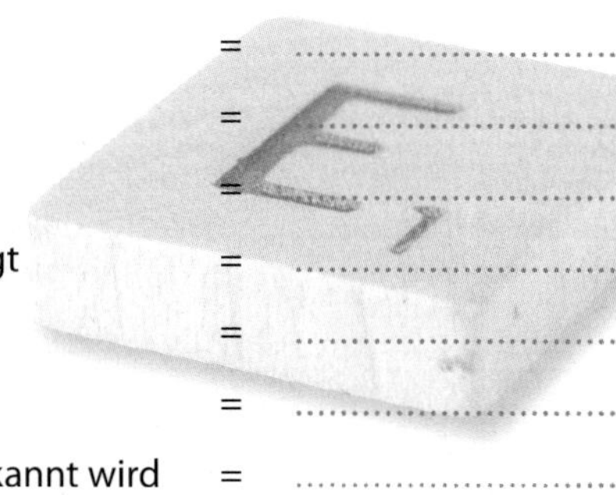

Arbeitsblatt 6: Karten zum Ausschneiden

Was bedeuten die Sätze?

Erklären Sie mit einfachen Worten die Sätze und die Bedeutung der Verben mit *ver-* und *zer-*.

Karte 1 Sobald er kommt, ist die ganze Atmosphäre *vergiftet*.	**Karte 2** Die Sache hast du ja total *verkorkst*.	**Karte 3** Die Sorgen um seine Familie *zermürben* ihn allmählich.
Karte 4 Das musst du dir mal auf der Zunge *zergehen* lassen.	**Karte 5** Die Landschaft wurde in den vergangenen 15 Jahren sehr *zersiedelt*.	**Karte 6** Da hat er sich aber total *verrechnet*!
Karte 7 Er hat zehn Knödel *verdrückt*.	**Karte 8** Mit der Zeit *verheilen* alle Wunden.	**Karte 9** Das Geld *zerrinnt* mir unter den Händen.
Karte 10 Sie ist an dem Kummer fast *zerbrochen*.	**Karte 11** Sie *verdrehen* mir ständig die Wörter im Mund.	**Karte 12** Ihr habt ja Tag und Nacht diskutiert, ist das Thema inzwischen nicht *zerredet*?
Karte 13 Können die Fotos in der Regenbogenpresse eigentlich die Moral *zersetzen*?	**Karte 14** Einen alten Baum *verpflanzt* man nicht.	**Karte 15** Manche Händler *verderben* einfach die Preise.
Karte 16 Nach diesem Gespräch waren alle meine Zweifel *zerstreut*.	**Karte 17** In der Zeitung wurde der Roman völlig *zerpflückt*.	**Karte 18** Alle Hoffnungen auf einen Gewinn haben sich *zerschlagen*.
Karte 19 Da haben Sie sich wohl *verhört*!	**Karte 20** Dieses wertvolle Buch ist ja schon ganz *zerlesen*!	**Karte 21** Immer mit der Ruhe. Ich kann mich ja nicht *zerteilen*.
Karte 22 Es gibt Politiker, die in Sachen Umweltschutz eine ernste Lage *verharmlosen*.	**Karte 23** Ihre Zukunftsträume sind wie Seifenblasen *zerplatzt*.	**Karte 24** Schluss jetzt, sonst *verschlimmbessern (umg.)* wir die Arbeit nur.

Wiederholungstest

1. Ergänzen Sie die fehlenden Verben in der richtigen Form.

   ◊ Die Läuferin *nahm* an vielen großen Wettkämpfen *teil.*
   1. Sie konnte in ihrer Laufbahn viele Erfolge ....
   2. Sie .... das Finale bei den Olympischen Spielen und wurde Olympiasiegerin.
   3. Nach vielen Verletzungen .... es mit ihrer physischen Verfassung bergab.
   4. Bei den Weltmeisterschaften .... sie im 200-Meter-Lauf nur Platz 7.
   5. Im 100-Meter-Lauf .... sie im Vorlauf ....
   6. Ihre ganzen Bemühungen, den durch die Krankheit bedingten Rückstand wieder .... , ... ohne Erfolg.
   7. Heute gab die Sportlerin bekannt, sie wolle ihre Karriere ....

.... /8 Punkte

2. Sagen Sie es höflicher. Verwenden Sie den Konjunktiv II.

   1. Nimm Platz!

      ....

   2. Ich will jetzt auch mal meine Meinung dazu sagen.

      ....

   3. Wenn Sie Zeit haben, archivieren Sie dann die Fotos.

      ....

   4. Wir wollen das Tagesmenü bestellen.

      ....

   5. Sind Sie so freundlich und besorgen mir die Unterlagen?

      ....

   6. Schauen Sie in Ihren Terminkalender, ob es morgen geht.

      ....

.... /6 Punkte

3. Bilden Sie Genitivkonstruktionen.

◊	während – (gestrig) Bundesligaspiel	*während des gestrigen Bundesligaspiels*
1.	abseits – (lärmend) Großstädte	....
2.	anlässlich – (morgig-) Hochzeitsfeier	....
3.	anhand – (bunt) Prospekt	....
4.	mithilfe – (medizinisch) Geräte	....
5.	trotz – (straff) Trainingsprogramm	....
6.	aufgrund – (groß) Nachfrage	....

.... /6 Punkte

4. Formen Sie die Sätze um. Ersetzen Sie die unterstrichenen Ausdrücke durch ein passendes Modalverb (eventuell auch im Konjunktiv II).

◊ Man behauptet, dass dieser Schiedsrichter Schmiergelder angenommen hat.
Dieser Schiedsrichter soll Schmiergelder angenommen haben.

1. Du hattest doch die Absicht, zum Profisport zu wechseln?
   ....
2. Es ist notwendig, dass du dich gut auf die Prüfung vorbereitest.
   ....
3. Erlauben Sie mir, dass ich mich zu Ihnen setze?
   ....
4. Wir hatten verabredet, um 7.00 Uhr auf dem Bahnhof zu sein.
   ....
5. Sie sind doch gezwungen, den Vertrag vor dem 20. Mai zu unterschreiben.
   ....
6. Sprecht ihr Spanisch? Ich beherrsche diese Sprache nicht.
   ....
7. Es ist vorgesehen, dass die Niederlassung in Regensburg geschlossen wird.
   ....
8. Der Trainer wünscht, dass du dich vor dem Training beim ihm meldest.
   ....
9. Ich empfehle Ihnen, dass Sie mit Ihrem Vorgesetzten über diese Probleme einmal sprechen.
   ....
10. Es wird gesagt, dass er einen Beamten bestochen hat.
    ....
11. Es ist unumgänglich, dass jeder Bürger Steuern zahlt.
    ....
12. Falls ihr nicht rechtzeitig da seid, sind wir gezwungen, um 9.00 Uhr abzufahren.
    ....
13. Es ist unzulässig, dass Sportler vor Wettkämpfen Aufputschmittel nehmen.
    ....

.... /13 Punkte

5. Verpasste Gelegenheiten: Bilden Sie Sätze im Konjunktiv II.

◊ Dieser Bewerber hat mir gut gefallen. *(annehmen)* *Beinahe hätte ich ihn angenommen.*

1. Sie ist eine gute Zeit gelaufen. *(Medaille gewinnen)* ....
2. Tobias hat sehr getrödelt. *(Bus verpassen)* ....
3. Ich war gerade noch rechtzeitig am Auto. *(Strafzettel bekommen)* ....
4. Angela stand lange im Stau. *(zu spät kommen)* ....
5. Er konnte mir die schönsten Geschichten erzählen. *(glauben)* ....
6. Sie hatte keine Zeit, sich auf die Fahrprüfung vorzubereiten. *(durchfallen)* ....

.... /6 Punkte

Insgesamt: .... /39 Punkte

Arbeitsblatt 1: Karten zum Ausschneiden

Prognosen

Karte 1 möglicher-weise	Karte 2 vielleicht	Karte 3 eventuell	Karte 4 Es besteht die Möglichkeit, dass …	Karte 5 Für mich ist unvorstell-bar …
Karte 6 Ich halte es für möglich, dass …	Karte 7 Es ist denk-bar, dass …	Karte 8 vermutlich	Karte 9 wahrschein-lich	Karte 10 Ich könnte mir vorstellen, dass …
Karte 11 Es sieht danach aus, dass …	Karte 12 Ich nehme an, dass …	Karte 13 Ich glaube, dass …	Karte 14 Ich schätze, dass …	Karte 15 Ich vermute, dass …
Karte 16 höchstwahr-scheinlich	Karte 17 Es spricht vieles dafür, dass …	Karte 18 Die Wahr-scheinlichkeit ist groß, dass …	Karte 19 zweifellos	Karte 20 Es könnte sein, dass …
Karte 21 Ich bin davon überzeugt, dass …	Karte 22 Für mich steht fest, dass …	Karte 23 sicher nicht	Karte 24 Es ist ausge-schlossen, dass …	Karte 25 bestimmt

1 das Wetter morgen	2 Karriere	3 Freunde	4 Einkaufsbummel	5 Hobby
6 Sport	7 Bücher	8 Umzug	9 Berufschancen	10 Sommerurlaub
11 neue Anschaffungen	12 Filme	13 Essen	14 Kollegen	15 Winterurlaub
16 Ausflug am nächs-ten Wochenende	17 Urlaubsziel	18 Ausgehen	19 Wohnung/Haus	20 Studium
21 Bekanntschaften	22 Weiterbildung	23 Theaterbesuch	24 Freizeit	25 Besprechung

Grammatiktraining

1. Kommunikationssysteme: Verbinden Sie die Sätze, indem Sie Relativsätze bilden. Manchmal muss der Relativsatz auch eingeschoben werden.

   1. Fast jeder Jugendliche hat heute schon einen Computer. Er hilft ihm, Probleme zu meistern und die Hausaufgaben schneller zu erledigen.

      ....

      ....

   2. Die Suchmaschine Google kennt unsere Bedürfnisse und Geheimnisse. Viele greifen auf Google zurück.

      ....

      ....

   3. Google hat einen Suchindex. 15 Millionen Bücher sollen darin bis 2015 integriert werden.

      ....

      ....

   4. Die Datenkrake weiß alles. Ihre Arme umschlingen die ganze Welt.

      ....

      ....

   5. Viele Wissenschaftler sind beunruhigt. Ihnen ist die Macht der Suchmaschine unheimlich.

      ....

      ....

   6. Früher lagerten die Daten auf der Festplatte unseres Heimcomputers. Die Daten gehörten ausschließlich uns.

      ....

      ....

   7. Wir speichern selbstverständlich private Fotos, Texte oder Lebensläufe im Netz. Wir bedienen uns des Netzes Tag und Nacht.

      ....

      ....

   8. Die Suchmaschine ist unsere Freundin. Wir vertrauen ihr sogar blind intime Details an.

      ....

      ....

   9. Freunde und Feinde sind im Internet zu finden. Wir googeln nach Freunden und Feinden.

      ....

      ....

   10. Wir lassen uns auch auf ein Tauschgeschäft ein. Wir geben hier unsere Privatsphäre gegen etwas Bequemlichkeit preis.

       ....

       ....

   11. Bei einem spektakulären Vorfall gelangten intime Daten an die Öffentlichkeit. Die intimen Details lagerten auf Suchmaschinen.

       ....

       ....

   12. Der Google-Organismus ist ein Teil unseres Lebens geworden. Wir schaffen ihn nicht mehr aus der Welt.

       ....

       ....

2. Ergänzen Sie die Relativpronomen und eventuell die Präpositionen.

   1. Die Arbeitsplätze, ... die Mitarbeiter in Zukunft arbeiten, sind mit modernen Computern und anderen Geräten ausgestattet.
   2. Für die Internetnutzer, ... wir vertrauen, haben wir Sonderangebote.
   3. Einen Neueinsteiger, ... wir dieses Angebot machen, wollen wir an uns binden.
   4. Die Bewerber, ... wir Chancen einräumen, werden von uns geschult.
   5. Der Kunde, ... ich sprechen wollte, hat gerade Urlaub.
   6. Bitte lesen Sie den Vertrag, ... Sie bei uns abschließen wollen, erst noch einmal gut durch.
   7. Der Zeitraum, ... sich der Vertrag automatisch verlängert, erscheint auf Ihrem Bildschirm.
   8. Wir können unseren Kunden die Produkte, ... sie sich interessieren, leider nicht mehr zu den alten Bedingungen anbieten.
   9. Das Kommunikationssystem, ... wir uns entschieden haben, ist zwar teuer, aber es entspricht dem neuesten Standard.

Arbeitsblatt 3: Karten zum Ausschneiden

Begriffe erklären und erraten

Karte 1 die Müllkippe	**Karte 2** das Kernkraftwerk	**Karte 3** die Mehrweg-verpackung
Karte 4 die Monokultur	**Karte 5** die Überschwemmung	**Karte 6** die Mülltrennung
Karte 7 der Dünger	**Karte 8** das Dosenpfand	**Karte 9** die Abgase
Karte 10 die erneuerbare Energie	**Karte 11** die Aufforstung	**Karte 12** das Ozonloch
Karte 13 die Massentierhaltung	**Karte 14** der Treibhauseffekt	**Karte 15** die Wiederverwertung
Karte 16 die Ökosteuer	**Karte 17** der Tankerunfall	**Karte 18** die Windturbine
Karte 19 die Kläranlage	**Karte 20** der Wassermangel	**Karte 21** das Waldsterben
Karte 22 der Überfluss	**Karte 23** der Stromverbrauch	**Karte 24** der Sauerstoff

Fehlerteufel

In den Texten haben sich 17 Wort- und Inhaltsfehler versteckt. Unterstreichen Sie die Fehler und vergleichen Sie Ihre Lösungen mit dem Text A23 im Kursbuch.

■ Wer löscht den Durst?

I. David Shezi kaufte das Wasser, weil er seine Kinder nicht zum Betteln schicken wollte. Mit einem Rohr hatte der Familienvater aus der südafrikanischen Provinz Kwazulu-Natal Wasser in sein Einfamilienhaus geleitet. Drei Monate blieb die Bastelei unentdeckt. Dann wurde der Afrikaner festgenommen. Shezi ist einer von rund einer Million Schwarzen in Kwazulu-Natal, die zu arm sind, um sich sauberes Trinkwasser leisten zu können. 15 Prozent der Südafrikaner haben bis heute keinen Strom. Stattdessen müssen sie für viel Geld abgefülltes Trinkwasser kaufen.

II. Dabei kommt Südafrika noch glimpflich davon. In anderen Ländern Schwarzafrikas, aber auch in Asien und im mittleren Osten ist die Lage noch populärer. 1,1 Milliarden Menschen haben keinen Zugang zu sauberem Mineralwasser. Fünf Millionen Menschen sterben jährlich an Krankheiten, die Folge fehlenden oder verseuchten Trinkwassers sind.

III. In den nächsten 20 Jahren soll der globale Wasserverbrauch um weitere 80 Prozent ansteigen. Fast drei Milliarden Menschen werden dann in Ländern mit teils funkelndem Wassermangel leben. In fünf der brisantesten Wassermangel-Regionen wird die Bevölkerung bis 2025 um zwischen 30 und 70 Prozent abnehmen.

IV. Die Süßwasserkrise steht daher ganz oben auf der Agenda der Umweltgipfel. Bis 2015 soll sich die Zahl der Menschen, die keinen Zugang zu sauberem Trinkwasser und zu effektiver Abwassererläuterung haben, halbieren. Das ist angesichts wachsender Bevölkerung, erschöpfter Böden und zunehmender Gewitter eine Herkulesaufgabe.

V. Menschen in 13 Ländern europaweit, 9 von ihnen in Afrika, leben derzeit mit weniger als 10 Liter Wasser pro Tag. Jeder Deutsche dagegen nutzt 130 Liter Trinkwasser pro Tag. Über 90 Prozent der Abwässer bleiben weltweit ungeklärt. Verschmutztes Trinkwasser ist weltweit die Krankheitsursache Nummer eins. 80 Prozent aller Krankheiten in den Entwicklungsländern sind auf schlechtes Wasser zurückzuführen. Rund 70 Prozent des Trinkwassers werden von der Industrie verbraucht. 1 000 Tonnen Wasser lassen derzeit im Schnitt eine Tonne Getreide vernichten. Die Folge: Viele der größten Flüsse der Erde versickern, nachdem sie das Meer erreichen. Grundwasserreservoirs versiegen; Süßwasserbiotope verschwinden.

VI. Die globale Wasserkrise ist kein technisches, sondern ein Managementproblem. Besonders deutlich zeigt sich die Krise in der Landwirtschaft. Die künftige Erdbevölkerung wird nur dann ernährt werden, wenn immer mehr Land landwirtschaftlich bearbeitet wird – doch das funktioniert meist nur mit Bewässerung. Von 50 Tonnen Getreide wachsen weltweit bereits vier Tonnen auf bewässerten Feldern. Daraus folgt, dass die Experten vor allem in der Landwirtschaft gewaltige Investitionen sehen. Schon basteln Gentechniker an Getreidesorten, die weniger Wasser verbrauchen und der Feuchtigkeit besser standhalten.

Text	Anzahl der Fehler	falsche Wörter	Korrekturen
I	3		
II	2		
III	3		
IV	2		
V	4		
VI	3		

Naturschutz [1]

Ordnen Sie die Aussagen/Metaphern den zehn Stichworten zu. Orientieren Sie sich am Text B1 im Kursbuch.

wurde mit dem Oscar ausgezeichnet ◊ 1971 kannten 90 Prozent der Deutschen das Wort ◊ Vater eines kleinen Wirtschaftswunders ◊ 23-jähriger Enthusiast und Glücksjunge ◊ kein gespenstischer Dschungel ◊ der einflussreichste Naturschützer seiner Zeit ◊ prominente Mitstreiter ◊ ein genialer Verkäufer der Wildnis ◊ Witwe Michaels ◊ Pionier der Ökologie-Bewegung ◊ Verhaltensforscher ◊ Bernhards Schwiegertochter ◊ unbefangene Außenseiter ◊ eine weite, leichte Traumlandschaft ◊ Zebras, Gnus, Antilopen ◊ „Serengeti darf nicht sterben" ◊ ein Erzieher, der Beitrag zum Naturschutz leisten soll ◊ 15 Nationalparks ◊ wurde in den 1970er-Jahren als „linkes" Anliegen begriffen ◊ Tourismus wird hier zum Milliardengeschäft ◊ kapselte sich in Sprachlosigkeit ein ◊ versteinerte zur Legende ◊ Michaels Bruder ◊ dafür engagierten sich 1972 schon eine halbe Million Menschen ◊ Al Gore seiner Zeit ◊ TV-Journalist ◊ verkörperte den Typus, der später mit den Grünen die Parlamente eroberte ◊ aufgewachsen im Zoo zwischen Gorillas und Geparden ◊ kein Philatelist, der Tiere wie Briefmarken sammelt ◊ zog sich aus dem Leben Grzimeks zurück

Bernhard Grzimek	
Michael Grzimek	
Erika Grzimek	
Rochus Grzimek	
Konrad Lorenz und Horst Stern	
Afrika und Tansania	
riesige Trecks	
Film	
modernes Bild eines Zoodirektors	
Umweltschutz und Naturschutz	

Naturschutz [2]

1. Schreiben Sie eine Zeitungsmeldung (50–80 Wörter). Suchen Sie sich dazu eines der vorgeschlagenen Themen aus.

Michaels Vermächtnis ◊ Erster Nationalpark in Deutschland ◊ Die Anfänge des Umweltschutzes in Deutschland

2. Erstellen Sie einen tabellarischen Lebenslauf. Informieren Sie sich im Internet. Suchen Sie sich dazu eine der vorgeschlagenen Personen aus.

Bernhard Grzimek ◊ Konrad Lorenz ◊ Horst Stern

Redewendungen mit Tieren

1. Ergänzen Sie die Wörter und ordnen Sie dann den Redewendungen die jeweiligen Erklärungen zu.

Katze ◊ Ratten ◊ Fliegen ◊ Hase ◊ Hund ◊ Schwein ◊ Aal ◊ Hühner ◊ Pferd ◊ Floh ◊ Schnecke

1.	Jemand weiß, wo der .... lang läuft.	a) etwas vorher nicht prüfen
2.	Da hattest du aber noch mal ....!	b) sehr bekannt sein
3.	Der Politiker ist glatt wie ein	c) sehr früh schlafen gehen
4.	Da hast du die .... im Sack gekauft.	d) jemanden beschimpfen
5.	Wir konnten gleich zwei .... mit einer Klappe schlagen.	e) sich von etwas abwenden, das zu scheitern droht
6.	Da hat dir wieder jemand einen .... ins Ohr gesetzt!	f) durchtrieben, ohne moralische Bedenken sein
7.	Mein Chef hat mich heute zur .... gemacht.	g) sich auskennen, Bescheid wissen
8.	Der Schauspieler ist bekannt wie ein bunter	h) mit einer Aktion zwei Ziele erreichen
9.	Die .... verlassen das sinkende Schiff.	i) eine falsche Entscheidung treffen
10.	Er geht mit den .... ins Bett.	j) Glück haben
11.	Sie hat aufs falsche .... gesetzt.	k) jemandem etwas einreden wollen

2. Tiere, die keine Tiere sind
Bezeichnungen mit Tieren werden oft im übertragenen Sinn genutzt. Was bedeuten diese „Tiere"?

der Drahtesel ◊ der Frechdachs ◊ der Unglücksrabe ◊ der Nacktfrosch ◊ der Muskelkater ◊ der Angsthase ◊ der Sündenbock ◊ der Dreckspatz ◊ das Sparschwein ◊ das Steckenpferd ◊ die Zeitungsente ◊ der Wandervogel ◊ der Partylöwe ◊ der Pleitegeier ◊ der Immobilienhai ◊ die Leseratte

1. Sinnbild für drohenden Bankrott ....
2. ein schmutziges Kind ....
3. eine falsche Meldung in der Zeitung ....
4. ein Fahrrad ....
5. eine Person, die gern spazieren geht ....
6. Schmerz nach dem Sport ....
7. eine Person, die gern auf Feste geht ....
8. eine Person, die ängstlich ist ....
9. Gegenstand, in den man Geld werfen kann ....
10. ein vorlautes Kind ....
11. eine Person, die Pech hat ....
12. eine Person, die viel liest ....
13. eine Person, die rücksichtslos Häuser kauft und verkauft ....
14. ein unbekleideter Mensch ....
15. ein Hobby ....
16. eine Person, der man oft die Schuld für etwas gibt ....

Arbeitsblatt 7

Wortschatztraining

1. Ordnen Sie die passenden Verben zu und schreiben Sie die Lösungen in den Kasten.

1. Aufklärungsarbeit
2. unter schwerer Dürre
3. einen bestimmten Typus
4. ein Bündnis mit jmdm.
5. mithilfe von Maschinen den Vögeln
6. die Steppe Serengeti
7. Flüsse
8. sich für den Naturschutz
9. die Lebenserwartung
10. den Treibhauseffekt
11. der Klimawandel
12. an die Öffentlichkeit
13. vor der Abholzung von Waldflächen
14. Epidemien/Seuchen

a) schmieden
b) einsetzen
c) erforschen
d) schreitet voran
e) steigt/sinkt
f) gelangen
g) verschlimmern
h) leiden
i) nacheifern
j) warnen
k) ausrotten
l) leisten
m) versickern
n) verkörpern

1.	2.	3.	4.	5.	6.	7.	8.	9.	10.	11.	12.	13.	14.

2. Ordnen Sie die passenden Verben zu und schreiben Sie die Lösungen in den Kasten.

1. Probleme
2. Aktivitäten im Internet
3. die Produktion ins Ausland
4. auf Großschreibung
5. Bücher
6. im Internet Aktienkurse
7. sich in Sprachlosigkeit
8. mit Autos hohe Geschwindigkeiten
9. Anzeigen
10. auf Daten
11. den Aufstieg
12. viele Stunden im Stau
13. digitale Spuren
14. in die Rolle des Mahners

a) platzieren
b) erreichen
c) verbringen
d) abrufen
e) hineinwachsen
f) meistern
g) zugreifen
h) verlagern
i) hinterlassen
j) verzichten
k) abspeichern
l) einkapseln
m) digitalisieren
n) bremsen

1.	2.	3.	4.	5.	6.	7.	8.	9.	10.	11.	12.	13.	14.

Wiederholungstest

1. Ergänzen Sie die fehlenden Nomen. Nicht alle Nomen passen.

Vergnügen ◊ Definitionen ◊ Urahnen ◊ Stellung ◊ Zeiten ◊ Annehmlichkeiten ◊ Nährstoffen ◊ Essen ◊ Zubereitung ◊ Ergebnis ◊ Großeltern ◊ Epoche ◊ Rang ◊ Bilanz ◊ Erklärung ◊ Fortschritt ◊ Herstellung

Immer, wenn Menschen etwas tun, was die Evolution für die Spezies nicht vorgesehen hatte, sprechen wir von Fortschritt. Seit unsere .... (1) von den Bäumen kletterten, ist es angeblich ständig mit uns bergauf gegangen.
In allen .... (2) hing die Lebensqualität eher davon ab, welchen sozialen .... (3) man innehatte. Ob einer satt oder hungrig und gesund oder krank ist, ob er alt wird oder jung sterben muss, ist seit uralten .... (4) größtenteils davon abhängig, ob er am armen oder am reichen Ende des gesellschaftlichen Spektrums lebt.
Zweifellos genießen diejenigen, die es sich leisten können, die vielen .... (5) des Fortschritts, die ihre Ur- und Urgroßeltern noch nicht kannten. Ob wir aber so viel besser als die Steinzeitmenschen leben, ist eine Frage der .... (6) von Lebensqualität.
Die Buschmänner am Rand der Kalahari benötigen pro Tag weniger als drei Stunden, um die zu ihrer Gruppe gehörenden Menschen reichlich mit allen .... (7) zu versorgen. Rechnet man die .... (8) von Essen, die .... (9) von Kleidung und Waffen und acht Stunden Schlaf hinzu, kommt man auf zehn bis zwölf Stunden Freizeit am Tag. Keine schlechte .... (10). Und wir nennen unsere Gesellschaft eine Freizeitgesellschaft.

.... /10 Punkte

2. Suchen Sie zu den unterstrichenen Ausdrücken synonyme Modalverben. Formen Sie dann die Sätze um und verwenden Sie ein Modalverb.

◊ Wahrscheinlich gibt es in 50 Jahren nur noch umweltschonende Autos.
In 50 Jahren dürfte es nur noch umweltschonende Autos geben.

1. Lies mal dieses Buch über den Naturschutz, vielleicht gefällt es dir.
....
2. Möglicherweise wird der Wassermangel in den nächsten Jahren das Problem Nummer 1.
....
3. Vermutlich ist auch die Herstellung von Biosprit für den Wassermangel in einigen Ländern verantwortlich.
....
4. Es spricht vieles dafür, dass jetzt nach anderen alternativen Energien gesucht wird.
....
5. Höchstwahrscheinlich reden die Minister auch über die Reaktorsicherheit in Kernkraftwerken.
....
6. Ich glaube, dass das Energieproblem nicht so einfach zu lösen ist.
....
7. Es ist ausgeschlossen, dass sich die Fachleute geirrt haben.
....
8. Es war zweifellos ein Fehler der Politik.
....
9. Vieles spricht dafür, dass die Untersuchung neue Erkenntnisse bringt.
....
10. Ich schätze, dass das Forschungsprojekt eine Menge Geld kosten wird.
....

.... /10 Punkte

3. Was macht Frau Schreiber wahrscheinlich?
   Formulieren Sie Vermutungen und drücken Sie unterschiedliche Sicherheitsgrade aus.

   1. wieder im Umweltverein einen Vortrag halten ....
   2. eine Protestveranstaltung vorbereiten ....
   3. einen Artikel zum Naturschutz schreiben ....
   4. mit Politikern diskutieren ....
   5. ins Ausland fahren ....
   6. sich von ihrer anstrengenden ehrenamtlichen Tätigkeit erholen ....

.... /6 Punkte

4. Ergänzen Sie die Relativpronomen und, falls erforderlich, die Präpositionen.

Bernhard Grzimek war ein Mann, ... viele in Tansania kennen und verehren.
.... die Einheimischen sich gut unterhalten konnten.
.... das Leben viele Schicksalsschläge bescherte.
.... der Naturschutz zur Herzenssache wurde.
.... Ideen von vielen Naturschützern übernommen wurden.
.... seiner Zeit weit voraus war.
.... sich viele Fernsehzuschauer interessierten.
.... es gelang, ein neues Afrikabild herbeizuzaubern.
.... als erster Zoodirektor eine Pädagogin einstellte.
.... Beiträge zum Naturschutz bis heute nachwirken.

.... /10 Punkte

5. Bilden Sie Partizipialattribute mit dem Partizip II.

   ◊ Wasser – säubern *das gesäuberte Wasser*
   1. Fluss – umleiten ....
   2. Bastelei – entdecken ....
   3. Flüsse – mit Cholera verseuchen ....
   4. Wein – abfüllen ....
   5. Wasserverbrauch – ansteigen ....
   6. Bedarf – zunehmen ....
   7. Nachfrage – wachsen ....
   8. Ziele – setzen ....
   9. Reserven – nutzen ....

.... /9 Punkte

Insgesamt: .... /45 Punkte

Komposita

Bilden Sie sinnvolle Komposita und bestimmen Sie den Artikel und die Pluralform.

-schlag ◇ -brecher ◇ -wasser ◇ -farbe ◇ -bein ◇ -muschel ◇ -harmonika ◇ -tasche ◇ -optiker ◇ -tuch ◇ -kuss ◇ -ring ◇ -höhle ◇ -stand ◇ -loch ◇ -spitze ◇ -wurm ◇ -weide ◇ -schrift ◇ -lid ◇ -stück ◇ -feige ◇ -schuh ◇ -stüber ◇ -braue ◇ -zeichen ◇ -teller ◇ -läppchen ◇ -winkel ◇ -auswischerei ◇ -flügel ◇ -blick ◇ -art

	Kompositum und Artikel	Pluralform
Ohr-		
Nasen-		
Augen-		
Mund-		
Zungen-		
Hand-		

Arbeitsblatt 2

Redewendungen

Ordnen Sie die Redewendungen zu *Auge, Hand* und *Mund* den jeweiligen Bedeutungen zu.

1. beide Augen zudrücken
2. Augen wie ein Luchs haben
3. etwas ins Auge fassen
4. Das kann ins Auge gehen.
5. mit einem blauen Auge davonkommen
6. ein Auge auf jemanden werfen
7. Das springt ins Auge.
8. Die Augen gehen einem auf.
9. aus den Augen verlieren
10. Die Augen gehen einem über.

a) Das kann schlimme Konsequenzen haben.
b) etwas ist sehr auffällig
c) sich für jemanden interessieren
d) etwas plötzlich durchschauen
e) überwältigt sein von der Schönheit oder Menge einer Sache
f) sehr gut sehen
g) keinen Kontakt mehr haben
h) einen Fehler oder Mangel sehr nachsichtig behandeln
i) eine unangenehme Situation ohne großen Schaden überstehen
j) etwas planen

1.	2.	3.	4.	5.	6.	7.	8.	9.	10.

1. von der Hand in den Mund leben
2. etwas hinter vorgehaltener Hand sagen
3. jemandem zur Hand gehen
4. jemanden in der Hand haben
5. seine Hände in Unschuld waschen
6. für jemanden seine Hand ins Feuer legen
7. mit Händen und Füßen reden
8. etwas liegt auf der Hand
9. jemand ist die rechte Hand
10. etwas unter der Hand kaufen

a) so viel Macht über jemanden haben, dass man über ihn bestimmen kann
b) stark gestikulieren
c) der engste und wichtigste Mitarbeiter eines Vorgesetzten
d) nichts sparen können, alles gleich ausgeben
e) etwas ist offensichtlich
f) etwas heimlich erwerben
g) etwas im Geheimen/nicht öffentlich sagen
h) beteuern, dass man etwas nicht getan hat
i) jemandem helfen
j) volles Vertrauen zu jemandem haben

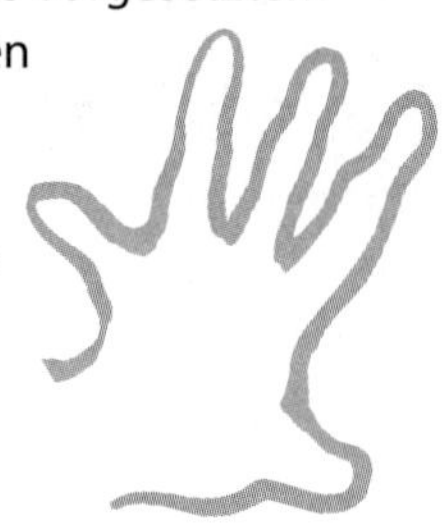

1.	2.	3.	4.	5.	6.	7.	8.	9.	10.

1. den Mund zu voll nehmen
2. jemandem den Mund stopfen
3. sich den Mund über jemanden zerreißen
4. jemandem nach dem Mund reden
5. sich etwas vom Mund absparen
6. nicht auf den Mund gefallen sein
7. jemandem über den Mund fahren
8. sich den Mund fusslig reden
9. sich den Mund verbrennen
10. Das Wasser läuft mir im Mund zusammen.

a) in jeder Situation eine passende Antwort finden
b) von dem wenigen Geld oder Essen, das man hat, noch etwas abgeben
c) großen Appetit haben auf etwas
d) jemanden aggressiv beim Reden unterbrechen
e) viel reden, jemand anders überzeugen wollen
f) über andere Leute reden/lästern
g) jemanden zum Schweigen bringen
h) Dinge sagen, die jemand gern hören will
i) angeben
j) etwas sagen, das einem Nachteile bringt

1.	2.	3.	4.	5.	6.	7.	8.	9.	10.

Assoziationen

Berichten Sie, welche Gerüche, Geräusche und Bilder Sie mit den Begriffen auf den Karten verbinden.

Karte 1 Weihnachtsmarkt	Karte 2 Apotheke	Karte 3 bei der Großmutter
Karte 4 Bibliothek	Karte 5 Bäckerei	Karte 6 Bahnhof
Karte 7 Keller	Karte 8 Theater	Karte 9 Bauernmarkt
Karte 10 Berge im Winter	Karte 11 Meer	Karte 12 Bibliothek
Karte 13 Botanischer Garten	Karte 14 Krankenhaus	Karte 15 Dünen
Karte 16 Universität	Karte 17 Wald	Karte 18 Schule
Karte 19 Tierpark	Karte 20 Schwimmhalle	Karte 21 Gartencenter
Karte 22 Autowerkstatt	Karte 23 Imbissstube	Karte 24 Urlaubsreise
Karte 25 Flughafen	Karte 26 Zahnarzt	Karte 27 Kneipe

Essgewohnheiten

Wählen Sie aus der Tabelle mindestens acht Fragen und stellen Sie diese an drei verschiedene Gesprächspartner.

1. Wie oft speisen Sie im Monat in einem Restaurant?
2. Was ist für Sie ein guter Kellner/eine gute Kellnerin?
3. Wie viel Trinkgeld gibt man den Kellnern/Kellnerinnen in den Restaurants Ihres Heimatlandes?
4. Worauf sollte man besonders achten, wenn man in einem Restaurant Ihres Heimatlandes speist?
5. Finden Familienfeiern in Ihrem Heimatland oft in einem Restaurant statt?
6. Was frühstücken Sie am Wochenende?
7. Können Sie kochen? Wenn ja, von wem haben Sie das Kochen gelernt?
8. Nehmen Sie belegte Brote mit zur Arbeit/zur Uni/zur Schule?
9. Was essen Sie abends am liebsten?
10. Essen Sie regelmäßig in der Kantine/in der Mensa? Wenn ja, was?
11. Essen Sie ab und zu auch „ungesunde" Snacks (Pommes frites usw.)? Wenn ja, wie oft tun Sie das?
12. Was ist Ihr Lieblingsgericht und was essen Sie absolut nicht?
13. Sind Sie ein Süßschnabel? Wenn ja, welche Süßigkeiten bevorzugen Sie?
14. Wie viele Mahlzeiten werden in Ihrem Heimatland täglich eingenommen und wie viele davon sind warm?
15. Bevorzugen Sie die Speisen einer bestimmten Nationalküche?
16. Welche Tischmanieren gab es früher bei Ihnen zu Hause?
17. Welche Tischmanieren sind für Sie selbst heute noch wichtig?
18. Was trinken Sie am liebsten während eines Arbeitstages und welches Getränk schmeckt Ihnen überhaupt nicht?
19. Können Sie backen? Wenn ja, was backen Sie am liebsten und zu welchen Anlässen backen Sie?
20. Was sind typische Speisen und Gerichte in Ihrem Heimatland?

Arbeitsblatt 5

Grammatiktraining

Bilden Sie Partizipialattribute wie im Beispiel und achten Sie auf die Endungen.

◊	125 g Rucola waschen und trocken tupfen	*125 g gewaschener und trocken getupfter Rucola*
1.	sieben Tomaten vom Stielansatz befreien und in Scheiben schneiden	....
2.	zwei kleine Zwiebeln schälen und würfeln	....
3.	200 g Käse reiben	....
4.	90 g Pinienkerne rösten	....
5.	Dressing salzen und pfeffern	....
6.	½ Bund Frühlingszwiebeln putzen, in schmale Ringe schneiden und dünsten	....
7.	zwei bis drei große Kartoffeln schälen und waschen	....
8.	einen Teelöffel Ingwer hacken	....
9.	einen Teelöffel Orangenschale reiben	....
10.	20 g Champignons putzen und in dünne Scheiben schneiden	....
11.	eine Zwiebel fein hacken	....
12.	½ Bund Petersilie waschen und zerkleinern	....
13.	50 g Butter erhitzen und schäumen	....
14.	150 ml Sahne mit Brühe verrühren und mit Pfeffer und Salz würzen	....
15.	500 g Hühnerfleisch anbraten und garen	....
16.	fünf Eiweiß schlagen	....
17.	500 g Nudeln kochen und abkühlen lassen	....
18.	ein Pfund Kirschen entkernen	....
19.	zwei Zitronen auspressen	....
20.	500 g Mischgemüse anbraten und mit Brühe ablöschen	....

Rezepte

1. Welches Wort passt zu *Fleisch* und/oder welches zu *Kuchenteig*? Ordnen Sie zu.

kochen ◇ backen ◇ ausrollen ◇ zerkleinern ◇ formen ◇ schneiden ◇ wenden ◇ rühren ◇ braten ◇ marinieren ◇ gehen lassen ◇ anbraten ◇ würzen ◇ belegen ◇ salzen ◇ beimengen ◇ klopfen ◇ kneten

Fleisch	Teig
....	....
....	....
....	....
....	....
....	....
....	....
....	....
....	....

2. Ergänzen Sie in den beiden Rezepten die Verben in der richtigen Form.

ausdrücken ◇ abrunden ◇ geben ◇ binden ◇ stampfen ◇ anbraten ◇ zugeben ◇ füllen ◇ ziehen ◇ reiben ◇ herausnehmen ◇ legen (2 x) ◇ vermengen ◇ bedecken ◇ verrühren ◇ wenden ◇ schmoren ◇ zusetzen

Sauerbraten

Zutaten

1 kg Rindfleisch • Butter- oder Sauermilch • ½ Lorbeerblatt • 4 bis 6 Gewürzkörner • Bratfett • 40 g Speck • Salz • 1 Zwiebel • 1 bis 2 Möhren • ½ Päckchen Speisepfefferkuchen

Das vorbereitete Fleisch in so viel Butter- oder Sauermilch (frische Milch mit einem Tropfen/Spritzer Essig säuern) ...., dass es nahezu .... ist. Die Gewürze .... Mehrmals .... und das Fleisch nach ein bis zwei Tagen .... Gut abtrocknen, salzen und in mit Speckwürfelchen erhitztem Fett ringsum kräftig .... Die fein geschnittene Zwiebel und die Marinade .... Zugedeckt .... lassen, in der zweiten Hälfte der Garzeit die in Würfelchen oder Stifte geschnittene Möhre zufügen. Die Schmorflüssigkeit mit dem in wenig kaltem Wasser verrührten Speisepfefferkuchen .... Die Soße kann mit saurer Sahne .... werden.

Grüne Klöße

Zutaten

Kartoffeln • Salz • Weißbrotbröckchen

Ein Drittel der Kartoffelmenge zu Kartoffelbrei .... Inzwischen die übrigen Kartoffeln roh in wenig kaltes Wasser .... So fest wie möglich ...., sofort mit den gekochten Kartoffeln und Salz .... Die aus dieser weichen Masse geformten Klöße mit gerösteten Weißbrotbröckchen .... und in sprudelnd kochendes Wasser .... 15 Minuten leise köcheln und 10 Minuten .... lassen. Beim Einlegen der Klöße muss das Wasser ohne Unterbrechung kochen. Die rohe Kartoffelmasse kann auch mit geriebenen kalten gekochten Kartoffeln und mit siedendem Wasser .... werden. Bei Verwendung eines sehr stärkedurchlässigen Tuches oder Kloßsackes ist es angebracht, der Masse etwas Kartoffelmehl ....

Wiederholungstest

1. Besondere Attribute
Bilden Sie Wendungen wie im Beispiel.

◊ bekannt, Koch — *Er ist einer der bekanntesten Köche.*

1. schmackhaft, Gericht ....
2. beliebt, Fleischsorte ....
3. kompliziert, Rezept ....
4. frisch, Zutat ....
5. gesund, Mahlzeit ....
6. modern, Herd ....
7. aufwendig, Menü ....
8. giftig, Pilz ....
9. scharf, Gewürz ....
10. fetthaltig, Eintopf ....

.... /10 Punkte

2. Ergänzen Sie die Adjektive und achten Sie auf die Endungen.

getrocknet ◊ süß ◊ fade ◊ gebunden ◊ scharf ◊ sauer ◊ knusprig ◊ deutsch ◊ zäh ◊ zerkocht

1. Zum Frühstück gibt es immer .... Brötchen.
2. Du hast die Gewürze vergessen, das ist jetzt wirklich eine .... Suppe geworden.
3. .... Fleisch sollte den Kindern lieber nicht angeboten werden.
4. .... Curryreis wird in Indien gern gegessen.
5. Kennen Sie das Märchen vom .... Brei?
6. .... Gemüse ist viel zu weich und ungesund.
7. In der .... Küche gibt es viele Gerichte mit .... Soßen.
8. Zur Verfeinerung von Soßen kann man auch .... Pilze verwenden.
9. Du musst doch in den .... Apfel beißen.

.... /10 Punkte

3. Vervollständigen Sie die Sätze.

   1. Während Alexander das Brot meistens im Supermarkt kauft, ... *(Nora – Bäcker)*
   2. ...., wohingegen Heike nur vegetarisch kocht und isst. *(Stefan – Fleisch und Fisch)*
   3. ...., dagegen sind fast alle Speisen in einem chilenischen Restaurant ziemlich scharf. *(griechische Gerichte – mild)*
   4. Ich halte mich streng an eine Diät, während .... *(du – naschen)*
   5. Frau Dr. Heller schwört auf natürliche Heilmethoden, demgegenüber .... *(Herr Dr. Schwarz – schnell Tabletten verschreiben)*

.... /6 Punkte

4. Ergänzen Sie die Tabelle.

	Positiv	**Komparativ**	**Superlativ**
stumpf, Messer			
kurz, Kochzeit			
sauer, Apfel			
scharf, Gewürz			
fade, Suppe			
frisch, Salat			
teuer, Produkte			
gut, Zutaten			
grob, Brot			
klar, Brühe			

.... /15 Punkte

Insgesamt: .... /41 Punkte

Berlin 1945 [1]

Lesen Sie den Text und lösen Sie die Aufgaben auf dem Arbeitsblatt [2].

■ Trümmer und Sektoren

I. Der Zweite Weltkrieg hatte Tod und Verderben über ganz Europa gebracht. Nach der Kapitulation der deutschen Wehrmacht am 8. Mai 1945 lag auch die ehemalige Reichshauptstadt Berlin in Trümmern. 70 Prozent des Berliner Zentrums lagen in Schutt und Asche, über 1,5 Millionen Menschen, fast die Hälfte der in Berlin verbliebenen Bevölkerung war obdachlos. Da die arbeitsfähigen Männer entweder an der Front gefallen, verletzt oder in alliierter Kriegsgefangenschaft waren, trugen die Frauen weiterhin die Last des täglichen Existenzkampfes. Zur Versorgung der Familien, die meist nur noch aus Greisen und Kindern bestanden, verdingten sie sich als Trümmerfrauen, denn sie waren dringend auf Lohn und höhere Lebensmittelrationen angewiesen. Allein in Berlin waren mehr als 60 000 Trümmerfrauen beschäftigt, offiziell als „Hilfsarbeiterinnen im Baugewerbe“. Rund 80 Millionen Kubikmeter Trümmerschutt mussten beseitigt werden und unter der ständigen Gefahr von einstürzenden Ruinenresten oder explodierenden Blindgängern schleppten sie Granitbrocken und Stahlträger. Der Schutt wanderte in Eimern von Hand zu Hand …

II. Zu dieser Zeit (im Juli 1945) konnten sich die vier Siegermächte (USA, Sowjetunion, Großbritannien, Frankreich) auf der Potsdamer Konferenz in Cäcilienhof noch über die Verwaltung Deutschlands als wirtschaftliche Einheit verständigen. Die vier Vertreter der Siegermächte legten im Potsdamer Abkommen u. a. die Reparationen fest und beschlossen die Entnazifizierung und Entmilitarisierung Deutschlands. Berlin wurde als ehemalige Reichshauptstadt in vier Sektoren aufgeteilt, das übrige Deutschland in vier Zonen. Berlin lag mitten in der sowjetischen Besatzungszone (SBZ) und es entstand sehr schnell ein Westberlin (der amerikanische, französische und britische Sektor) und ein Ostberlin (der sowjetische Sektor).

III. Über die Ausgestaltung der neuen politischen Strukturen Berlins gab es von Anfang an Auseinandersetzungen und es kam in den folgenden Jahren zu unüberbrückbaren Meinungsverschiedenheiten zwischen den Besatzungsmächten. Während die drei Westverbündeten demokratische Verhältnisse anstrebten, forcierte Moskau Schritt für Schritt die Sowjetisierung Ostberlins. Im März 1948 verließen die Vertreter der UdSSR den Alliierten Kontrollrat und im Juni die Alliierte Kommandantur. Alle Verhandlungen, eine eigenständige Berliner Währung (die Bären-Mark) einzuführen, scheiterten. Obwohl die Stadt in Trümmern lag, entbrannte ein erbitterter Machtkampf um Berlin: Der Ost-West-Konflikt nahm mitten in Berlin seinen Anfang.

Berlin 1945 [2]

1. Ergänzen Sie die Verben im Präteritum.

verlassen ◇ schleppen ◇ entbrennen ◇ tragen ◇ streiten ◇ beschließen ◇ liegen ◇ sich verdingen ◇ beseitigen ◇ einstürzen ◇ scheitern

1. Sie .... sich ständig und konnten ihre Meinungsverschiedenheiten einfach nicht überbrücken.
2. Als das Gebäude ...., gerieten viele Menschen in Gefahr.
3. Viele Frauen .... in Berlin als Trümmerfrauen, um ihren kargen Lohn und die Lebensmittelrationen etwas aufzubessern.
4. Sie .... den Trümmerschutt und .... schwere Granitbrocken und Stahlträger.
5. Die Frauen .... in den Familien oft allein die Last des täglichen Existenzkampfes.
6. Das Zentrum Berlins .... zu 70 Prozent in Schutt und Asche.
7. Unter den Alliierten .... ein erbitterter Machtkampf um Berlin.
8. Die Einführung der Berliner Bären-Mark ...., weil die Alliierten sich nicht einigen konnten.
9. Die Siegermächte .... die Entnazifizierung und Entmilitarisierung Deutschlands.
10. Die Vertreter der UdSSR .... im März 1948 den Alliierten Kontrollrat.

2. Suchen Sie zu den Erklärungen 1–11 die Wörter im Text auf dem Arbeitsblatt [1]. Die hervorgehobene Reihe vertikal ergibt ein Kompositum.

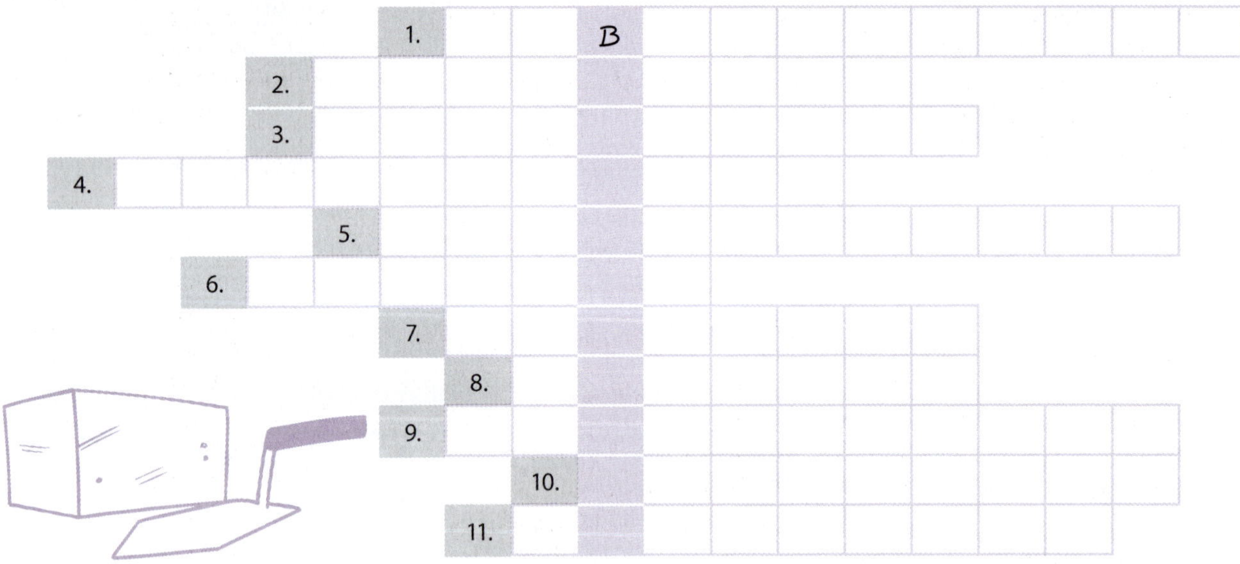

1. jemand ist in der Lage zu arbeiten *(Adjektiv)*
2. Schweres mit Mühe tragen *(Verb)*
3. Geld, das ein besiegtes Land nach dem Krieg als Wiedergutmachung an ein anderes Land zahlen muss *(Nomen)*
4. Diskussion zu einem Thema mit dem Ziel, ein bestimmtes Ergebnis zu erreichen *(Nomen)*
5. offizielle Erklärung, dass man im Krieg zu kämpfen aufhört und sich geschlagen gibt *(Nomen)*
6. die Münzen und Banknoten, die in einem Staat als Geld verwendet werden *(Nomen)*
7. eine Vereinbarung oder ein Vertrag zwischen Staaten oder Institutionen *(Nomen)*
8. Reste oder Teile eines zerstörten Ganzen
9. ein Geschoss, das abgeschossen wurde und beim Aufschlagen nicht explodiert ist *(Nomen)*
10. aus einem bestimmten Grund sein Ziel nicht erreichen *(Verb)*
11. Begriff für die deutsche Armee in der Zeit von 1935–1945 *(Nomen)*

Arbeitsblatt 2

Berlin im August 1961

Lesen Sie den kurzen Bericht der Ostberlinerin Sabine K. und wählen Sie das richtige Wort (a, b, c oder d) aus.

Sabine K. erzählt

Ich war gerade drei Jahre alt, als die Mauer gebaut worden ist, und kann mich natürlich selbst nicht .... (1) diesen Tag erinnern. Aber meine Großeltern haben viel über die Ostberliner Augusttage 1961 berichtet. Oma Else erzählte sowieso gern .... (2) aus dem alten Berlin: in den 20er-Jahren, im und nach dem Krieg oder eben im August 1961. Manche .... (3) Geschichten habe ich im Laufe der Jahre bestimmt 30-mal gehört und fand sie immer noch spannend. „Oma, erzähl doch noch einmal." Von ihr habe ich über die Berliner und ihre Vergangenheit mehr gelernt und erfahren als aus manchem .... (4). Hier eine kleine Augustgeschichte:

„Es war gerade Ferienzeit und meine sechsjährige Enkelin Bärbel, ... (5) mit ihrer Mutter und Schwester in Zehlendorf (Westberlin) lebte, ... (6) wie jedes Jahr ihre Ferien bei uns in Treptow (Ostberlin). .... (7) wir hörten, dass eine Mauer gebaut wurde, habe ich mir eins, zwei, drei die Bärbel geschnappt. Wir haben wirklich unsere Beine in die Hand genommen und sind zum nächsten Bahnhof geflitzt. Ich konnte Bärbel gerade noch .... (8) Grenze in einen der letzten S-Bahn-Züge nach Westberlin setzen. Begleiten durfte ich sie nicht, aber sie kam wohlbehalten bei ihrer Mutter in Zehlendorf an. Das war knapp. Meine Tochter und meine Enkelinnen habe ich dann fast zwei Jahre – bis zum ersten Passierscheinabkommen 1963 – nicht gesehen."

Aber Oma Else hatte noch Glück im Unglück, denn sie wurde bald Rentnerin und DDR-Rentner .... (9) vier Wochen im Jahr in den Westen reisen. Das tat meine Oma auch und viele .... (10) und Freunde haben uns in Ostberlin besucht. Zeitlebens hat sich Oma Else für die friedliche Koexistenz zwischen Ost und West .... (11) und die Wahrheit immer in der Mitte gesucht: Mit Berliner Herz und Schnauze hat sie sich oft über die Unzulänglichkeiten beider Systeme geäußert und lange Zeit an ein besseres Deutschland im Osten des Landes geglaubt. Sie wünschte sich jedoch nichts sehnlicher, ... (12) Enkel- und Urenkelkinder in *einem* Berlin aufwachsen und leben. Sie ist 1987 gestorben und hat den Fall der Mauer nicht mehr erlebt. Aber ihr Traum von einer vereinten Stadt ist in Erfüllung gegangen.

1. a) in
   b) am
   c) an
   d) von
2. a) Politik
   b) Geschichte
   c) Fakten
   d) Geschichten
3. a) seiner
   b) seinen
   c) ihrer
   d) ihren
4. a) Erzählung
   b) Geschichtsbuch
   c) Zeitung
   d) Medien
5. a) der
   b) denen
   c) deren
   d) die
6. a) brachte
   b) verbrachte
   c) erbrachte
   d) vergnügte
7. a) Als
   b) Denn
   c) Falls
   d) Wenn
8. a) an der
   b) an die
   c) auf der
   d) auf die
9. a) mussten
   b) durften
   c) brauchten
   d) wollten
10. a) Verwande
    b) Verwandte
    c) Verwandten
    d) Verwandten
11. a) gesorgt
    b) gekämpft
    c) bemüht
    d) eingesetzt
12. a) je mehr
    b) als dass
    c) trotzdem
    d) während

Grammatiktraining

Substantiv oder substantiviertes Adjektiv/Partizip?

◊ Viele männliche Personenbezeichnungen auf *-e* sind keine substantivierten Adjektive/Partizipien, sondern Nomen, so z. B. *der Kunde* ◊ *der Zeuge* ◊ *der Däne*. Das sind Nomen der maskulinen *Deklination II* bzw. *n-Deklination*.

Merke: Substantivierte Adjektive oder Partizipien, mit denen Personen bezeichnet werden, lassen keine weibliche Form mit *-in* zu.

1. Welche Wörter sind substantivierte Adjektive/Partizipien und welche sind Nomen? Kreuzen Sie an.

	Adjektiv/ Partizip	Nomen		Adjektiv/ Partizip	Nomen
1. der Arbeitslose	❒	❒	13. der Grieche	❒	❒
2. der Erbe	❒	❒	14. der Insasse	❒	❒
3. der Bulgare	❒	❒	15. der Schuldige	❒	❒
4. der Gesandte	❒	❒	16. der Farbige	❒	❒
5. der Abgeordnete	❒	❒	17. der Angeklagte	❒	❒
6. der Experte	❒	❒	18. der Kollege	❒	❒
7. der Angestellte	❒	❒	19. der Vorsitzende	❒	❒
8. der Taubstumme	❒	❒	20. der Deutsche	❒	❒
9. der Junge	❒	❒	21. der Bote	❒	❒
10. der Jugendliche	❒	❒	22. der Auszubildende	❒	❒
11. der Behinderte	❒	❒	23. der Biologe	❒	❒
12. der Vorgesetzte	❒	❒	24. der Zeuge	❒	❒

2. Ergänzen Sie die Endungen der substantivierten Adjektive/Partizipien.

1. Alle Angestellt............ bekamen eine Gehaltserhöhung.
2. Kennst du Angehörig............ von ihm?
3. Kennt ihr seine Verwandt............?
4. Ein Parteivorsitzend............ steht immer im Blickpunkt der Öffentlichkeit.
5. In den Wahllokalen arbeiten im nächsten Jahr die Freiwillig............ mit einem neuen Computersystem.
6. Beim Gericht wird oft ein Sachverständig............ zu Rate gezogen.
7. Die meisten Anwesend............ stimmten den Tagesordnungspunkten zu.
8. Meine Verwandt............ wohnt in Australien.

Schriftlicher Ausdruck

1. Auf der Internetseite einer Berliner Zeitung entdecken Sie zwei kurze Standpunkte zum Thema *„Wo einst die Mauer stand"*.

Es ist schade, dass in Berlin so viel Neues gebaut wird und man fast nicht mehr erkennen kann, wo einst die Mauer stand. Man sollte sämtliche Gebäude aus DDR-Zeiten originalgetreu erhalten und sie entweder als Museum einrichten oder für das Gemeinwohl zur Verfügung stellen.

Fabian L.

Ich finde es toll, dass so viele neue Gebäude hochgezogen werden und dass ein völlig neues Berlin entsteht. Mir gefällt vor allem der moderne Potsdamer Platz. Ich finde es nicht so wichtig, DDR-Architektur und ehemalige Grenzlinien zu erhalten, man sollte doch endlich diesen Teil der Geschichte ruhen lassen. Die neue Kunst und Architektur ist viel spannender.

Christina B.

2. Schreiben Sie Ihre Meinung an die Onlineredaktion der Zeitung und sagen Sie,

◊ wo Sie wohnen und wie in Ihrem Land/Ihrer Stadt mit politischem und historischem Erbe und neuer Architektur umgegangen wird und ob es öffentliche Diskussionen dazu gibt,
◊ wie Sie Berlin erleben möchten,
◊ was Sie von den zwei Standpunkten halten,
◊ welche Schlussfolgerungen Sie aus den kontroversen Standpunkten ziehen.

Stichpunktzettel:

Arbeitsblatt 5: Karten zum Ausschneiden

Begriffe beschreiben und erraten

Karte 1 die Landtagswahl	**Karte 2** das Wahllokal	**Karte 3** die Wirtschaftshilfe
Karte 4 die Meinungsumfrage	**Karte 5** die Spitzenkandidatin	**Karte 6** der Nationalfeiertag
Karte 7 die Bundeskanzlerin	**Karte 8** der Koalitionspartner	**Karte 9** der Grenzübergang
Karte 10 der Staatshaushalt	**Karte 11** der Rosinenbomber	**Karte 12** die Bundeswehr
Karte 13 die Besatzungsmacht	**Karte 14** die soziale Marktwirtschaft	**Karte 15** der Außenminister
Karte 16 der Meinungsforscher	**Karte 17** die Wahlbeteiligung	**Karte 18** die geteilte Stadt
Karte 19 das Staatsoberhaupt	**Karte 20** der Kalte Krieg	**Karte 21** der Bundestag
Karte 22 die Erziehung	**Karte 23** die Kinderbetreuung	**Karte 24** der Abgeordnete

Interview [1]

Lesen Sie das Interview und lösen Sie die Aufgabe auf Arbeitsblatt [2].

■ „Rosinenbomber“ über Berlin

Moderator: Frau Borisch, Sie sind im Dezember 1940 geboren und haben Ihre Kindheit in Westberlin verbracht. Haben Sie Erinnerungen an die Zeit vor der Luftbrücke?

Christel Borisch: Ja, in meinem kurzen Leben bis 1948 war der Krieg das bestimmende Ereignis. Mein Vater wurde als vermisst gemeldet, unser Haus ging in Flammen auf und ich hatte überall Brandwunden. Wir verbrachten viele Nächte in Kellern und einige Nachbarkinder sah ich nie wieder. Als der Krieg dann endlich vorbei war, lernte ich den Hunger kennen. Mein Schulweg führte über Trümmerberge durch ein zerbombtes Berlin.

Moderator: Was wussten Sie von der Blockade und wie erlebten Sie den Beginn der Luftbrücke?

Christel Borisch: Nach knapp drei Jahren Ruhe am Himmel über Berlin dröhnte es plötzlich wieder. Ich wusste nichts von der Konfrontation der Siegermächte, von der Blockade der Sowjets und vom Kampf um Berlin. Aber ich begriff, dass es den Erwachsenen wichtig war, in dieser schwierigen Situation nicht aufzugeben. Meine Großmutter hat mir die Blockade mit einfachen Worten erklärt: „Jetzt haben wir noch weniger zu essen als bisher. Aber lieber verhungern wir, als russisch zu werden.“ Als unser Nachbar mit seiner Familie nach Ostberlin zog, weil es dort Lebensmittel gab, schrieb meine Oma in ihr Tagebuch: „Für ein paar Kalbsknochen hat er die Freiheit verraten.“

Ich gewöhnte mich schnell an das Geräusch der Flugmotoren. Ich wusste, dass das Dröhnen unser Überleben bedeutete. Die sonst so unpathetischen Berliner gaben dem Dröhnen einen erhabenen Namen: „die Sinfonie der Freiheit“.

Moderator: Gibt es ein Ereignis während der Blockadezeit, das Ihnen immer im Gedächtnis bleiben wird?

Christel Borisch: Ja, eines Tages, als ich in der Schule war und wir gerade Rechnen hatten, sahen wir vor den Fenstern kleine weiße Punkte am Himmel schweben. Die sahen aus wie Schneeflocken. Winzige Fallschirme kamen aus dem Bauch eines Luftbrückenflugzeugs. Später erfuhren wir es: An diesen Fallschirmen hingen Kaugummis und Schokoladenriegel. Ich ging dann auch wie die anderen Kinder in die Nähe des Rollfeldes und konnte nach langem Warten einen kleinen Fallschirm ergattern.

Moderator: Die Geschichte vom „Schokoladenonkel“ ist inzwischen in die Berliner Nachkriegsgeschichte eingegangen. Können Sie uns noch etwas Genaueres dazu sagen?

Christel Borisch: Tja, der amerikanische Pilot Gail Halvorsen, der Lebensmittel nach Westberlin flog, sah eines Tages die Berliner Kinder am Zaun der Flugpiste stehen und entschied sich, ihnen mal etwas anderes mitzubringen als nur Mehl und Milchpulver. Der Pilot sammelte die Berechtigungsscheine seiner Kameraden ein. Schokolade und Kaugummi für drei Wochen kamen zusammen. Er hatte nur ein Problem, kurz vor der Landung war das Flugzeug noch 180 Stundenkilometer schnell und der Aufprall wäre den Süßigkeiten nicht bekommen. So hatte er die Idee, Fallschirme aus Taschentüchern zu basteln. Im Laufe der Zeit kamen immer mehr süße Fallschirmpakete aus vielen Flugzeugen. Wir Kinder wussten, hier will uns jemand etwas Gutes tun.

Moderator: Frau Borisch, wie reagierten die Erwachsenen auf die süße Geschichte?

Christel Borisch: Die Berliner tauften die Frachtflugzeuge sehr bald auf den Namen „Rosinenbomber“. Für meine Mutter und meine Oma waren die süßen Geschenke ein wichtiges Mutmachinstrument. Jeder begriff, dass in den Flugzeugen Menschen saßen, die uns freundlich gesinnt waren. Die Westalliierten halfen der Westberliner Bevölkerung uneigennützig, obwohl die Deutschen Europa und der Welt von 1939–1945 so viel Leid angetan hatten. Ich weiß heute, dass in den Tagen der Luftbrücke der Grundstein für die deutsch-amerikanische Freundschaft der darauffolgenden Jahrzehnte gelegt wurde.

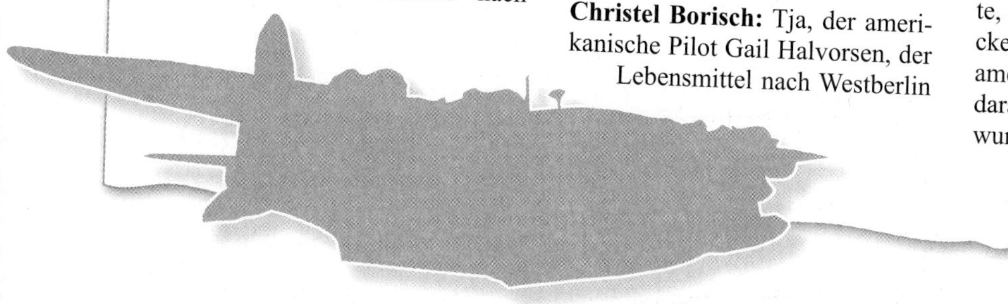

Interview [2]

1. Lesen Sie das Interview auf dem Arbeitsblatt [1] und ergänzen Sie die fehlenden Angaben.

◇ Als der Krieg endlich vorbei war, lernte Frau Borisch *den Hunger kennen*.

1. Der Schulweg von Frau Borisch führte über ....
2. Für die Erwachsenen war es wichtig, in dieser ....
3. Der Nachbar zog nach Ostberlin, weil es dort ....
4. Die Berliner gaben dem Dröhnen der Motoren ....
5. Sie sahen vor den Fenstern ....
6. An .... hingen Schokoladenriegel und Kaugummis.
7. Der Pilot Gail Halvorsen wollte den Kindern einmal etwas anderes als .... mitbringen.
8. Frau Borisch wusste, hier wollte jemand den Berliner Kindern ....
9. Die Berliner .... die Flugzeuge auf den Namen „Rosinenbomber".
10. Während der Luftbrücke wurde der .... für die deutsch-amerikanische Freundschaft gelegt.

2. Schriftlicher Ausdruck: Lesen Sie das Interview noch einmal und schreiben Sie dann einen kurzen Bericht über Frau Borischs Kindheit in Berlin. Schreiben Sie in der 3. Person Singular.

■ *Frau Borischs Kindheit*

Frau Borisch wurde 1940 in Berlin geboren und verbrachte ihre Kindheit in Westberlin ...

....

....

....

....

....

....

....

....

....

....

....

....

Wiederholungstest

1. Aus dem Wahlkampf
Ergänzen Sie die fehlenden Verben.

   1. 80 Prozent der Wahlberechtigten haben heute ihre Stimme ....
   2. Die Regierungspartei hat keinen erfolgreichen Wahlkampf ...., denn sie hat hohe Verluste ....
   3. Die kleineren Parteien dagegen konnten Gewinne ....
   4. Jetzt muss eine neue Regierung .... werden.
   5. Die Bevölkerung erwartet, dass die neue Regierung Maßnahmen gegen die Arbeitslosigkeit ....

.... /6 Punkte

2. Ergänzen Sie die passenden Verben im Imperativ Singular.

   1. .... bitte abends nicht so viel, das ist ungesund.
   2. .... einen Stadtplan, sonst findest du dich in Prag nicht zurecht.
   3. .... mir mal das Wahlprogramm!
   4. .... doch unbedingt an der Wahlveranstaltung ....
   5. .... bitte etwas lauter!
   6. .... mit dem Geschwätz, das bringt uns nicht weiter!

.... /6 Punkte

3. Ergänzen Sie die Nomen zum Thema *Wahlen*, wenn nötig mit Artikel.

Schwerpunkt ◇ Mehrheit ◇ Sieger ◇ Problem ◇ Wahl ◇ Entscheidung ◇ Prognosen ◇ Kritik ◇ Rede ◇ Regierung

   1. Sie haben .... getroffen.
   2. .... ist gefallen.
   3. Die Partei X hat .... erzielt.
   4. Kandidat A ist als .... aus der Wahl hervorgegangen.
   5. Er hat eine feurige .... gehalten.
   6. Der .... liegt auf der Bekämpfung der Arbeitslosigkeit.
   7. Das .... muss jetzt in Angriff genommen werden.
   8. Der neue Kanzler wird .... bilden.
   9. Die Meinungsforscher haben verkehrte .... aufgestellt.
   10. Man hat deshalb an diesem Institut .... geübt.

.... /10 Punkte

4. Bildenterm Sie aus den Nomen-Verb-Verbindungen einfache Verben.

◊ zum Anlass nehmen – *veranlassen*
1. auf etwas Rücksicht nehmen – ....
2. einen Beschluss fassen – ....
3. Protest erheben – ....
4. sich Mühe geben – ....
5. Abschied nehmen – ....
6. einen Anspruch erheben – ....
7. die Absicht haben – ....
8. zur Ruhe kommen – ....

.... /8 Punkte

5. Ergänzen Sie die Verben im Konjunktiv I.

◊ Der Außenminister berichtete, die Verhandlungen *seien* Erfolg versprechend.
1. Die Bundeskanzlerin meinte, die hohe Arbeitslosigkeit in Deutschland .... an der schlechten Wirtschaftslage. *(liegen)*
2. Nach Angaben des Pressesprechers .... eine Einigung zwischen der Regierung und der Gewerkschaft in Sicht. *(sein)*
3. Der Generaldirektor betonte, das neue Haus .... ein Stück Architekturgeschichte schreiben. *(werden)*
4. Der Verteidigungsminister wies darauf hin, dass ein Einsatz der Soldaten erst vom Bundestag genehmigt werden .... *(müssen)*
5. Der Oppositionsführer sagte heute, von einer soliden Finanzierung der Steuerreform .... keine Rede sein. *(können)*
6. Der Regierungssprecher konterte, die Opposition .... überhaupt noch kein Konzept vorgelegt. *(haben)*
7. Die Kultusminister der Länder betonten in einer Erklärung, welche hohe Verantwortung bei den Lehrern .... *(liegen)*
8. Nach der Wahl erklärte der Vorsitzende, er .... sich über das Abschneiden seiner Partei. *(freuen)*
9. Der Vorsitzende betonte, er .... mit der linken Partei Koalitionsgespräche führen. *(werden)*
10. Er gab auch eindeutig zu verstehen, dass er eine große Koalition .... *(befürworten)*

.... /10 Punkte

Insgesamt: .... /40 Punkte

Unterwegs

Spielen Sie die folgenden Situationen nach.

1

Sie möchten mit Ihrem Gesprächspartner einen kulturellen Nachmittag oder Abend planen. Ihr Gesprächspartner will am liebsten ins Kino. Sie haben jedoch in der Zeitung eine gute Rezension zu einem modernen Musical gelesen und wollen den Gesprächspartner überzeugen, Sie zu begleiten. Ihr Gesprächspartner ist am Anfang nicht so begeistert, aber Sie schaffen es letztlich doch, ihn mit ein paar Tricks von Ihrer Idee zu überzeugen.

2

Organisieren Sie zu zweit einen kulturellen Spaziergang für deutsche Kollegen/Touristen durch eine Stadt in Ihrem Heimatland. Preisen Sie diese Stadt als einen Ort der Kunst und Kultur an. Fertigen Sie einen Zeitplan und eine Laufroute für den Spaziergang an und markieren Sie die kulturellen Höhepunkte bzw. Gebäude Ihrer Stadt. Außerdem sollten Sie eine kurze Erklärung zu den wichtigsten Gebäuden/Höhepunkten vorbereiten.

3

Sie haben eine teure Konzertkarte gekauft und freuen sich schon lange auf den Abend. Als Sie Ihren Platz einnehmen wollen, stellen Sie fest, dass dieser schon besetzt ist. Es kommt zu einer heftigen Diskussion, jeder beharrt auf seinem Recht. Erst die Platzanweiserin kann den Streit schlichten und eine Lösung des Problems anbieten.

4

Sie haben zum Geburtstag Ballettkarten geschenkt bekommen. Sie sind aber überhaupt kein Freund des klassischen Balletts und wollen an der Kasse des Tanztheaters am Abend der Vorstellung Ihre Karte in bares Geld ummünzen. Es braucht etwas Geduld und Verhandlungsgeschick, aber am Ende haben Sie Erfolg.

5

Sie sind in einer Fußgängerzone und hören plötzlich Straßenmusik, die Ihnen gut gefällt. Sie sprechen den Musiker an (denken Sie sich selbst aus, welches Instrument er spielt), weil Sie ihn für ein größeres privates Fest engagieren wollen. (Denken Sie sich selbst den Anlass des Festes und den Ort aus.) Der Musiker vergisst nicht, nach den technischen und logistischen Möglichkeiten zu fragen und über den Preis zu verhandeln.

6

Sie wollen Mitglied eines Amateurtheaters werden. Dafür müssen Sie sich vor einer zweiköpfigen Jury vorstellen. Die Jurymitglieder stellen Ihnen viele Fragen und Sie müssen u. a. auch mit einem der Jurymitglieder verschiedene kurze Situationen oder Szenen vorspielen. Am Schluss teilt Ihnen die Jury mit, ob Sie als Mitglied des Amateurtheaters aufgenommen werden können.

7

Sie haben vor einem Monat Theaterkarten für vier Personen für eine Vorstellung auf der Freilichtbühne erworben. Eine Stunde vor Beginn der Vorstellung wird Ihnen mitgeteilt, dass der Abend wegen der schlechten Wetterverhältnisse ersatzlos ausfällt. Sie sind sehr enttäuscht, auch empört, und verlangen entsprechenden Ersatz. Sie erkundigen sich am Telefon des Theaterbüros und geraten in ein Streitgespräch.

8

Sie sind in einer Buchhandlung und finden einen Bildband (denken Sie sich selbst einen Titel aus), den Sie schon lange gesucht haben. Der Bildband ist jedoch beschädigt und Sie wollen den Preis runterhandeln. Gelingt Ihnen das?

Ein deutscher Komponist des Barocks:

Georg Philipp Telemann

Hier finden Sie einige biografische Daten des Komponisten Georg Philipp Telemann. Er war ein Zeitgenosse Bachs und gehörte mit 3 600 verzeichneten Werken zu den produktivsten Komponisten der Musikgeschichte. Er war ein Musiker des Barocks und prägte durch neue Impulse sowohl in der Komposition als auch in der Musikanschauung maßgeblich die Musikwelt der ersten Hälfte des 18. Jahrhunderts.

Bilden Sie aus den angegebenen Informationen Sätze.

14. März 1681	geboren in Magdeburg
ab 1687	Besuch der Schule am Magdeburger Dom und des Gymnasiums der Altstadt
1686–1693	autodidaktisches Lernen von Geige, Blockflöte, Cyther und Klavier
1693	Komposition der ersten Oper: Sigismundus
ab 1693	Beschlagnahme der Musikinstrumente durch die Mutter und Versetzung auf eine Schule nach Zellerfeld
1697	Schüler des Gymnasiums Anreanum in Hildesheim
1697–1701	Vervollkommnung der musikalischen Ausbildung unter der Leitung des Direktors Johann Christoph Losius
1698	Komposition von Vokalwerken für das Schultheater und weitere Kompositionsaufträge für Gottesdienste
1701	Ende der Schulausbildung und unter dem Druck der Mutter Beginn des Jurastudiums
ab 1702	Freundschaft mit dem Komponisten Georg Friedrich Händel
1702	Gründung eines Amateurorchester (Collegium musicum) an der Universität der Stadt Leipzig, die als bürgerliche Metropole der modernen Musik galt
1704–1705	Musikdirektor der Universitätskirche zu Leipzig
1705	Kapellmeister am Hof von Wolfgang Caspar Printz in Sorau
1709	Heirat mit Amalie Luise Juliane Eberlein (Hofdame)
1711	Tod der Ehefrau bei Geburt des ersten Kindes
1714	zweite Eheschließung mit Maria Catharina Textor (1697–1775), Geburt von neun Kindern in zwölf Jahren
1712–1731	Kapellmeister in Frankfurt und Eisenach und zahlreiche Kompositionen von Opern und Kantaten
ab 1721	Amt des „Cantor Johannei“ und „Director Musices“ der Stadt Hamburg
1720–1740	Veröffentlichung von 46 Notenwerken im Selbstverlag
1728	Gründung der ersten Musikzeitschrift „Der getreue Musikmeister“
1735	Scheidung von seiner Frau
ab 1755	Schaffung großer Oratorien und weiterer geistlicher und weltlicher Werke, drei Oratorien sind heute noch erhalten
1767	letzte Komposition „Die Markus-Passion“
25. Juni 1767	Tod Telemanns (Lungenentzündung)

Arbeitsblatt 3

Als Kind bei den Thomanern

Korrigieren Sie den Text.

Fehler im Wort:	Schreiben Sie das richtige Wort an den Rand. (Beispiel 1)
Fehler in der Satzstellung.	Schreiben Sie das falsch platzierte Wort an den Rand, zusammen mit dem Wort, mit dem es vorkommen soll. (Beispiel 2)

Im Jahre 1212 entstand das Thomanerchor, — der (1)
der einer besten Knabenchöre der Welt. — einer der (2)
94 Jungen zwischen 8 und 18 Jahre leben im Internat der Thomaner in Leipzig. .... (3)
Sie absolvieren ein harte Ausbildungsprogramm. Dr. Alfred Schramm ist ein .... (4)
ehemaliger Thomaner. Er berichtet, dass verboten war den Frauen im Mittelalter, ... (5)
sich aktiv an Gottesdiensten zu beteiligen.
Deshalb wurde der Kor nur aus Knaben mit hellen Stimmen zusammengestellt, ... (6)
der dann die Gottesdienste geschönert hat. .... (7)
Eine normaler Tagesablauf der Thomaner unterliegt auch heute noch .... (8)
einer strengen Disziplin. Wecken ist um 6.30 Uhr, Früstück gibt es um .... (9)
6.55 Uhr, um 7.30 Uhr ist Schulbeginn und am nachmittags sind Musikproben. .... (10)
Um 18.45 Uhr Zeit fürs Abendessen ist und ab 20.15 Uhr geht es, je nach Alter, ... (11)
ins Bett. Die Schüler möchten eine herausragende Musikalität besitzen .... (12)
und natürlich die hohen schulischen anforderungen bewältigen. Die Ausbildung .... (13)
soll neben die musikalischen Seite auch soziale Kompetenz, Selbstbewusstsein, ... (14)
Allgemeinbildung und Umgangsformen vermittelt. Das Interessante bei den .... (15)
Thomanern ist, dass die Erziehung nicht nur durch die Lehrern erfolgt, sondern .... (16)
dass die Thomaner sich erziehen auch gegenseitig, wobei die Großen für die Kleinen .... (17)
verantwortlich ist – das funktioniert ungefähr so wie in einer Großfamilie. .... (18)
Das klingt zwar ein bisschen nach Eliteausbilding, allerdings kostet es nicht so viel .... (19)
als andere sogenannte Elite-Internate. Als Neuling muss man sich anfangs .... (20)
allerdings sehr umstellen: Es gibt nur ein Waschsaal für alle Altersklassen .... (21)
und nur einen Spiegel. Geschlafen in Sälen ohne Nachttisch und Leselampe wird. .... (22)
Im Haus stehen zwar 20 Klavier, aber nur ein Fernseher. Viele junge Menschen .... (23)
nehmen dies auf sich, weil sie Freude an der Musik, an der Applaus des Publikums .... (24)
und am Reisen haben. Die jungen Thomaner reisen viel, sie fahren nach Konzerten .... (25)
durch die ganze Welt. Persönlich hat Dr. Alfred Schramm die Thomanerzeit viel gebracht.
In erster Linie war es die Disziplin. Dies hat ihm auch das Studium und die Organisation
seines Alltags erleichtert. Er weiß ganz genau, was er will und tun muss, um seine Ziele
zu erreichen.

Kultur

Karte 1 die Rückblende	**Karte 2** der Bildband	**Karte 3** der Notenständer
Karte 4 die Operettensängerin	**Karte 5** die Komödie	**Karte 6** die Orgel
Karte 7 die Kulisse	**Karte 8** der Theaterregisseur	**Karte 9** die Bühne
Karte 10 der Notenschlüssel	**Karte 11** die Trompete	**Karte 12** das Gedicht
Karte 13 der Klappentext	**Karte 14** der Schauspieler	**Karte 15** der Abspann
Karte 16 die Tonleiter	**Karte 17** der Serienheld	**Karte 18** der erste Rang
Karte 19 der Drehbuchautor	**Karte 20** der Schlager	**Karte 21** die Requisiten

Kurzvortrag

Wählen Sie Thema A oder B und halten Sie einen Kurzvortrag (drei bis vier Minuten).
Orientieren Sie sich an den folgenden Punkten.

Thema A: Lieber Comics lesen als gar nichts?

- ◇ Verdrängt das Computerspiel das Lesen? Lesen Kinder und Jugendliche heute weniger?
- ◇ Warum sollten Kinder und Jugendliche überhaupt lesen?
- ◇ Was sollten Kinder und Jugendliche lesen?
- ◇ Was haben Sie als Kind/Jugendliche/Jugendlicher gern gelesen?
- ◇ Was können Eltern und Schule tun, um die Leselust zu wecken?

Thema B: Literatursendungen im Fernsehen – ja oder nein?

- ◇ Welchen Stellenwert und welche Bedeutung haben Literatur und Lesen in Ihrem Leben und in Ihrem Heimatland?
- ◇ Gibt es in den Medien Ihres Heimatlandes Literatursendungen?
- ◇ Nennen Sie Argumente, die für die Ausstrahlung von Literatursendungen sprechen.
- ◇ Nennen Sie Argumente, die gegen die Ausstrahlung von Literatursendungen sprechen.
- ◇ Welche Macht können Kritiker Ihrer Meinung nach durch solche Sendungen ausüben?
- ◇ Sollten die Kritiker Ihrer Meinung nach von jemandem kontrolliert oder kritisiert werden?

Diskussion

Sie sollen mit Ihrem Gesprächspartner/Ihrer Gesprächspartnerin für ein junges Publikum ein interessantes Diskussionsthema zu *Kunst und Kultur* (in Ihrem Heimatland oder in Deutschland) wählen.
Es gibt folgende Themenangebote:

- Klassische Musik in modernem Gewand: in oder out?
- Ist Graffiti eine akzeptierte Kunstrichtung?
- Die langen Nächte der Museen – ein passender Treff für Jugendliche?
- Rock und Pop: Ist die Musik wichtiger als der Text?
- Sind Spielfilme nur im Kino ein echter Genuss?
- Niveauvolle Theater- und Konzertvorstellungen – unerschwinglich für Jugendliche?
- Kann das Internet regionale Kunst- und Kulturangebote für Jugendliche ersetzen?
- Sind Hörbücher eine Rettung für die Lesefaulen?

- Vergleichen Sie die Themen, wählen Sie ein nach Ihrer Meinung geeignetes Thema aus und begründen Sie Ihren Standpunkt.
- Gehen Sie auch auf die Äußerungen Ihres Gesprächspartners/Ihrer Gesprächspartnerin ein.
- Am Ende sollten Sie zu einer Entscheidung kommen.

Wiederholungstest

1. Verkürzen Sie die Sätze wie im angegebenen Beispiel.

◊ Weil hohe Ansprüche an den Thomaskantor gestellt wurden, erwies sich die Suche nach einem geeigneten Kandidaten als schwierig.

Wegen der hohen Ansprüche an den Thomaskantor erwies sich die Suche nach einem geeigneten Kandidaten als schwierig.

1. Weil man an der pädagogischen Eignung Bachs zweifelte, fiel die Wahl zum Thomaskantor auf Christoph Graupner.

   ....

2. Erst nachdem Graupner abgesagt hatte, entschieden sich die Leipziger für Johann Sebastian Bach.

   ....

3. Weil Bach vom Lateinunterricht befreit wurde, kürzte man ihm sein Gehalt um 50 Taler.

   ....

4. Obwohl er mit dem sozialen Ansehen unzufrieden war, entstanden repräsentative Werke wie das Weihnachtsoratorium.

   ....

5. Indem er fantasievoll und diszipliniert war, konnte Bach eine kaum nachvollziehbare Arbeitsleistung vollbringen.

   ....

.... /10 Punkte

2. Ergänzen Sie die Tabelle. Bilden Sie nominale Ausdrücke oder Passivkonstruktionen.

Satz im Passiv Präteritum	Nominalisierung
◊ Die Ausstellungen wurden von der Stiftung in Bonn gefördert und organisiert.	*die Förderung und Organisation der Ausstellungen*
1.	die Diskussion über die Manipulierbarkeit von Bildern
2. Die Bildbeiträge wurden verändert und von verschiedenen Kriegsparteien anders interpretiert.	
3. Das Thema wurde anhand von 300 Objekten veranschaulicht und dargelegt.	
4.	die Beseitigung der Person Trotzki aus einem Foto mit dem Retuschepinsel
5. Die Bilder und das Ausstellungsmaterial wurden aktualisiert.	
6. Die Bilder wurden von einem Kunstkritiker beurteilt und in einem Zeitungsartikel beschrieben.	
7.	die Jagd der Paparazzi nach dem schnellen Bild
8.	die Versteigerung des Fotos bei Sotheby's in New York
9.	ein schriller Kampf um Produkte und Marken
10. Die Einzelmotive wurden unter künstlerischen Gesichtspunkten montiert.	

.... /10 Punkte

3. Bilden Sie sinnvolle Sätze und ergänzen Sie auch die fehlenden Wörter wie z. B. Präpositionen.

1. Jagd, schnelles Bild – Fotografen – Schmeißfliegen – gelten als – Mediengeschäft – heutzutage

   ....

2. schnelle, indiskrete Bilder – Prominenten – nicht mehr wegzudenken – Boulevardpresse

   ....

3. Deutschland – 350 Fotos – die Schau „Pigozzi und die Paparazzi" – zeigen – erstmals – berühmte Pressefotografen

   ....

4. Ausstellung – Schwarz-Weiß-Ikonen – 1960er- und 1970er-Jahre – berühmt – Prominenten-Welt – präsentieren

   ....

5. Perspektive – Paparazzi – unnahbar, Leinwandgötter – Menschen mit Ecken und Kanten – fotografieren – sondern

   ....

6. Fotografen – auflauern – Opfer – Filmfestival – überall – und – Prügel – einstecken – manche Fotos

   ....

.... /12 Punkte

4. Verkürzen Sie die Sätze wie im Beispiel. Verwenden Sie dazu die folgenden Adjektive.

verbindlich ◇ einmalig ◇ abschlägig ◇ üblich ◇ ~~einheitlich~~ ◇ endlos ◇ geheim ◇ vorläufig ◇ widersprüchlich ◇ ausführlich

◇ Der Kulturbeauftragte will Eintrittspreise, die sich gleichen.
  Der Kulturbeauftragte will *einheitliche* Eintrittspreise.

1. Das ist unser Rahmenprogramm, das wir immer anbieten.

   ....

2. In der Rezension des berühmten Kritikers gibt es Sätze, die sich widersprechen.

   ....

3. Das war wieder mal eine Debatte, die kein Ende nahm.

   ....

4. Der Regisseur machte eine Zusage, die nicht mehr zurückgenommen werden konnte.

   ....

5. Für die Touristen ist die Kulturcard ein Angebot, das es nur einmal gibt.

   ....

6. Die Zuschauer hätten gut und gern auf den Schlussmonolog verzichtet, der lang und detailliert war.

   ....

7. Der Theaterspielplan, der noch nicht endgültig ist, muss morgen dem Intendanten vorgelegt werden.

   ....

8. Der Musikdirektor und der Komponist trafen eine Vereinbarung, von der niemand etwas wusste.

   ....

9. Der Schauspieler erhielt einen Brief, in dem seinem Wunsch, die Hauptrolle zu spielen, nicht nachgekommen werden konnte.

   ....

.... /9 Punkte

Insgesamt: .... /41 Punkte

Personenbeschreibungen

Karte 1 Beschreiben Sie … eine Person aus Ihrem Freundeskreis, die besonders kreativ ist.	**Karte 2** Beschreiben Sie … eine Person aus Ihrem Kollegen- oder Freundeskreis, die besonders humorvoll ist.	**Karte 3** Beschreiben Sie … eine Person aus Ihrem Bekanntenkreis, die politisch sehr aktiv ist.	**Karte 4** Beschreiben Sie … eine Person, für die die Arbeit ein reines Hobby ist.
Karte 5 Beschreiben Sie … eine Person aus Ihrem Umfeld, die besonders hilfsbereit ist.	**Karte 6** Beschreiben Sie … eine Person aus Ihrem Familienkreis, die immer ein Vorbild für Sie war.	**Karte 7** Beschreiben Sie … eine Person, die oft zu pessimistisch ist und immer nur alles schwarzmalt.	**Karte 8** Beschreiben Sie … einen Vorgesetzten, mit dessen Handlungsweise Sie nicht immer einverstanden waren/sind.
Karte 9 Beschreiben Sie … eine Person aus Ihrem Umfeld, die sehr kontakt- und diskutierfreudig ist.	**Karte 10** Beschreiben Sie … eine Person, die sich auf ehrenamtlichem Gebiet besonders engagiert.	**Karte 11** Beschreiben Sie … eine Person, mit der Sie schon außergewöhnlich lange befreundet sind.	**Karte 12** Beschreiben Sie … eine Person aus Ihrem Umfeld, die sehr ehrgeizig und karrierebewusst ist.
Karte 13 Beschreiben Sie … einen Kollegen oder Kommilitonen, für den Sport ein wichtiger Lebensinhalt ist.	**Karte 14** Beschreiben Sie … eine Person aus Ihrem Freundeskreis, die sehr reiselustig ist oder die ins Ausland gezogen ist.	**Karte 15** Beschreiben Sie … einen besonders strengen Lehrer/eine besonders strenge Lehrerin aus Ihrer Schulzeit.	**Karte 16** Beschreiben Sie … eine Person aus Ihrem Familienkreis, die sehr alt geworden ist/sehr alt ist und zu der Sie guten Kontakt hatten/haben.

Grammatiktraining

1. Ersetzen Sie die unterstrichenen Verben durch Nomen mit präpositionalem Objekt. Benutzen Sie dazu die Tabelle im Buch auf Seite 233.

◊ Er <u>kritisierte</u> das Verhalten des Bankangestellten.
Er <u>übte Kritik</u> am Verhalten des Bankangestellten.

1. Wir <u>begeistern</u> uns für ein Bundesligaspiel in Bremen.

   ....

2. Jede Generation muss zu ihrer eigenen Alterssicherung <u>beitragen</u>.

   ....

3. Ich <u>zweifele</u> an der These des Zukunftsforschers.

   ....

4. Er <u>hat</u> gestern einen Gehaltsvorschuss <u>beantragt</u>.

   ....

5. Das Ehepaar <u>erinnert sich</u> gern an den Urlaub in Namibia.

   ....

6. Der Lebensstil eines Menschen kann unter Umständen auch seine Lebenserwartung <u>beeinflussen</u>.

   ....

7. <u>Ängstigen</u> Sie sich vor der Zukunft?

   ....

8. Viele Menschen <u>wünschen sich</u> einen sorgenfreien Lebensabend.

   ....

2. Ersetzen Sie die unterstrichenen Nomen-Verb-Verbindungen durch Verben.

1. Jeder Arbeitnehmer dieses Betriebes kann <u>einen Anspruch</u> auf 30 Urlaubstage <u>erheben</u>. ....
2. Über die aktuelle Wirtschaftslage sind einige selbstständige Unternehmer <u>in Aufregung geraten</u>. ....
3. Ihr Wunsch nach einer eigenen Beraterfirma <u>ist in Erfüllung gegangen</u>. ....
4. Der Klimawandel <u>hat große Auswirkungen</u> auf die Gesundheit der Menschen. ....
5. In Zukunft werden wir immer weniger Rohstoffe <u>zur Verfügung haben</u>. ....
6. Er sollte seine Doktorarbeit endlich <u>zu Ende bringen</u>. ....
7. Der Vorstandsvorsitzende der Bank wurde gestern <u>unter Anklage gestellt</u>. ....
8. Im nächsten Jahr wird das neue medizinische Gerät in allen Krankenhäusern des Landes <u>zur Anwendung kommen</u>. ....
9. Der Oberarzt <u>zieht</u> trotz des schlechten Gesundheitszustandes des Patienten eine weitere Operation <u>in Erwägung</u>. ....
10. Warum ist gerade dieser ältere Mann <u>unter Verdacht geraten</u>? ....

Wortschatztraining

1. Bilden Sie sinnvolle Komposita, schreiben Sie die Artikel und die Pluralformen dazu.

◊ ~~Geburts-~~	◊ -fall
◊ Bevölkerungs-	◊ -republik
◊ Amts-	◊ -markt
◊ Geburten-	◊ -staat
◊ Jahr-	◊ -kraft
◊ Städte-	◊ -struktur
◊ Bundes-	◊ -schlag
◊ Sozial-	◊ -inhaber
◊ Industrie-	◊ -präsident
◊ Lebens-	◊ ~~-tag~~
◊ Sterbe-	◊ -system
◊ Einwohner-	◊-forscher
◊ Staats-	◊ -genosse
◊ Rat-	◊ -rate
◊ Alters-	◊ -planung
◊ Zeit-	◊ -zehnt
◊ Geistes-	◊ -zahl
◊ Bundes-	◊ -erwartung
◊ Arbeits-	◊ -oberhaupt

Nomen + Artikel	Pluralform
der Geburtstag	*die Geburtstage*

2. Suchen Sie sinnvolle zusammengesetzte Nomen, Adjektive oder Partizipien.

-sünde ◊ -lauf ◊ -musik ◊ -gefährlich ◊ -pfleger ◊ -nah ◊ -aussichten ◊ -gefährdet ◊ -perspektive ◊ -roman ◊ -stil ◊ -forschung ◊ -weisheit ◊ -versicherung ◊ -zeichen ◊ -zeit ◊ -wandel ◊ -trächtig ◊ -raum ◊ -freude ◊ -orientiert ◊ -künstler ◊ -gefährte ◊ -lust ◊ -herberge ◊ -gefahr ◊ -starrsinn ◊ -fürsorge ◊ -tüchtig ◊ -beschwerden ◊ -rente ◊ -schwäche ◊ -genosse ◊ -heim ◊ -klasse ◊ -unterhalt ◊ -präsident ◊ -betreuung ◊ -müde ◊ -hilfe ◊ -weisend ◊ -teil ◊ -freund ◊ -erinnerungen ◊ -gemäß ◊ -richter ◊ -liebe ◊ -meister ◊ -sprache ◊ -schwach ◊ -schutz ◊ -weihe ◊ -mut ◊ -strafe ◊ -urkunde ◊ -angst ◊ -tag ◊ -echt ◊ -helfer ◊ -grenze ◊ -fehler ◊ -name ◊ -gerecht ◊ -wichtig ◊ -anzeige ◊ -datum ◊ -haus ◊ -länglich ◊ -bedingungen ◊ -frei ◊ -ort

Zukunfts- zukunfts-	Lebens- lebens-	Jugend- jugend-	Geburts-	Alters- alters-	Alten-

Kassandra-Risiko: Klimawandel in Europa

Bilden Sie sinnvolle Sätze. Orientieren Sie sich am Text im Buch auf Seite 227.

1. Seit 1990 zählt der Report 259 große Überschwemmungen von Flüssen,
2. Bis zum Ende des Jahrhunderts könnten bis zu 60 Prozent
3. Insgesamt werden sich durch die höheren Temperaturen
4. Die Temperatur steigt in Europa
5. An der Ausarbeitung des EEA-Reports waren auch das Regionalbüro
6. Einige Fischarten sind in den vergangenen 40 Jahren
7. Von den 120 europäischen Säugetierarten sind in diesem Jahrhundert bis zu neun Prozent bedroht,
8. Viele Mittelmeerregionen haben jetzt schon 20 Prozent
9. Viele Pflanzen blühen und reifen zwei bis drei Wochen früher,
10. Die Wälder wachsen schneller als vor 100 Jahren,
11. Der Klimawandel hat große Auswirkungen
12. Allein der Hitzesommer 2003 führte in
13. Die Agrarsaison ist in Nordeuropa länger,
14. Etwa 90 Prozent der Naturkatastrophen in Europa seit 1980 sind direkt
15. Laut Bericht wird der Klimawandel
16. Zugleich befürchten die Experten mehr Unwetter
17. Es muss gelingen, den Anstieg der Temperatur
18. Viele Arten weichen in höhere Bergregionen aus,

a) auf maximal zwei Grad über dem vorindustriellen Niveau zu begrenzen.
b) auf die Gesundheit der Menschen.
c) in einigen südlichen Regionen dagegen kürzer geworden.
d) einige Arten bevorzugen und andere benachteiligen.
e) um etwa 1 000 Kilometer nordwärts gezogen.
f) was das Risiko von Frostschäden erhöht.
g) der Weltgesundheitsorganisation für Europa und das Forschungszentrum der Europäischen Kommission beteiligt.
h) und damit auch mehr Schäden.
i) weil die Temperaturen in großen Höhen niedriger sind.
j) oder indirekt auf Wetter und Klima zurückzuführen.
k) weniger Regen als vor einem Jahrhundert.
l) mehr Baumschädlinge verbreiten.
m) der Pflanzen in den Bergen vom Aussterben bedroht sein.
n) zwölf europäischen Ländern zu insgesamt 70 000 Todesfällen.
o) schneller als im weltweiten Durchschnitt.
p) weil mehr Stickstoff und Kohlendioxid verfügbar sind und die Temperatur höher ist.
q) davon allein 165 seit dem Jahr 2000.
r) wenn sie nicht auswandern.

1.	2.	3.	4.	5.	6.	7.	8.	9.	10.	11.	12.	13.	14.	15.	16.	17.	18.

Arbeitsblatt 5

Korrekturen

Korrigieren Sie die Sätze aus dem Interview mit Matthias Kremin. Achten Sie auf die Groß- und Kleinschreibung und die Zeichensetzung.

1. der mensch kann ein bewusstsein für seinen persönlichen verbrauch entwickeln
2. wenn ich heute ein bier mehr trinke dann scheint das nichts auszumachen
3. aber gesehen auf den konsum in meinem leben macht ein bier mehr pro tag oder auch woche schon eine menge aus
4. auch wenn ich mir den verpackungsmüll anschaue den ich im laufe meines lebens produziere oder das abwasser das durch meine seife und shampoo verschmutzt wird dann hinterlasse ich ganz deutliche spuren auf der erde
5. wie viele ressourcen man in seinem leben verschwendet ist aber nur ein teil des films
6. es geht auch um fragen wie viele tränen weine ich in meinem leben wie oft gehe ich zu wahlen oder wie viele meiner bekannten sterben vor mir
7. wenn wir nachzählen und nach konsum gehen ist das nationalgetränk der deutschen nicht bier wie man zunächst vermutet sondern kaffee
8. davon trinken die deutschen im leben 77 243 tassen dagegen ist der bierverbrauch in den vergangenen jahren eher rückläufig
9. beeindruckend ist auch dass der mensch 6,2 jahre seines lebens fernsehen guckt
10. erschreckend ist natürlich dass jeder in seinem leben 35,8 tonnen verpackungsmüll produziert

1. ....
2. ....
3. ....
4. ....
5. ....
6. ....
7. ....
8. ....
9. ....
10. ....

Arbeitsblatt 6

Wissen Sie das noch?

1. Welches Smalltalk-Thema ist die Nummer 1 bei den Deutschen? *(Kapitel 1)*
2. Wer hat das Gedicht „Das Fräulein stand am Meere“ geschrieben? *(Kapitel 2)*
3. Warum schickte die Königin Maria von Medici Ihren Mann in den April? *(Kapitel 2)*
4. Was machte Rudi Cerne früher und was ist er heute von Beruf? *(Kapitel 3)*
5. Was verbirgt sich hinter dem Begriff „Super-Maxi“? *(Kapitel 3)*
6. Wie heißt der deutsche Schriftsteller, der 1972 mit dem Literaturnobelpreis ausgezeichnet wurde? *(Kapitel 3)*
7. Welcher Sportverein in Deutschland hat die meisten Mitglieder? *(Kapitel 3)*
8. Wie heißt das Wörterbuch der deutschen Sprache, das 1880 erstmals veröffentlicht wurde? *(Kapitel 4)*
9. Warum wurde der Afrikaner David Shezi festgenommen? *(Kapitel 4)*
10. Was war Bernhard Grzimek von Beruf? *(Kapitel 4)*
11. Wie heißen die fünf Sinne? *(Kapitel 5)*
12. Was bedeutet „jemanden übers Ohr hauen“? *(Kapitel 5)*
13. Was sind bekannte Gewürze, die man zu Weihnachten in Deutschland verwendet? *(Kapitel 5)*
14. Was verbinden die Bundesbürger mit „Bio“ am meisten? *(Kapitel 5)*
15. Wie heißt der Rinderbraten, der in Essigmarinade eingelegt wird? *(Kapitel 5)*
16. Wie heißt die Straße in Berlin, die in dem Roman von Th. Brussig eine wichtige Rolle spielt? *(Kapitel 6)*
17. Wie lange trennte die Mauer die Menschen zwischen Ost und West? *(Kapitel 6)*
18. Wie ist der Name der Fernsehfigur, die seit 1960 die Kinder mit einem Abendgruß ins Bett schickt? *(Kapitel 6)*
19. Was ist die Bezeichnung für das Parlament eines deutschen Bundeslandes? *(Kapitel 6)*
20. Was sind Thomaner? *(Kapitel 7)*
21. Kennen Sie drei Streichinstrumente? *(Kapitel 7)*
22. Wie viele Hundertjährige gab es 1965 in der Bundesrepublik? *(Kapitel 8)*
23. Zu welchem Risikotyp gehören Terror und Naturkatastrophen? *(Kapitel 8)*
24. Was ist das Lieblingsgetränk der Deutschen? *(Kapitel 8)*

Wiederholungstest

1. Schreiben Sie die Artikel der Nomen und die Pluralformen. Manchmal gibt es keine Pluralform. Machen Sie dann einen Strich in die Spalte.

	Artikel	Pluralform
Verdacht		
Aufgabe		
Verkehr		
Krankheit		
Gebäude		
Obst		
Kommissar		
Polizei		
Recht		
Personal		
Milch		
Schnee		

.... /12 Punkte

2. Suchen Sie die Nomen heraus, die <u>keinen</u> Singular haben.

1. die Menschen ❐
2. die Liebenden ❐
3. die Eltern ❐
4. die Flaschen ❐
5. die Kosten ❐
6. die Polizisten ❐
7. die Bilder ❐
8. die Ferien ❐
9. die Konferenzen ❐
10. die Leute ❐
11. die Möbel ❐
12. die Brote ❐
13. die Spaghetti ❐
14. die Gliedmaßen ❐

.... /7 Punkte

3. Alles muss anders werden! Finden Sie das richtige Verb mit *ver-*.

◊ Die Grammatikregeln sind so schwierig. Sie müssen *vereinfacht* werden.
1. Die Arbeitszeit ist so lang. Sie muss .... werden.
2. Die Gesetze in Europa sind so unterschiedlich. Sie müssen .... werden.
3. Das Schema ist sehr undeutlich. Es muss noch .... werden.
4. Die Kosten sind viel zu hoch. Sie müssen .... werden.
5. Die Suppe ist dick. Sie muss noch etwas .... werden.

.... /5 Punkte

4. Ersetzen Sie die unterstrichenen Ausdrücke durch passende Modalwörter und nehmen Sie eventuell notwendige Umformungen vor.

◊ Es ist durchaus zu begreifen, dass man in dieser Situation mehr Sicherheitsvorkehrungen treffen muss.
In dieser Situation muss man *begreiflicherweise* mehr Sicherheitsvorkehrungen treffen.

1. Die Gefahr, an BSE zu erkranken, ist im Vergleich gering.
   ....
2. Die meisten Menschen werden in 50 Jahren mit hoher Wahrscheinlichkeit sehr alt werden.
   ....
3. Es besteht die Möglichkeit, dass man bei gesunder Lebensweise länger lebt.
   ....
4. Wissenschaftler vermuten, dass die Menschen große Angst vor unerwarteten Katastrophen haben.
   ....
5. Das Leben auf der Erde muss ohne jeden Zweifel geschützt und erhalten werden.
   ....
6. Zum Erstaunen vieler Ausländer trinken die Deutschen mehr Kaffee als Bier.
   ....
7. Zum Glück können viele ältere Menschen heute ihr Leben mehr genießen.
   ....
8. Zum Bedauern vieler Politiker ist die Geburtenrate in Westeuropa gesunken.
   ....

.... /8 Punkte

5. Ergänzen Sie die fehlenden Präpositionen.

72 Prozent aller Deutschen haben Angst *vor* Arbeitslosigkeit. Hochwasser steht .... der Liste der Sorgen .... zweiter Stelle. Die gute Laune der Bürger hat sich .... Zeiten .... Wirtschaftskrise und Arbeitslosigkeit verflüchtigt, ... dem positiven Denken geht es bergab. Die Firma Stengri versucht, ... bedrucktem Toilettenpapier die Moral der Deutschen zu heben. .... dem Toilettenpapier kann man Sprüche lesen: „Ein positiver Tag beginnt .... positiven Gedanken." Oder: „Es ist schöner, sich .... Dingen zu erfreuen, die man hat, als .... alles zu jammern, was man nicht hat."

.... /10 Punkte

Insgesamt: .... /42 Punkte

